Paris
1913

Bochard, Arthur

Les Lois de la sociologie économique

MAURICE

SYSTÈMES ET FAITS SOCIAUX

A. BOCHARD

Les Lois de la Sociologie économique

PARIS
LIBRAIRIE MARCEL RIVIÈRE ET Cⁱᵉ

COLLECTION

" SYSTÈMES ET FAITS SOCIAUX "

———————

LES LOIS

de la

SOCIOLOGIE ÉCONOMIQUE

AUTRES PUBLICATIONS DU MÊME AUTEUR

L'Evolution de la Fortune de l'Etat. 1 vol. in-8°, Giard et Brière, 1910.

Les Impôts Arabes en Algérie. Brochure in-8°, Guillaumin et Cie. (Extrait du *Journal des Economistes*, numéros de Novembre et de Décembre 1892).

La Propriété immobilière chez les Arabes de l'Algérie. *(Journal des Economistes*, Octobre 1896).

Le Problème de la Valeur et les Théories de Proudhon et de Karl Marx. *(Compte rendu du Congrès des Sociétés savantes*, Recueil de l'année 1897).

La Richesse et le Pouvoir. Brochure in-8°, Giard et Brière, 1901. (Extrait de la *Revue internationale de Sociologie*, numéro de Juin 1901).

Les Formes primitives de la Fortune publique. Brochure in-8°, Giard et Brière, 1909. (Extrait de la *Revue internationale de Sociologie*, numéro de Février 1909).

SYSTÈMES ET FAITS SOCIAUX

LES LOIS

DE LA

SOCIOLOGIE

ÉCONOMIQUE

PAR

Arthur BOCHARD

SECRÉTAIRE DE LA SOCIÉTÉ DE SOCIOLOGIE DE PARIS

PARIS

LIBRAIRIE DES SCIENCES POLITIQUES ET SOCIALES

Marcel RIVIÈRE & Cⁱᵉ

31, Rue Jacob et 1, Rue Saint-Benoît

1913

A la Mémoire

DE

GABRIEL TARDE

JE DÉDIE CE LIVRE

AVANT-PROPOS

Quand on est en présence de ces grandes choses sociales : un gouvernement, une organisation économique, un code, une langue, une religion, un art ou une morale, on se demande comment elles ont pu naître et s'imposer, comment les générations successives se sont trouvées courbées pendant des milliers de siècles sous le poids de la contrainte sociale qui caractérise l'ensemble des phénomènes qui constituent la société.

Dans les pages qui vont suivre, j'ai essayé de résoudre ce grand problème : Quelles sont les bases de la société ?

Pour des raisons qui seront déduites dans le cours de l'étude que je présente au public, les bases de la société reposent sur le travail matériel et intellectuel des générations successives dans lequel est entré une part toujours plus grande d'invention.

Parmi les inventions successivement écloses, les inventions économiques et techniques ont exercé une influence prépondérante sur les formes de gouvernement, sur le droit, l'art, la religion et même sur les théories scientifiques.

J'ai donc commencé par traiter au point de vue social, les notions fondamentales de l'économie publique : l'invention, la théorie des besoins sociaux, le problème de la valeur, la genèse du capital, la notion de richesse et l'influence des divers concepts du travail sur l'état social.

J'ai cherché ensuite les rapports que présentent avec l'organisation économique les autres faits sociaux, et j'ai étudié successivement les rapports de la richesse et du pouvoir, les bases économiques du droit, la genèse économique de l'art, les rapports de la technologie avec les transformations économiques et les influences de la vie économique sur les langues et sur les croyances religieuses.

J'ai consacré un chapitre spécial à la morale et à la réciprocité sociale, en passant les morales primitives, les morales religieuses et les morales philosophiques.

La sociologie a été longtemps à l'état embryonnaire. Après avoir revêtu une forme biologique, elle commence maintenant à prendre la forme sociale. De longues discussions ont eu lieu entre deux écoles qui se trouvaient en présence : l'une, soutenait que les faits sociaux s'expliquaient par la répétition sociale, c'est-à-dire par l'action à distance exercée de cerveau à cerveau, propagée d'individu à individu et finalement à l'ensemble des individus composant une société ; l'autre, au contraire, prétendait que tous les faits sociaux, dont la caractéristique est la contrainte, ont pour origine la société.

Les deux écoles, dont l'une était représentée par Tarde et l'autre par Durkheim, étaient toutes les deux dans le vrai. Le fait social, en effet, a pour caractéristique, d'une part, la répétition qui se manifeste par la tradition, la coutume, la mode, l'imitation et, d'autre part, la contrainte sociale se manifeste visiblement dans les faits sociaux, notamment dans les règles juridiques et les normes éthiques.

Tarde, dans ses profondes études, a fait de l'embryologie sociale, mais une fois la société constituée, elle réagit sur l'individu, qui est obligé d'accepter tout faits, les lois, les mœurs, les usages, qui s'imposent à lui sans qu'il ait pris aucune part dans leur genèse.

Il est donc vrai de dire que la sociologie doit être objective, mais il est non moins vrai que comme l'anatomiste se sert du scalpel pour ses dissections, le sociologue doit se servir de l'inter-psychologie pour découvrir le secret des transformations sociales qui sont incessantes.

Trêve donc à ces discussions qui n'aboutissent qu'à retarder la science. La sociologie se constituera plus rapidement si on renonce à des discussions qui ressemblent à celles des nominalistes et des réalistes du moyen-âge.

J'ai dédié ce livre à la mémoire de l'illustre savant que fut Tarde. Plus heureux avec lui qu'il ne le fut lui-même avec Cournot, qu'il ne connut jamais et à la mémoire duquel il dédia cependant son livre sur l'imitation, j'ai été assez heureux pour connaître Tarde, et je me rappelle toujours ses pensées profondes, ses aperçus ingénieux qui ouvraient toujours des horizons nouveaux !

Un dernier mot. Il y a encore des gens s'occupant de sociologie et même des savants qui nient la possibilité d'établir des lois en sociologie. Je ne veux pas parler de leur ignorance. Ils sont plus à plaindre qu'à blâmer. La répétition des mêmes faits produits par les mêmes causes, toutes choses égales d'ailleurs, qu'est-ce autre chose qu'une loi ?

SECTION I

LES

PRINCIPES FONDAMENTAUX

DE LA

SOCIOLOGIE ÉCONOMIQUE

CHAPITRE I

Les Bases de la Sociologie

I

On a émis beaucoup de théories sur le principe des sociétés, et on a souvent invoqué un facteur unique, comme générateur des phénomènes sociaux.

Une première théorie est fondée sur l'action du facteur ethnique. Pour les partisans de cette théorie, l'évolution sociale serait caractérisée par les différenciations sociales, résultant des trois races blanche, jaune et noire, au sein desquelles une grande variété de types secondaires se seraient formés par le mélange des races.

Le mélange des sangs engendrerait la diversité des besoins et des croyances et serait un facteur de décadence sociale. Au contraire, les nations composées d'éléments ethniques de même sang auraient beaucoup plus de chance de durée (1). Un sociologue autrichien, M. Gumplovicz, a essayé de fonder toute une sociologie sur la lutte des races (2).

Sans nier l'influence du facteur ethnique sur les phénomènes sociaux, il est certain que si, dans l'antiquité et notamment dans l'Inde, en Grèce et à Rome, la communauté des races a été souvent une fiction, à plus forte raison dans les temps modernes où les races s'entremêlent de plus en plus dans la formation des

(1) Cf. Comte de Gobineau. *Essai sur l'Inégalité des Races.*

(2) Cf. *La Lutte des Races.*

groupes sociaux, cette influence tend-elle à diminuer progressivement. Cette théorie est une sorte de fatalisme historique qui n'explique pas les phénomènes sociaux et ne résout aucun problème.

Une série d'autres théories ont un caractère biologique plus ou moins accentué. Pour M. Izoulet, le phénomène générateur des sociétés est la solidarité organique qui serait créatrice des énergies solidarisées. L'individu, au point de vue intellectuel et moral, serait entièrement subordonné à la cité (1).

Il y a des réserves à faire sur cette théorie. Sans doute, l'éducation que reçoit l'individu, la morale qui lui est inculquée, le bien-être économique dont il profite, la culture scientifique et artistique à laquelle il participe, tout cela s'est fait avant lui et sans lui. Mais il ne faut pas oublier que les religions, les codes, les procédés économiques ou industriels, les œuvres d'art, sont le résultat d'inventions qui, peu à peu, se sont propagées et sont passées dans le domaine social. L'individu n'est pas subordonné entièrement à la cité et il agit à son tour sur l'organisation sociale.

Quant à la solidarité, elle n'a pas le même caractère dans les groupes primitifs que dans les sociétés plus développées. Dans le premier cas, elle est mécanique, et la réciprocité sociale n'est qu'à l'état embryonnaire. Dans le second cas, au contraire, elle est organique, et la réciprocité sociale tend à devenir de plus en plus consciente. C'est cette distinction que n'a pas faite M. Izoulet, et que M. Durkheim a parfaitement mise en lumière (2).

La théorie d'Herbert Spencer est moniste. Pour lui, le fait générateur des sociétés est la loi universelle de

(1) *La Cité moderne.*

(2) Cf. *La Division du Travail social.* Félix Alcan, 1893.

l'adaptation. La vie sociale est une correspondance, une adaptation constante de rapports, les uns internes, les autres externes, et il en résulte que les conflits sociaux ne peuvent être que passagers, la loi d'adaptation étant l'harmonie et l'unité.

L'évolution sociale, pour Herbert Spencer, est unilinéaire et uniforme, et il n'admet qu'une seule direction dans les courants sociaux. Il ne voit pas que, dans la lutte pour la vie, l'individu a sans cesse devant lui une infinité de voies différentes qui s'ouvrent à son activité et entre lesquelles il est obligé d'opter. Il ne subit pas purement et simplement l'action du milieu, mais il réagit et crée à son tour, par son activité propre, de nouvelles transformations sociales. Chaque cycle d'évolution est dominé par une série d'inventions, selon les époques et les civilisations, et il n'y a pas qu'une seule évolution uniforme.

Spencer divise les sociétés en deux catégories distinctes, selon qu'une coopération spontanée s'effectue sans préméditation et poursuit des buts d'intérêt privé ou que cette coopération est consciemment instituée et qu'elle suppose des fins d'intérêt public nettement reconnues (1). Les premières sociétés seraient les sociétés militaires, les secondes, les sociétés industrielles, et toute la sociologie de Spencer est basée sur cette distinction. Or, c'est là une simple vue de l'esprit, car cette affirmation ne pourrait être établie scientifiquement que si l'on avait fait préalablement une étude approfondie de toutes les manifestations de la vie sociale, et si l'on avait démontré qu'elles sont toutes des formes diverses de la coopération (2).

(1) Cf. *Sociologie III*, 332.

(2) Cf. Durkheim. *Les Règles de la Méthode sociologique*. Félix Alcan, 1895, p. 28.

On peut se demander si la philosophie de Herbert Spencer est vraiment individualiste comme elle en a la réputation. Suivant une remarque de M. de Roberty, l'élément idéologique, surtout en sociologie, « transforme et modèle la nature au moins autant que la nature le transforme et le modèle lui-même » (1). Or, Spencer a fait abstraction de cet élément qui est l'invention. Ce caractère de passivité qui fait le fond de la sociologie de Spencer n'a pas échappé à Nietzche qui s'est élevé contre « ce mécanisme à l'anglaise qui fait de l'univers une machine stupide » (2).

Une thèse sociologique directement opposée à celle de Spencer est celle de Tarde, qui a mis particulièrement en lumière l'idée de la valeur et de l'action individuelle, ainsi que la loi de la répétition universelle qu'il a étendue à tous les phénomènes de la vie physique, biologique et sociale. Il s'est servi de l'inter-psychologie pour faire l'embryologie de la société. Il a montré comment se forment les codes religieux et juridiques, les procédés de travail, l'art et la morale, mais l'imitation n'est pas la forme unique de la répétition sociale. La tradition, la coutume en sont d'autres formes non moins puissantes, et c'est précisément ces dernières formes qui donnent un caractère obligatoire à l'action de la société sur les individus, ainsi que l'a bien établi M. Durkheim.

L'invention, qui est pour Tarde la génératrice des faits sociaux, n'est pas une œuvre individuelle ; c'est une œuvre sociale. Quand elle porte le nom d'un individu considéré comme en ayant la paternité, celui-ci n'a fait le plus souvent que synthétiser une longue série de recherches antérieures ou a apporté à l'invention un dernier perfectionnement.

(1) Cf. *Les Fondements de l'Éthique*, Félix Alcan, p. 95.

(2) Cf. *Par delà le Bien et le Mal.* § 252.

Le travail n'est pas, comme l'affirme Tarde, une série d'actes exécutés à l'exemple d'un inventeur primitif; mais, au contraire, dans tout travail, il y a une part d'invention, si minime soit-elle.

Une autre théorie donne comme phénomène évolutif fondamental en matière sociale, la diversité numérique très grande de l'effectif des sociétés. Cette théorie est représentée par Adolphe Coste, Kovalewsky, Durkheim, Bouglé. M. Durkheim, notamment, a surtout insisté sur le volume de la société et la densité dynamique mesurée par le degré de coalescence des segments sociaux. Pour Coste, c'est l'accroissement numérique des membres d'une société qui est la cause déterminante de toute son évolution, et ce développement de la population unifiée entraîne, d'une part, la division des fonctions et, d'autre part, une facilité croissante de communication entre les diverses parties composant l'ensemble d'une société. Il en résulte que l'action des membres du groupe social est de mieux en mieux concertée et de plus en plus puissante.

Une autre série de sociologues, qui se rapprochent des précédents, subordonnent le processus social au processus économique. Il est certain que ces sociologues se rapprochent de la vérité scientifique plus que les précédents. L'économie sociale est voisine de la psychologie, car elle n'est autre chose que la mise en action des procédés et instruments de travail, qui répondent aux besoins, croyances et désirs des membres d'une société.

Un certain nombre d'économistes et de sociologues ont soutenu la thèse du déterminisme économique : Karl Marx, M. Loria, M. de Greef, Hildebrand, Morgan Burker, Grosse et d'autres encore. Pour tous ces sociologues, la science économique, et particulièrement le phénomène de production, est la source où ils puisent leurs explications sociologiques.

M. Bergson affirme que la vie sociale gravite autour de la fabrication et de l'utilisation d'instruments artificiels, que les inventions, qui jalonnent la route du progrès, en ont aussi tracé la direction. L'évolution créatrice de M. Bergson n'est, au fond, que l'histoire de l'industrie humaine. Son étude philosophique serait plutôt à sa place dans la sociologie, qui est fondée sur l'observation de la vie sociale des groupes humains (1).

M. Bergson a essayé de baser sa philosophie sur la biologie. Son déterminisme est emprunté à l'inorganique, mais c'est là une explication facile. Le phénomène économique, la production, donne une explication beaucoup moins hypothétique que celle basée sur la vie, de l'idée d'évolution créatrice, car lorsque l'homme a cessé de se perfectionner, son industrie continue à évoluer et l'économie moderne est capable de surmonter tous les obstacles et de résoudre les crises, résultats que n'ont jamais pu obtenir les civilisations antiques.

Après avoir fait connaître les différentes théories sur le principe des sociétés, il nous sera permis à notre tour d'exposer succinctement sur quelles bases doit, selon nous, reposer la sociologie.

Tout ce qui est social, langue, religion, pouvoir politique, organisation économique, techniques et morale, a pour origine les inventions qui sont nées et se sont propagées au sein des groupes primitifs, familles, clans, tribus, cités.

Le travail des hommes primitifs s'est peu à peu intellectualisé avec les difficultés de la lutte contre la faune ambiante et, de plus en plus, la part d'invention a grandi dans le travail humain. Il a fallu la coopération, la solidarité des membres du groupe primitif avec une

(1) Cf. *L'Évolution créatrice*. Félix Alcan, 1907, p. 150.

réciprocité sociale de plus en plus consciente, pour que puissent se créer des sociétés plus élevées dans l'échelle de la civilisation.

Parmi les faits primordiaux qui ont eu une influence sur l'embryogénie des sociétés, l'organisation économique a été comme le fondement du développement social. Le pouvoir politique, le droit, la technique, l'art sous toutes ses formes, parure, ornementation, peinture, sculpture, poésie, danse et musique, sont conditionnés par les formes économiques des groupes sociaux.

La langue a des rapports étroits avec la vie économique et les croyances religieuses, le culte, le sacrifice, les dogmes et les sacerdoces, c'est-à-dire toutes les inventions imaginaires sont conditionnées en partie par des inventions réelles qui leur servent de base.

La morale est comme la synthèse de tous les autres faits sociaux. Les normes éthiques particulières à chaque civilisation ont une très grande influence sur l'organisation économique des sociétés et le travail social.

Telles sont les idées que nous allons développer au cours de la présente étude.

II

Il est nécessaire avant d'aller plus loin de pénétrer le caractère du phénomène social et de procéder à une classification des faits sociaux.

On peut dire, d'une façon générale, que le fait social est en même temps traditionnel et obligatoire.

En premier lieu, le fait social est un acte qui se répète à des millions d'exemplaires.

Le phénomène de la répétition est la première caractéristique du fait social, mais il faut s'entendre sur cette loi de la répétition.

La répétition sociale a plusieurs formes, la coutume, la tradition, la mode, l'imitation, et c'est ce que l'on peut exprimer en un seul mot, en disant que les faits sociaux ont le caractère traditionnel. Elle se fait par transmission d'individu à individu, et sa marche évolutive va de plus en plus vers la réciprocité.

Une fois constitué, un fait social quelconque, un code, un contrat, un rite religieux, en un mot l'ensemble des faits sociaux qui constituent une société, ont une action sur l'individu, qui trouve en naissant des modèles traditionnels auxquels il est obligé de s'adapter spontanément. Pour cela, une éducation préalable est nécessaire, et il faut qu'il apprenne la liste des interdits et des tabous, les lois civiles et criminelles, les procédés industriels, et qu'il s'y conforme, car ces faits sont réglés par la société.

Les faits sociaux peuvent aussi se classer par leur caractère propre. Nous venons de dire qu'ils sont traditionnels et obligatoires, mais ils n'ont pas tous, au même degré, le caractère obligatoire. Les faits économiques, par exemple, qui ont un caractère traditionnel, n'ont pas un caractère obligatoire aussi accentué que les faits religieux et juridiques. Certes, l'industriel n'est pas libre d'employer des procédés techniques autres que ceux qui s'emploient couramment, mais la technique change constamment et un industriel peut fort bien modifier ces procédés par une invention nouvelle. Il y a même, dans les principales industries, des ingénieurs qui sont exclusivement chargés d'apporter des modifications aux procédés courants, soit pour arriver à une diminution de main-d'œuvre, soit pour arriver à faire des produits d'une qualité supérieure. Aussi, cette forme de sanction diffuse n'a pas le caractère de contrainte que lui a attribué M. Durkheim et ceux qui l'ont suivi dans sa théorie. Cependant, dans les sociétés inférieures, le caractère de contrainte est plus accusé parce que les sanctions et les défenses sont réglées par les *tabous* et les codes religieux, mais à mesure que la civilisation progresse, cette contrainte perd peu à peu son caractère coercitif qui est remplacé par la réciprocité sociale.

Examinons maintenant comment on peut classer les faits sociaux.

L'un des caractères du phénomène social est d'être obligatoire, ce qui entraîne une certaine sanction. De là, un caractère de contrainte qui se présente sous deux formes différentes, selon que l'on considère sa source ou son objet et, par conséquent, peut servir à une classification.

Quelle est la source de la contrainte sociale ? C'est le groupe social, qui peut se présenter sous deux formes, ce qui entraîne deux genres de contrainte sociale.

Les règles juridiques et éthiques peuvent être sanctionnées par des organes spécialisés et, dans ce cas, la contrainte est organisée. C'est la caractéristique du droit. Les règles juridiques peuvent d'ailleurs se transmettre par la tradition orale ou être codifiées, la contrainte a le même caractère.

La sanction des normes juridiques et éthiques, au lieu d'être appliquée par des organes distincts, peut être le résultat de l'opinion. Elle est alors la contrainte de l'opinion, phénomène moral. Dans d'autres cas, la contrainte est personnelle, elle résulte pour l'individu des conséquences matérielles de ses actes, comme dans le cas où il ne se conforme pas aux procédés économiques en usage et où la concurrence agit pour rappeler à l'individu qu'il fait fausse route. C'est alors une sorte de contrainte inorganisée, de contrainte diffuse.

Mais les phénomènes moraux proprement dits ne sont pas toujours sanctionnés par la contrainte diffuse. Dans toutes les sociétés, et principalement dans les sociétés primitives, il y a eu des sanctions précises, dans les codes religieux, pour les fautes contre la morale. Dans le code de Manou, dans le Zend Avesta, dans la Bible, dans le Coran, les sanctions sont précises, le ciel et l'enfer, les peines corporelles ou les joies du Paradis, pour récompenser ou punir les actes individuels.

Il y a une seconde source de contrainte sociale. Au lieu de considérer la cause, on peut considérer l'objet ou la fin de cette contrainte. Elle peut avoir pour objet les personnes ou les choses. Les phénomènes économiques sont de cette dernière catégorie. Quant à la contrainte ayant pour objet les personnes, il y a d'abord les mœurs et les usages imposés aux personnes par la volonté collective ou par la contrainte de l'opinion, comme les phénomènes moraux ou linguistiques. Les phénomènes esthétiques sont aussi des phénomènes de contrainte diffuse, mais ils ne sont pas seulement sociaux, ils sont aussi individuels, puisque l'individu lui-même jouit du plaisir d'avoir exécuté une œuvre d'art, plaisir qui fait en quelque sorte partie de l'art.

Les croyances religieuses et le culte se rapportent à des êtres religieux ou sacrés et, par conséquent, ils rentrent dans la catégorie des personnes. Il n'en est pas de même de la technologie, elle est relative aux choses, comme les phénomènes économiques dont elle dépend. Toutefois, il y a entre ces deux catégories de phénomènes sociaux cette différence que, tandis que les phénomènes technologiques agissent directement sur les choses, les phénomènes économiques n'agissent sur les choses que par l'intermédiaire des personnes. Comme nous l'avons dit plus haut, c'est un phénomène de psychologie sociale (1).

(1) Cf. René Maunier, *L'Économie politique et la Sociologie*, Giard et Brière, 1910, p. 25.

CHAPITRE II

La Genèse de l'Invention

I

Y a-t-il une loi d'évolution du travail et, si elle existe, dans quel sens se fait cette évolution ? En d'autres termes, la proportion des divers éléments dont se compose toujours le travail humain, efforts physiques, intellectuels et affectifs, est-elle toujours quantitativement la même ou a-t-elle une tendance à varier dans un sens ou dans l'autre, et quelles sont les répercussions de ces transformations sur la genèse de l'invention ?

Pour répondre à cette question, il nous faut d'abord essayer de nous représenter ce qu'a pu être le travail dans la préhistoire, ce qu'a été la genèse du travail.

Est-ce à l'époque quaternaire qu'il faut placer la naissance de l'industrie humaine ou faut-il la faire remonter à l'époque tertiaire dans l'étage miocène ou pliocène ? L'archéologie préhistorique n'a pas encore tranché ce point, mais il nous semble plus raisonnable de s'en tenir à la première supposition.

L'être hominien de l'époque miocène n'avait peut-être qu'à étendre le bras pour cueillir le fruit que la terre lui offrait ; il était sans doute suffisamment vêtu de sa fourrure naturelle, mais c'est vraisemblablement à l'époque glaciaire que la situation dut changer. Un froid de plus en plus intense se fait sentir ; la végétation luxuriante des forêts tertiaires disparaît peu à peu, la mâchoire et les mains puissantes de notre ancêtre préhistorique ne lui suffisent plus pour satisfaire ses besoins vitaux. De là, la nécessité de l'effort intellectuel, si faible qu'il soit. De là, l'invention. Où et comment cet ancêtre préhistorique prit-il la première flamme qu'il ne savait pas produire encore ? Comment arriva-t-il à tailler un silex pour capturer ses proies ? C'est là le secret de la préhistoire.

Le hasard a dû jouer un grand rôle dans la genèse des inventions primitives, c'est-à-dire qu'il a joué un grand rôle dans les destinées de l'humanité. A quoi attribuer la découverte du feu ? Est-elle due au frottement de deux bâtons glissant l'un sur l'autre dans un mouvement de va et vient (1), a-t-elle été la conséquence immédiate de l'usage de tailler le silex d'où jaillit l'étincelle, ou bien l'homme primitif ne fit-il que conserver, pour lutter contre le froid, la première flamme, allumée par la foudre ou le volcan ? Cette dernière supposition est très plausible, car, dans toutes les religions antiques, chez les Perses, chez les Grecs, chez les Romains, on trouve des traces de cette première nécessité. La tradition du feu sacré entretenu par les Vestales en découle.

L'abaissement de la température à l'époque glaciaire occupe donc une grande place dans la genèse des

---

(1) Le premier mouvement qui paraît avoir donné naissance à l'outil avec lequel on produit le feu est un mouvement de rotation. L'homme primitif a dû se servir d'une tige de bois grossièrement taillée en pointe introduite dans une cavité correspondante et maintenue entre les deux paumes des deux mains qui lui impriment un mouvement de rotation très rapide jusqu'à ce que, par le frottement, les petits éclats de bois détachés des fibres cotonneuses ou les petits morceaux de moelle arrivent à prendre feu. Les brahmanes utilisent encore aujourd'hui une disposition analogue pour la production du feu dans les cérémonies du culte (Geiger, *Zur Entwickelungs Geschichte der Menscheit*, Stuttgard, 1871).

inventions primitives. On peut se rendre compte, même
de nos jours, de cette immense influence. Les peuples
actuellement les plus en retard sont justement ceux qui
n'ont pas eu à subir d'une manière intense la dure
épreuve des froids, tandis que ceux qui ont surmonté
ces dangers et affronté ces obstacles, sont ceux chez
lesquels l'avancement économique et moral a été le plus
complet. Les primitifs de certaines îles de l'Océanie et
les peuples de l'Afrique équatoriale n'ont que bien peu
évolué, tandis que les peuples du Nord sont en possession d'une civilisation raffinée.

Le travail de l'homme de la période quaternaire
constitue une dépense inouïe d'efforts musculaires pour
s'adapter au milieu cosmique et lutter contre la faune
ambiante. Il est à peine besoin de dire que, dans ces
sombres luttes des premiers jours de l'humanité, une
seule loi domine, la loi du plus fort. L'homme ayant à
combattre les grands animaux, devait nécessairement
être féroce et brutal. La nécessité lui fit inventer successivement la hache, le poignard, la lance. En même
temps que l'archéologue reconstitue la hiérarchie
progressive de ces diverses inventions, l'anthropologiste
peut constater que la capacité crânienne de l'homme
primitif augmente. De dolichocéphale, il devient brachi-
céphale, les parois du crâne sont toujours fort épaisses,
mais le nez est normalement saillant, le prognatisme
moins accentué, l'homme monte d'un échelon dans
l'échelle intellectuelle.

La dernière époque paléolithique, c'est-à-dire l'âge
magdalénien ou du renne est marquée par une invention
nouvelle : c'est la pointe de la flèche qui suppose nécessairement la flèche et l'arc, car, à cette époque, la faune
a complètement changé. Tous les animaux de l'époque
chelléenne, le rhinocéros, l'hippopotame, l'éléphant,
l'ours, ont déserté le champ de bataille. Seuls, vivent

les animaux qui ont continué à habiter nos régions et le renne, qui habite maintenant des contrées plus septentrionales. L'homme dut chasser le renne avant de le domestiquer et, comme le renne est agile et méfiant, il était nécessaire de l'atteindre de loin. C'est sans doute à cette nécessité qu'est due l'invention de l'arc et de la flèche.

Les paléontologistes admettent qu'à cette époque l'homme primitif a domestiqué le chien, le cheval et le renne. Ce fait de la domestication des animaux marque un progrès extrêmement important et les plus grandes inventions modernes sont à peines comparables à ce premier résultat des efforts physiques et intellectuels de l'homme primitif. Le triomphe de l'homme sur la faune ambiante a dû se faire par sélection, les animaux les plus farouches ont dû être tués lorsqu'on avait besoin d'aliments et les animaux les plus dociles ont dû être conservés, propageant la race et transmettant ainsi au troupeau leurs aptitudes domestiques.

Mais avant de domestiquer les animaux l'homme les chasse, et avant de les chasser il leur fait la guerre. Guerre, chasse, domestication, représentent ainsi les trois phases de l'évolution de la lutte de l'homme préhistorique contre la faune ambiante. Et remarquons que cette lutte contre le milieu a dû nécessairement aussi rencontrer l'élément humain. Après avoir fait la guerre à son semblable, considéré d'abord comme un ennemi à l'égal de l'ours, du mammouth ou du chat-lion, après lui avoir fait la chasse et s'en être servi comme aliment, l'homme a dû le domestiquer. L'idée de s'affranchir d'une partie de son rude labeur physique, appliquée successivement au chien, qui lui permettait de se reposer, au cheval, qui pouvait servir de machine à transport, au renne, qui lui économisait son travail quotidien de chasseur, a dû être ensuite appliqué à l'homme lui-même réduit en esclavage.

En même temps que l'industrie fait des progrès, apparaissent les premières lueurs de l'art, sous forme de coquilles percées d'un trou, d'os aiguisés, de bois de cerf sculpté, que l'on retrouve dans les stations de la Dordogne. M. de Paniaga fait remarquer (1) que le squelette de Menton avait une résille ornée de cardium, coquilles dont on retrouve les similaires à la fois dans les ruines de Ninive et à Aurignac. Comme le cardium ne se pêche qu'au bord de la mer, ne peut-on pas admettre que des communications existaient entre peuplades éloignées? Si l'on se rappelle ce fait que, de nos jours, les coquillages servent de monnaie chez certains peuples sauvages, que les femmes d'Orient se servent de sequins pour orner leur chevelure, ne peut-on pas supposer, avec l'auteur précité, que ces coquillages, dont se servaient les forts de la horde ou de la tribu, ont été le premier moyen d'échange?

Sans doute, le don, le vol, rapports plus simples, ont dû précéder ou même souvent accompagner l'échange, mais on peut, d'après ce qui précède, admettre que ce phénomène se montre dès l'âge solutréen et qu'il commence par des choses de luxe. De ce fait aussi on déduit qu'un embryon de société existe, car ce ne sont jamais les hommes isolément, mais des agrégats sociaux, hordes, clans, tribus qui s'abordent au début de la civilisation et traitent entre eux d'une façon indépendante.

On sait que, d'après Adam Smith, c'est cette disposition, pour ainsi dire ancestrale, à échanger et à trafiquer qui, à l'origine, a donné lieu à la division du travail. « Dans une tribu de chasseurs ou de bergers, un individu fait des arcs et des flèches avec plus de célérité et d'adresse qu'un autre. Il troquera fréquem-

____

(1) *La Genèse de l'Homme*, Georges Carré, 1892, p. 125 et suiv.

ment ces objets avec ses compagnons contre du bétail ou du gibier et il ne tarde pas à s'apercevoir que, par ce moyen, il pourra se procurer plus de bétail ou de gibier que s'il allait lui-même à la chasse » (1).

Mais l'échange ne peut créer la spécialisation même la plus rudimentaire, il ne peut que la développer. La division du travail précède l'échange et a pour origine première les différences physiologiques et, avec elles, les différences d'habitudes et d'aptitudes qui séparent les deux sexes. L'âge et les tempéraments durent aussi varier les occupations. Mais il est bien certain que ce n'est que par la création d'un agrégat social et par la cohésion qui en résulte que la division du travail a pu prendre son essor et amener les immenses progrès qu'elle entraîne à sa suite. Ce qui fait que la horde, noyau embryonnaire de l'agrégat social, que le clan, que la tribu peut résister dans la lutte contre la nature ou l'emporter sur une autre, c'est sa force relative de cohésion.

Sans doute, le lien qui unit les divers membres de la collectivité à ces époques primitives est maintenu par la forme la plus basse de l'autorité, c'est-à-dire par la force brutale ou par la prépondérance d'un seul exerçant, sur le clan ou la tribu, un prestige dominateur, prestige qui, lui-même, répondait au besoin fortement senti et sans cesse renaissant d'une discipline familiale ou sociale pour se défendre contre les périls du dehors. Ce fut là peut-être à l'origine un accord fatal, forcé, de la volonté avec le besoin qui, par la répétition et la continuité des mêmes causes, devint, par l'hérédité, un besoin instinctif.

Ce qu'il importe avant tout, c'est que ce lien soit puissant, car ce n'est que par la force de la cohésion

(1) *Richesse des Nations.* Livre I, chap. II.

sociale que le progrès — pris dans son sens général de
l'amélioration de l'espèce — peut se manifester. « Le
progrès de l'homme, dit avec raison M. Bagehot, a
besoin, pour se développer, de la coopération des
hommes » (1). Sans la coopération et la solidarité plus
ou moins consciente qui résulte de l'agrégat social,
maintenu à l'origine par une discipline terrible résultant
de l'action prestigieuse exercée par le chef de la horde
ou du clan, l'homme isolé n'aurait pu vivre, ses efforts
pour s'adapter au milieu ambiant, son travail auraient
été vains, il aurait été écrasé par ce milieu et l'humanité
n'aurait eu qu'une existence éphémère.

II

Ainsi, l'homme ne peut améliorer son espèce que
par la formation de ces groupements coopératifs qui
s'appellent successivement hordes, clans, tribus, nations. Telle est la première condition de son adaptation
au milieu social et, par conséquent, de toute invention.
Mais une fois ces groupements constitués, quelle est la
condition des progrès ultérieurs de l'activité humaine ?

Pour résoudre cette question, demandons-nous
d'abord quelle est la différence qui sépare le travail de
l'homme primitif du travail de l'homme des époques de
civilisation.

Cette différence est caractérisée par ce fait qu'à l'état
primitif le travail de l'homme ne répond qu'aux simples
nécessités de la vie animale, tandis qu'à mesure qu'on
avance vers la période de civilisation, le travail produit,
en outre, des simples nécessités de l'existence, tout cet
ensemble de produits que l'on appelle la richesse. C'est

_____

(1) *Lois Scientifiques du Développement des Nations*. Félix Alcan,
1885, p. 231.

ce que Bastiat a exprimé théoriquement en disant :
« Dans l'isolement, nos besoins surpassent nos facultés.
Dans l'état social, nos facultés dépassent nos besoins » (1). Nous disons *théoriquement,* puisque l'homme
isolé n'a jamais existé, mais le fait même que l'homme
a survécu prouve au fond la vérité de la proposition.
Mais pourquoi en est-il ainsi ? Faut-il voir la cause de
ce fait dans la division du travail ou dans l'échange ou
dans quelque moteur psychologique inhérent à la nature
humaine comme le désir de l'inégalité sociale, ou bien
faut-il l'attribuer aux transformations du travail ?

Sans doute, la division du travail a un rôle extrêmement important dans la civilisation, tant au point de
vue matériel qu'au point de vue moral, car, d'une part,
elle accroit la puissance productive du travail et, d'autre
part, elle développe de plus en plus la solidarité
humaine, mais elle n'accroit pas la somme de force
mécanique ou intellectuelle dont l'homme peut disposer.
Certainement, en divisant leur travail, les hommes
auraient pu satisfaire un plus grand nombre de besoins
et économiser leur temps, soit en décomposant des
mouvements compliqués en mouvements plus simples,
soit en utilisant les aptitudes naturelles ou ancestrales,
soit encore en augmentant la dextérité physique ou
intellectuelle des travailleurs par la répétition du même
exercice. Mais ils n'auraient pu pour cela dépasser les
étroites limites de leur force musculaire et les grandes
entreprises auraient été impossibles. Dans les sociétés
asiatiques, on peut constater l'existence d'une division
du travail quelquefois très développée, sans que pour
cela ces sociétés aient pu atteindre le degré de civilisation des sociétés européennes.

En ce qui concerne l'échange, il est une conséquence

(1) *Harmonies économiques.* Guillaumin et Cᵗ, 1884.

de la division du travail et, à ce propos, il est curieux de
constater que le communisme croit pouvoir reconstruire
une société dans laquelle la division du travail subsis-
terait indépendamment de l'échange. Son rôle est, en
somme, de multiplier à l'infini les effets de la division
du travail et de dispenser les membres de l'agrégat social
d'un accord préalable pour concourir à l'œuvre commune,
mais il ne peut créer non plus par lui-même une parcelle
de force matérielle ou intellectuelle quelconque.

Un auteur anglais, Sir William Hurrell Mallock, croit
que ce n'est pas la division, mais la gradation du travail
qui caractérise la différence entre la barbarie et la civilisation. « Pour que les sauvages puissent se maintenir
dans la situation stationnaire qui suffit à leur existence,
il leur suffit d'avoir des travaux variés ; pour produire ou
maintenir la civilisation, il [les faut non seulement
variés, mais inégaux » (1). La cause de cette gradation,
c'est-à-dire la raison pour laquelle, dans la société, les
uns seraient portefaix ou maçons tandis que les autres
seraient artistes, ingénieurs, savants, serait le désir de
l'inégalité sociale, comprenant non seulement le désir
de l'inégalité dans la richesse maternelle, mais encore
dans les honneurs, dignités, etc. ; en un mot, le désir de
s'élever au-dessus des autres, soit par la fortune, soit
par la réputation.

Sans doute, à mesure que la civilisation augmente
et que les besoins se multiplient, il est certain que le
désir de l'inégalité sociale prend une place de plus en
plus grande parmi les moteurs de l'activité humaine.
Toutefois, il n'a pas agi avec la même force à toutes les
époques et on ne peut expliquer par cette seule hypothèse, à ce qu'il nous semble, tout travail productif qui
dépasse la satisfaction des besoins élémentaires.

(1) *L'Egalité sociale*. Etude sur une science qui nous manque. Traduction Salmon. Paris, Firmin Didot et Cⁱᵉ, 1893, p. 239.

A l'origine de la civilisation, quand se forme l'agrégat social, un homme commande et les autres obéissent. La division du travail étant dans son état embryonnaire, n'a pas encore amené une différenciation suffisante pour provoquer le désir d'inégalité et d'ailleurs la distance entre le chef et les autres membres du groupe est trop grande pour amener ce désir. Pour que son influence se fasse sentir comme motif d'action, il faut que les degrés de la hiérarchie sociale existent et que la distance qui les séparent ne soit pas trop grande. De très grandes inégalités, comme celles qui existaient dans les sociétés du moyen-âge, ne produisent que l'indifférence ou sont subies par une sorte de prestige qui n'a rien de commun avec le désir en question. Ce dernier n'existe donc qu'à certaines époques et dans certaines sociétés. Il n'a pas le caractère d'un fait universel et nécessaire pouvant être formulé en loi.

La vraie raison pour laquelle l'activité de l'homme est plus productive dans les époques de civilisation qu'aux époques de barbarie, la vraie cause qui maintient cette civilisation, c'est la prédominance de plus en plus grande de l'élément intellectuel dans le travail, la faculté d'invention de plus en plus développée.

Nous avons dit que la première condition pour que l'homme puisse s'adapter au milieu, c'est l'association, c'est la coopération dans l'effort, coopération résultant de la formation de l'agrégat social. Il semble qu'une fois son activité centuplée par cette coopération plus ou moins obscurément sentie, la tendance de l'homme à améliorer sa condition, c'est-à-dire à travailler au delà de ses besoins immédiats, doive se faire jour rapidement et que les moyens d'existence de l'individu et les conditions générales de la vie en société doivent progresser très rapidement. Il n'en est rien cependant, et le progrès est toujours très lent. Pourquoi ? C'est parce que l'homme ne peut soupçonner qu'il existe une loi d'accroissement des choses, une connexion nécessaire entre les divers phénomènes qui se passent sous ses yeux.

L'homme, à l'aube de l'histoire, est en lutte continuelle avec les forces physiques et les forces animales de la nature. Il est continuellement sous l'empire de la crainte et, par conséquent, il attribue à des puissances supérieures les grands phénomènes qu'il ne peut comprendre, tempêtes, phases de la lune, lever et coucher du soleil, etc. Son esprit ne manque jamais de faire honneur à quelque être surnaturel — revêtant le caractère zoomorphique dans la préhistoire et anthropomorphique dans les âges plus avancés — des procédés qui par hasard améliorent ses moyens d'existence.

Chez les Perses, par exemple, ce sont les esprits qui, d'après le Zend-Avesta, dirigent les grandes révolutions du ciel, les mouvements du soleil, de la lune et des planètes, la distribution de la chaleur et de la lumière dans l'espace, les jours, les mois et les années. C'est Zoroastre qui a été chercher le feu au ciel en escaladant l'Himalaya.

Chez les Grecs, c'est Prométhée qui donne aux hommes le feu, qui leur enseigne à construire les habitations, à observer les astres, à distinguer les saisons, à accoupler les animaux sous le joug, à atteler les coursiers, à exploiter les mines, etc. Quand Homère nous décrit les merveilles de l'âge de bronze, il les attribue à Vulcain (1).

Dans l'invention du filet de pêche, par exemple, si importante pour des insulaires, croit-on que les peuples

(1) M. Espinas, dans ses *Origines de la Technologie*, a bien montré comment, en Grèce, les théories relatives aux inventions se sont peu à peu dégagées des idées religieuses pour faire une plus grande part à l'action humaine.

pêcheurs aient conservé le souvenir des innombrables expériences par lesquelles il a sans doute fallu passer avant de faire un simple nœud de filet? Nullement. La mythologie polynésienne, qui reproduit en partie l'anthropomorphisme grec, rapporte que le nœud de filet a été enseigné aux blancs de l'hémisphère austral par Kahukura, qui avait lui-même dérobé cet art aux fées, en se glissant pendant la nuit au milieu d'elles et, en prenant part sur le rivage, à leurs pêches fantastiques (1).

Chez tous les peuples, on retrouve les mêmes croyances naïves, soit sur les manifestations des puissances naturelles, soit sur celles des découvertes augmentant la puissance de l'homme. Elles diffèrent seulement selon le génie de chaque peuple. Tandis que le génie grec se complaît dans les détails relatifs à chaque invention, à chaque découverte, le génie sémite conçoit l'invention comme il conçoit la création, par un ordre émané de la puissance divine. Dieu commande, l'homme obéit. Nul effort de la part de ce dernier.

Donc, partout à l'origine, intervention des Dieux avec ou sans luttes. Les dogmes religieux qui admettent l'idée d'effort, de lutte, c'est-à-dire que l'homme n'a arraché aux Dieux leurs secrets qu'au moyen d'une lutte, sont déjà en progrès sur la révélation pure et simple.

Plus tard, à mesure que l'humanité avance et que les concepts métaphysiques commencent à remplacer les dogmes religieux, l'idée de l'intervention des Dieux dans les découvertes ou inventions se transforme et on attribue ces découvertes au hasard. La mentalité du vulgaire « répugne à s'expliquer l'avènement des grandes choses par l'action lente du temps et le concours

____

(1) Foley. *4 années en Océanie*. Hetzel, 1866.

nécessaire d'un nombre immense de travailleurs. Un seul fait rapide et frappant, un seul héros qui intervient pour tirer parti de ce fait, voilà ce qu'il faut encore aux hommes. Newton voit tomber une pomme et la loi de gravitation est découverte. Le couvercle d'une marmite se soulève sous les yeux de Papin et la machine à vapeur est inventée. La cuisinière de Galvani avait préparé pour son maître un bouillon de grenouilles : il en sortira la télégraphie électrique. Roger Bacon mêle ensemble, par hasard, du salpêtre, du soufre et du charbon : le hasard intervient pour faire détoner le mélange et la poudre à canon est trouvée » (1).

Mais est-ce la chute d'une pomme ou les lois de Kléper qui ont eu la plus grande part dans la découverte de la gravitation? Est-ce que la force classique de la vapeur d'eau aurait pu être utilisée sans la théorie de la condensation, laquelle ne pouvait être établie sans le thermomètre?

Il y a donc une chaîne qui lie nécessairement les inventions et les découvertes et le hasard n'a jamais sur elles qu'une influence passagère. On voit aussi, au point de vue psychologique, que la croyance joue un très grand rôle dans la genèse de l'invention et dans les transformations du travail qui en sont la conséquence. Elle arrive là, le plus souvent, pour retarder l'évolution du travail et entraver les efforts faits en vue de l'amélioration sociale.

Or, qu'est-ce que la croyance? C'est un *acte* intellectuel qui satisfait notre besoin, notre désir de foi. Or, tandis que les désirs se transforment de plus en plus, nous savons que les actes de l'activité humaine ont une tendance de plus en plus grande à s'immobiliser, à se pétrifier en quelque sorte, d'où il résulte que l'activité

(1) Félix Foucou. *Histoire du Travail.* Hetzel, 1868, p. 241.

ne tarde pas à être en désaccord avec le désir et même en opposition avec lui. Désir et croyance finissent donc par se trouver en antagonisme parce qu'un autre genre d'activité est venu contrarier le premier qui, sans cela, se serait propagé toujours dans le même sens, logiquement.

L'homme de la préhistoire ou des âges de barbarie ne peut fixer longtemps sa pensée sur un but déterminé, il cherche avec avidité la satisfaction du besoin ou du désir ressenti. Cet excès d'activité s'exerçant dans l'ordre intellectuel aussi bien que dans l'ordre physique, est une condition du progrès s'opérant par la lutte brutale. Plus tard, lorsque par le développement de ses facultés cérébrales, il lui est possible d'abstraire, de coordonner, de réfléchir, son travail porte par atavisme les traces de cette impulsion violente. Il lui est difficile de mettre en harmonie des besoins et des désirs dont la variabilité est toujours de plus en plus grande avec une activité intellectuelle et affective dont la tendance est de se développer de plus en plus dans le sens des impulsions primitives.

C'est ce conflit des désirs et des croyances qui amène cette exacerbation psychique si funeste au progrès du travail humain, parce qu'elle empêche d'apercevoir la coordination nécessaire qui relie ces progrès entre eux.

Les efforts de l'homme n'ont eu de résultats sérieux au point de vue du progrès que quand ils n'ont plus eu lieu sous l'influence de cette exacerbation. C'est par des gens que leurs contemporains ont regardé comme des rêveurs, des paresseux, des inutiles, que se sont effectuées les plus grandes transformations du monde moderne. Si des rêveurs, des contemplateurs d'étoiles n'avaient pas passé leur temps à regarder le ciel, que seraient aujourd'hui l'astronomie, la navigation, le commerce, l'humanité enfin ?

L'évolution du travail se fait donc dans le sens d'une part de plus en plus grande faite à l'invention et cette transformation est la condition nécessaire du développement et du maintien de la civilisation.

III

L'invention n'est pas purement et simplement la conception spéciale et géniale d'un cerveau, l'idée rare d'un savant émise en une heure de génie ou encore le produit du hasard. Elle synthétise ordinairement un long travail antérieur.

L'ordre dans lequel se succèdent les découvertes et inventions n'est pas du tout arbitraire. Elles sont astreintes à des lois d'éclosion et de développement rigoureuses.

Un laps de temps, quelquefois très long, s'écoule entre le moment où une idée se fait jour et celui où elle peut être mise en application.

Il arrive quelquefois que tel germe déposé dans le sein d'une époque par un homme de génie ou par une série d'efforts obscurs est condamné à sommeiller pendant des siècles parce que ce germe, pour éclore, appelle les conditions du milieu qui ne se sont pas réalisées ou parce que les théories scientifiques, nécessaires à son éclosion, ne sont pas encore formulées. Ces théories elles-mêmes attendent peut-être un instrument d'observation qui exige l'emploi d'une substance que les hommes n'ont pas encore travaillée. Lorsque cette substance est découverte, un travailleur obscur, dans quelque coin du globe, inconscient du service qu'il rend à tous, donne à cette substance la forme qui doit en faire un instrument d'observation ; ailleurs, des savants s'emparent de cet instrument et perfectionne les théories en retard.

C'est alors que s'ouvre, pour l'invention, la phase industrielle. Sous la pression de quelque désir général exprimé depuis longtemps par les consommateurs, on voit un certain nombre d'inventeurs s'ingénier à appliquer les découvertes de la science pour en tirer parti au point de vue économique.

Les industriels, sollicités par leur intérêt et aiguillonnés par la concurrence, exploitent cette nouvelle source de profits, et c'est ainsi que, tout en augmentant leur bien-être, ils augmentent la puissance productive de la société.

En résumé, l'invention est une œuvre sociale et lorsque le hasard intervient, ce n'est jamais que pour suggérer une idée fugitive, qui doit ensuite être transformée mille fois avant de produire des résultats pratiques.

CHAPITRE III

Besoins, Croyance, Désirs

I

Dans les sciences morales et politiques, on rencontre souvent cette affirmation que l'homme travaille pour satisfaire ses besoins. On considère le besoin comme un ressort intérieur faisant mouvoir un mécanisme d'horlogerie appelé progrès (1). En général, on ne cherche pas à savoir si cette vue s'applique à l'Européen et à l'Arabe, au Chinois et à l'Américain, de même que l'on se contente d'attacher à ce mot un sens très vague.

Cette confusion et ces vues sommaires ne sont pas de nature à constituer une économie vraiment scientifique. Pour atteindre ce résultat, il importe d'envisager la question au point de vue psychologique et sociologique.

Cette notion de besoin est liée à celle du travail et de la richesse et elle y jette une certaine lumière.

En quoi consiste le besoin, et que faut-il entendre par ce mot si souvent prononcé ? Suffit-il qu'un besoin soit senti pour déterminer l'individu à agir ?

Ce n'est pas purement et simplement le besoin, mais le besoin incarné, synthétisé en une production

(1) Beaucoup d'esprits sérieux sont tombés dans ce travers qui remonte à l'école Saint-Simonnienne, notamment Condorcet, Auguste Comte et Buchez.

matérielle, en une œuvre intellectuelle qui, par la répétition sociale, tradition, coutume, imitation, devient général dans l'étendue d'une société. Un besoin n'a de chance de pénétrer dans un cerveau, de s'y installer pour ainsi dire à demeure et de se transmettre ensuite à d'autres cerveaux par la répétition sociale qu'autant que le moyen de le satisfaire est trouvé, qu'une œuvre ayant le caractère matériel ou intellectuel est créée pour le satisfaire, que ce besoin s'est fait signe et a revêtu une forme. Autrement, il est comme n'existant pas socialement. Les besoins sociaux ne peuvent donc être que l'effet sociologique de la propagation d'une invention ou d'une découverte, en un mot, d'une innovation quelconque.

Au point de vue psychologique et surtout sociologique, il faut d'abord distinguer le besoin du désir et ne pas négliger la croyance. Aucune théorie économique ne peut être édifiée si l'on néglige ces bases essentielles.

Toutes les choses extérieures (1) exercent, sur notre cerveau, une sorte de suggestion à l'état de veille, dans la vie sociale, comme dans le sommeil. Il se fait dans notre cerveau, même à notre insu, une sorte d'opération de chimie mentale.

Lorsque les choses extérieures arrivent à la conscience, il y a perception. Qu'est-ce que percevoir une sensation ? C'est ajouter à la sensation des images, c'est-à-dire des souvenirs de sensation. La perception est une combinaison du présent et du passé aperçue par la conscience. Notre vision des choses se fait à travers notre *moi* héréditaire et expérimental. Nous naissons, en effet, avec un cerveau dans lequel se trouvent un certain nombre de cellules qui contiennent les impres-

____

(1) Les impulsions internes organiques sont un apport extérieur pour le cerveau.

sions propres à la race dont nous sortons, c'est-à-dire de souvenirs impressionnels. A ces possibilités de souvenirs viennent s'ajouter les impressions personnelles conservées par la mémoire.

Toute perception est une croyance et la croyance est à la base de tout phénomène intellectuel. Mais il faut remarquer qu'il n'y a pas d'hétérogénéité radicale entre les phénomènes intellectuels et les phénomènes affectifs. Ils ne se séparent logiquement (mais non en réalité) qu'à un certain degré d'intensité. Les phénomènes affectifs semblent toujours être le résultat d'arrêt de tendances, sauf le plus ou moins grand dégagement de la force nerveuse.

L'arrêt de tendances est la source de tout désir et le désir, considéré comme attraction, ou répulsion de la sensation, est la base de tout phénomène affectif (plaisir ou douleur). Quand le désir est persistant, qu'il acquiert par conséquent un certain degré d'intensité et qu'il est accompagné de l'objet destiné à procurer la satisfaction, il devient *besoin*.

Le besoin, c'est donc le rapport entre le désir et l'objet destiné à le satisfaire ou jugé tel, c'est donc un jugement, une sorte de syllogisme moral où la croyance joue le rôle prépondérant parce qu'elle vient renforcer le désir.

Ainsi le besoin résulte d'une combinaison de phénomènes intellectuels et affectifs et ne peut naître que de la connaissance que l'on a qu'un acte ou une chose peut satisfaire le désir.

Le besoin implique donc nécessairement la connaissance de l'objet (acte ou chose destiné à reproduire une sensation). En effet, une sensation étant donnée, elle engendre le désir ou l'aversion, mais d'une façon vague, et ce n'est que par une comparaison entre des sensations et des usages passés et présents et par la reconnaissance d'une similitude, transition du connu à l'inconnu, base du raisonnement et aussi de l'invention, que le désir peut se préciser et le besoin apparaître. La découverte ou invention (reconnaissance d'une similitude) est donc mère du besoin comme la sensation est l'occasion du désir.

Mais, au point de vue sociologique, il faut distinguer entre les besoins innés et héréditaires, résultats d'une foule de découvertes et d'inventions préhistoriques et historiques dont la chaîne est immense et qui ont constitué les caractères physiologiques du civilisé actuel, et les besoins acquis ou sociaux nés d'inventions postérieures greffées sur les autres, qui peuvent aussi à la longue devenir héréditaires et dont il sera peut-être aussi impossible à nos descendants de rétablir la genèse dans l'avenir qu'à nous de rétablir la genèse de nos besoins physiologiques.

En résumé, tout besoin est une espèce de conclusion, de raisonnement de plus en plus compliqué, dans lequel interviennent comme facteurs : 1° un percept (synthèse de sensation et d'images) ; 2° une émotion (le désir ou l'aversion pour la sensation) ; 3° la connaissance (invention) du moyen nécessaire pour prolonger ou faire renaître ou faire cesser la sensation ; 4° la croyance, association fortifiée par la répétition entre la sensation et l'image de l'invention (raisonnement).

II

Ces notions préliminaires étaient absolument indispensables pour nous rendre compte de l'influence des besoins (combinaisons de croyances et de désirs) dans les phénomènes sociaux et, en particulier, dans les phénomènes économiques.

Sous l'action incessante des découvertes et des

inventions, des échanges matériels et immatériels auxquels elles donnent lieu, le civilisé d'aujourd'hui est capable de concevoir une infinité de désirs différents. Ces suggestions, ces désirs multiples, constituent en quelque sorte autant de fractionnements de sa personnalité morale et dispersent en autant de directions différentes son unité psychique.

Aussi, au fur et à mesure que se multiplient et s'étendent les innovations de tous genres, le rôle du jugement et du raisonnement et de leur base psychologique, la croyance — lien qui réunit les sensations nouvelles avec les souvenirs de sensations — devient de plus en plus nécessaire.

Tant que durent les âges de coutume, la foi aux ancêtres, le respect de la tradition, l'obéissance aux morts, sont les formes que prennent ce lien salutaire. Mais lorsque se relâche ce lien de la coutume, les choses prennent un autre aspect. Ce qui caractérise le civilisé d'aujourd'hui, c'est la dispersion du *moi* en des désirs innombrables qui se heurtent et s'entrecroisent souvent égaux en force. C'est là une grande difficulté pour l'éducation actuelle, pour l'établissement d'une morale sociale et, en définitive, pour le maintien de la civilisation.

Ce qui caractérisait, au contraire, l'individu dans les civilisations antiques, c'était l'unité du *moi* toujours présente. Un Egyptien, un Grec, un Romain, aux premiers temps de leur civilisation, se conduisait partout conformément à une ligne de conduite identique à elle-même par la prédominance exclusive, dans tous les actes de la vie sociale, d'un désir doublé d'une conviction fortement enracinés dans son âme.

Le maximum de foi, le maximum de croyance en tous ordres de faits, telle est, semble-t-il, la contrepartie de la dispersion des désirs. Croire aux vérités révélées par les diverses sciences en élaboration comme on croit à des axiomes de mathématiques, tel est, semble-t-il, le pôle vers lequel gravite la force de foi des sociétés actuelles. Suffira-t-il pour rassembler dans la grande masse des hommes d'aujourd'hui les *moi* de plus en plus épars ?

On voit, par ce qui précède, que lorsque deux sociétés où règne chez l'une la coutume et chez l'autre la mode se trouvent en présence, il ne peut y avoir pénétration sociale et formation de société nouvelle (les transformations sont des recommencements) que si chez la première les désirs ne se trouvent pas polarisés par une croyance dominante, que si les liens de la coutume se détendent par suite de l'interférence des besoins nouvellement importés avec la croyance dominante. Que faudrait-il pour éveiller l'Arabe de son rêve religieux et familial ? Importer dans la civilisation des besoins qui se grefferaient sur le tronc nourricier de l'Islam. Tout mélange de race, en supposant qu'il fût fécond, serait funeste et ne produirait que des dégénérés. On l'a vu par l'exemple des tribus de Peaux-Rouges de l'Amérique du Nord, lesquelles, traquées d'ailleurs dans leurs moyens matériels d'existence, ont dû disparaître devant la marche rapide et envahissante de la race anglo-saxonne.

CHAPITRE IV

Le Problème de la Valeur et les Théories
de Proudhon et de Karl Marx

Quand on étudie le travail humain au point de vue purement économique, comme l'ont fait Karl Marx et Proudhon, on est forcément conduit à se demander pourquoi, dans les sociétés les plus fières de leur civilisation, l'homme qui n'a à sa disposition que sa force physique et ses facultés intellectuelles et morales, autrement dit que son travail actuel, éprouve tant de difficultés pour se procurer les objets les plus indispensables à la vie. Les forces humaines, unies aux forces naturelles et les dominant, ne sont-elles pas la source de toutes les richesses que nous voyons s'étaler devant nous ? Ou bien l'anomalie ne proviendrait-elle pas de notre impuissance à incarner toutes les manifestations sociales de ces forces en un système de valeurs établissant une juste équivalence dans les échanges ? Au fond de toutes les discussions soulevées par les deux célèbres polémistes — comme au fond de toutes les controverses économiques en général — on rencontre l'idée de valeur. C'est donc cette notion qu'il faudrait d'abord approfondir pour pouvoir juger leurs théories. Toute l'argumentation de Karl Marx contre le capital ou plutôt contre les capitalistes repose sur la proposition fondamentale suivante, dérivée des théories de Ricardo : le temps de travail *socialement* nécessaire à la production des marchandises est la substance et la mesure de leur valeur. Nous soulignons à dessein le mot *socialement*, car c'est surtout par cette idée de travail social ou socialement organisé que la théorie de Karl Marx diffère de celle de l'économiste anglais. Karl Marx ne croit pas que l'on puisse arriver à une amélioration de la société actuelle en conservant l'échange individuel. Pour lui, le point de vue de Proudhon, qui croit pouvoir, par son système, épurer l'échange individuel, est un point de vue « petit bourgeois ». Malheureusement, ni l'un ni l'autre n'analyse les éléments de cette forme d'activité qui s'appelle le travail. En se livrant à cette étude de psychologie sociale, ils se seraient aperçus que, dans l'immense circulation des résultats du travail, il y a autre chose — même au point de vue purement économique — que des objets matériels, et qu'une théorie de la valeur, pour être complète, devrait s'appliquer à tous ces produits ou services qui, dans l'étendue d'un même groupe social ou de société à société, passent de main en main par l'échange, de bouche en bouche par la parole, de cerveau à cerveau par la tradition, par la coutume, par l'imitation, en un mot par suggestion sociale.

I

Nulle idée n'a donné lieu à plus de discussions que cette idée de valeur et, pourtant, c'est sur cette idée tant controversée que l'on a voulu faire reposer la science économique, que Mac Culloch appelle « la science des valeurs ». Du temps de Stuart Mill, on croyait en avoir fini avec ces controverses stériles et être en possession d'une théorie indiscutable, définitive. On se trompait et les doctrines économiques actuelles nous donnent une nouvelle théorie de la valeur — celle de l'utilité finale

— que l'on croit être maintenant la vraie, mais qui, soyons-en sûrs, subira encore des transformations. Avec ses prétentions à l'absolu, la science reflète toujours plus ou moins les idées régnantes à une époque et dans une civilisation données. On ne remarque pas assez peut-être que les formes économiques, comme toutes les formes sociales, peuvent varier avec le temps et suivant l'organisation des sociétés ; que chez les peuples primitifs, comme les Arabes nomades, par exemple, qui ont une production en quelque sorte déprédatrice, les facteurs de la valeur ne peuvent être les mêmes que chez des civilisés qui conservent, reproduisent et inventent. Sans doute, à un point de vue absolu, il n'y a qu'une seule théorie vraie de la valeur, mais les causes qui influent sur elle participent de la variation infinie des faits sociaux. Il faut donc se garder de faire de cette notion une sorte d'entité économique, supérieure et antérieure à toute forme sociale, dans l'espoir de faire reposer la science économique sur une base indiscutable. Ajoutons que l'on a souvent confondu la substance de la valeur avec sa mesure ou avec les divers aspects qu'elle revêt ; que les nouvelles théories, en se plaçant au point de vue purement individuel, n'expliquent pas suffisamment la formation de la valeur sociale, et qu'enfin, jusqu'ici, on s'est plu à considérer trop exclusivement, dans l'échange, le sacrifice et pas assez le bénéfice qui en résulte, soit pour l'individu, soit pour la société. On n'a pas assez insisté sur ce fait considérable qu'à mesure que le travail devient de plus en plus intellectuel, les inventions qui se substituent ou se superposent ont pour effet de faire passer incessamment la valeur des choses de la forme coût à la forme gain, du prix à la gratuité. Qu'est-ce, en effet, que le progrès, sinon une marche ascendante vers une sorte de communisme naturel qui se développe d'autant plus rapidement qu'il entre dans le travail humain une plus forte proportion d'éléments psychiques ? Dans l'échange d'une foule de services, la valeur—dont l'argent est la forme matérielle et par conséquent inférieure — se présente sous une forme morale : tels, le tribut d'éloges ou d'admiration que nous payons au savant, la considération qui s'attache à une fonction publique et qui en compense la faible rétribution, les honneurs et dignités dont, trop rarement, on paie le talent ou le génie de l'artiste. Les plus grands efforts des hommes, ceux dont l'humanité a réellement profité, n'ont presque jamais été faits en vue d'une rémunération pécuniaire, mais dans l'espoir d'une récompense morale. Sans la vision de cette chimère, qu'on appelle la gloire, combien de génies n'auraient pas produit les œuvres qui composent aujourd'hui le capital intellectuel de l'humanité !

Deux éminents économistes d'écoles différentes — MM. Leroy-Beaulieu et Gide — se sont servi d'un néologisme pour définir la valeur. Pour eux, la valeur, c'est la désirabilité. Elle ne serait donc plus un « pouvoir » d'acquisition ou d'échange ou un « rapport », comme le voulait Bastiat, mais un « désir ». Malgré toute la part de vérité qu'elle renferme, il semble que cette définition ait besoin d'explication. Au point de vue social, tout est désir chez l'homme. Otez le désir et vous supprimez l'action. Mais comment naît le désir ? Et ne faut-il pas, pour qu'une chose soit désirée et acquiert de la valeur, qu'elle ait le pouvoir réel ou jugé tel de satisfaire le désir ?

Pour l'individu considéré isolément, aussi bien qu'au point de vue de l'échange, la valeur ne peut se concevoir que comme une comparaison entre deux produits ou services jugés susceptibles de satisfaire un désir économique et comme l'expression d'une équivalence ou d'une préférence. Il y a ici en présence deux facteurs variables : l'un est le désir, l'autre est le pouvoir réel ou supposé tel de satisfaire le désir. Pour que la valeur fût exclusivement la désirabilité, il faudrait que le pouvoir de satisfaction attribué aux choses variât en même temps et dans les mêmes proportions que le désir lui-même. Eclaircissons ce point.

On a coutume de dire — et les traités d'économie politique admettent cela comme un axiome — que ce qui porte l'homme à agir et par conséquent à produire, ce sont ses besoins et ses désirs. Mais il faut s'entendre sur la signification de ces mots, qui ne doivent pas être considérés comme synonymes. Le besoin est, dans son sens propre, d'essence organique; le désir, qui correspond à une idée moins vague, est d'essence sociale. Socialement, suffit-il qu'un besoin soit senti pour déterminer l'individu à agir ?

Nullement. Il faut encore que le moyen de satisfaire le besoin soit trouvé et que nous ayons une plus ou moins grande somme de foi dans sa réalisation possible. Toute impression, toute sensation, intérieure ou extérieure, provenant d'une gêne quelconque, fait naître ou renaître, c'est-à-dire nous suggère l'idée des mouvements à l'aide desquels elle sera satisfaite. A l'origine, le mouvement propre à faire cesser la sensation est purement réflexe et instinctif : tel est celui du petit enfant qui, sous l'impulsion de la faim, prend le sein de sa mère. Mais ce mouvement participe de plus en plus de l'intelligence à mesure que la connaissance des actes et des choses ayant le pouvoir de satisfaire le besoin, au lieu d'être le résultat de l'hérédité — cette mémoire de la race — résulte d'expériences personnelles. La sensation localisée de gêne, de souffrance, avec l'aspiration plus ou moins vague à l'éloigner, voilà le besoin. Cette sensation, associée à l'idée d'un acte ou d'un objet propre

à la satisfaire, résultat d'inventions sociales, voilà le
désir. Mais cette association, cette combinaison, comment
peut-elle se faire ? Par un phénomène analogue à ce
qu'Ampère appelait concrétion, synthèse de sensations
et d'images, sorte de suggestion qui, au fond, est l'âme
de tous nos jugements. La vue d'un objet propre à
satisfaire tel ou tel besoin nous suggère la croyance en
l'efficacité de son pouvoir de satisfaction, d'où naîtra
un désir d'autant plus vif, plus intense, qu'un plus
grand nombre d'expériences viendront confirmer cette
croyance.

Ainsi le désir économique est un phénomène qui ne
suit la sensation, qu'elle soit organique ou extra-
organique, que par le moyen d'un jugement. Sous
l'action des sensations qui naissent du milieu extérieur
ou qui renaissent par l'hérédité et la mémoire, peuvent
s'éveiller une foule de désirs qui seront d'autant plus
nombreux chez l'individu qu'il fera partie d'une société
ayant accumulé plus d'inventions successives. C'est
ainsi que le besoin de manger se traduira, au fur et à
mesure de la découverte d'aliments nouveaux et des
progrès de l'art culinaire, par le désir de manger des
mets de plus en plus recherchés et de plus en plus
compliqués.

Mais ces désirs seront toujours déterminés par la
connaissance plus ou moins réelle de la propriété que
possède tel ou tel objet de faire disparaître la sensation
du besoin. Peu importe d'ailleurs, remarquons-le bien,
que tel ou tel produit possède ou non, en réalité, cette
faculté ; peu importe que tel acte ou tel chose soit
réellement utile : il suffit qu'actes et choses soit jugés
tels pour qu'ils soient recherchés et désirés. Une chose
peut être nuisible, mais si elle est jugée utile, elle sera
désirée. Inversement, la chose la plus utile, mais jugée
nuisible, ne sera l'objet d'aucun désir.

Il résulte de ceci que si nous comparons deux produits propres tous deux à satisfaire un même besoin, c'est celui qui sera jugé, qui sera cru le plus propre à satisfaire ce besoin qui, pour l'individu considéré isolément, aura le plus de valeur. Mais la valeur, dans nos sociétés civilisées, ne se présente pas, on le sait, sous cet aspect de simplicité primitive. Chaque besoin primordial, ne l'oublions pas, a donné lieu à une multitude de découvertes, d'inventions et d'expériences accumulées par les générations successives. Le champ de la comparaison et du jugement s'est de plus en plus étendu et a donné naissance à cette foule innombrable de désirs qui, dans l'âme du civilisé, se heurtent et s'entrecroisent, se livrant des combats sans trêve. Mais de tous ces désirs en lutte, lequel l'emportera en définitive ? Celui qui sera basé sur la conviction la plus forte (1).

Selon la théorie actuellement en vogue et résultant des travaux de MM. Stanley, Jevons, Walras, Ch. Menger, Boehm-Bawerk, etc., la valeur est, on le sait, déterminée par l'utilité finale, par l'utilité-limite. Mais il faut avouer que le mot *utilité*, comme l'a fait remarquer M. Vilfredo

---

(1) Quelques philosophes et un certain nombre d'économistes, parmi lesquels figure Storch, ont vu dans le jugement que nous portons sur l'utilité des choses la source de leur valeur. Pour M. Cauwès, « le jugement que chacun de nous porte sur le degré d'utilité des choses ou l'utilité comparative de deux ou plusieurs choses constitue la valeur en usage » *(Cours d'économie politique,* 3ᵉ édition, 1893, Tome Iᵉʳ, page 261). Seulement, M. Cauwès, à tort selon nous, semble identifier ce jugement avec l'identité réelle. M. Tarde a, le premier, mis en pleine lumière l'influence de la croyance, cet élément primordial du jugement, sur la valeur. *(Revue d'économie politique,* année 1888. *Les deux sens de la valeur* et *Logique sociale).* Les idées que nous venons d'exposer diffèrent légèrement de celles de l'éminent sociologue, en ce sens que, pour nous, aucun désir ne peut naître socialement s'il n'est basé sur un élément intellectuel et que, par conséquent, la croyance est un facteur de tout désir économique.

Pareto (1), est singulièrement mal choisi pour exprimer ce qu'il signifie réellement, c'est-à-dire la propriété édonistique de satisfaire nos besoins, quels qu'ils soient. D'ailleurs, pour répondre au pouvoir que possèdent les choses de satisfaire nos besoins intellectuels ou moraux, il faut comprendre, sous cet unique vocable, la vérité, la beauté, la bonté, la justice, etc. Comme les économistes ont généralement en vue les objets matériels, ils ont remarqué surtout que la quantité ou la rareté influaient sur le degré d'utilité. De là, la théorie de l'utilité finale. Mais on pourrait tout aussi bien dire que la qualité, l'étendue, l'intensité, etc., influent aussi sur le pouvoir que possèdent les choses de satisfaire nos besoins. En faisant la comparaison entre le degré d'utilité des choses, il faut en réalité tenir compte de tous les éléments que nous venons d'indiquer et qui se résument subjectivement dans la plus ou moins grande somme de foi, de confiance que nous avons dans leur pouvoir édonistique.

Si maintenant nous passons de la valeur purement subjective et individuelle à la valeur sociale, nous allons retrouver le même élément fondamental. Et d'abord, des désastres financiers trop fréquents ne nous ont-ils pas un peu accoutumés à cette idée que la valeur de bon nombre d'actions et d'obligations ne repose que sur la confiance que le public accorde à telle ou telle Société et que l'on a su lui suggérer à lui-même ? Les affiches, les prospectus, les réclames de tous genres au moyen desquelles les commerçants suggèrent à leur clientèle la foi en tel ou tel remède, en tel ou tel article de mode, en telle ou telle entreprise commerciale, n'ont-ils pas pour effet de créer pour ainsi dire leur

(1) Voir son Introduction au *Capital*, de Karl Marx. *Petite bibliothèque économique*, Guillaumin et Cie.

valeur ? A la Bourse, les mouvements de hausse ou de baisse ne sont-ils pas les résultats d'augmentation ou de diminution de confiance ? C'est ainsi que la publicité donnée à certains documents, comme les bilans de la Banque, le rendement mensuel des impôts, etc., contribuent à consolider cette confiance et à assurer la fixité des cours de la rente ou du papier de la Banque, de même que l'annonce, vraie ou fausse, d'une opération désastreuse faite par telle ou telle Société, en diminuant la confiance du public, fait baisser subitement le cours de ses actions. Mais examinons de plus près ce qui se passe dans l'échange.

L'échange est un fait que l'on rencontre à la base de toute société et que l'on retrouve jusque dans les lointains brumeux de la préhistoire. Il a pour effet, comme les expériences accumulées et les connaissances successivement acquises, de mettre à la portée de l'individu certaines choses sociales propres à satisfaire des besoins nouveaux. Il produit donc l'effet d'une espèce de découverte d'utilités nouvelles et il remplit, à l'égard des désirs qui viennent successivement se greffer sur les besoins et les transformer, un rôle qui, à certains égards, peut être comparé à celui de l'invention. Il transforme des désirs anciens en leur donnant une forme nouvelle et, en même temps, il donne le moyen de les satisfaire. Mais précisément parce que ce moyen est donné, que la connaissance de l'objet existe et que l'expérience de son pouvoir édonistique peut être faite, la somme de foi en son utilité augmente et corrélativement aussi le désir de l'acquérir. Il se passe dans l'esprit de chaque co-échangiste une lutte qui a pour effet la substitution d'un besoin à un autre. Or cette substitution plus ou moins rapide précède nécessairement le désir, la volonté. Entre le regret de se séparer d'une chose, le sacrifice d'une sensation ancienne et le désir de satisfaire une sensation nouvelle, intervient le phénomène intellectuel, la connaissance du moyen, la croyance en son efficacité, la conviction plus forte d'où naîtra ce nouveau désir. Un désir s'éteindra ou restera à l'état d'aspiration vague, s'il n'est soutenu par une espérance.

Dans l'échange, deux cas peuvent se présenter, selon qu'il y a ou non concurrence. Supposons deux individus en présence, tous deux seuls détenteurs de leurs produits ou services (échange sans concurrence). Si l'échange se fait, c'est que chacun d'eux estime davantage ce qui est en possession de l'autre que ce qu'il possède lui-même et que, par conséquent, il y a gain de confiance dans l'esprit de chaque co-échangiste. S'il s'agit d'objets non susceptibles de division, l'un s'échangera contre l'autre, l'un vaudra l'autre. S'il s'agit au contraire de choses susceptibles d'être nombrées et mesurées, on donnera de chaque chose une quantité d'autant plus grande que l'utilité d'une certaine quantité de l'autre sera jugée plus grande. Si maintenant l'un des co-échangistes est seul détenteur d'un produit ou service déterminé et qu'il se trouve en présence de plusieurs détenteurs d'un autre produit ou service, la concurrence s'exerçant d'un seul côté, il est facile de comprendre que l'échange se fera au taux de celui des concurrents qui estimera le plus haut le produit du détenteur unique et, par conséquent, le moins le sien propre.

Supposons maintenant le cas où la concurrence s'exerce des deux côtés et où un prix unique finit par s'établir. Nous constaterons encore que l'échange commencera d'abord par s'opérer entre ceux qui estimeront le plus haut les produits des autres, qui auront la plus grande somme de confiance dans leur pouvoir édonistique, mais la concurrence ne tardera pas à faire baisser le taux d'échange au niveau de celui

des parties les moins échangistes, qui feront finalement
la loi du marché — si un même prix s'établit. Pourquoi?
Parce que, par suite du concours des acheteurs entre
eux, des vendeurs entre eux et de l'action réciproque
des uns sur les autres, viendra s'ajouter à la foi primitive,
l'espoir d'obtenir une concession sur le prix et, étant
donné que chacun recherche le maximum d'avantages,
il est visible que l'échange se fera finalement au taux de
ce que l'on appelle le couple-limite.

Ainsi, un même prix s'établit sur le marché et
s'étend à toute une classe d'échangistes parce que,
quelles que soient les circonstances extérieures qui
concourent à augmenter ou à diminuer la confiance des
échangistes — comme l'offre et la demande, le loyer des
capitaux, le taux des salaires, l'abondance des métaux
précieux, la transformation des moyens de production,
etc. — toujours les convictions les plus fortes, entraînant
un gain de confiance, l'emportent sur les plus faibles
et tendent à se propager en les annihilant, en les
absorbant. C'est donc encore grâce à un gain de
confiance que se constitue la valeur sociale, qui revêt
un caractère de rigidité spéciale sous l'influence de
convictions et d'espérances dominatrices, de jugements
répétés de bouche en bouche, et qui s'impose à tous,
indépendamment du désir individuel, dans la valeur
courante, le prix-courant, le prix du marché.

C'est peut-être parce que les théoriciens de l'utilité
finale n'ont pas vu cette influence contagieuse des
croyances les plus fortes qu'on a pu leur reprocher de
donner simplement une formule plus approchée de la
valeur courante, mais de ne pas indiquer le fondement,
le régulateur de cette valeur (1). Voilà aussi pourquoi
leurs adversaires sont à leur tour obligés de faire

(1) Voir Cauwès. *Cours d'économie politique*, Tome Ier, page 307.

intervenir le point de vue objectif et de chercher un régulateur, soit dans le travail passé et présent, c'est-à-dire dans les frais de production, soit dans le travail ou l'effort épargné, comme dans la théorie de Bastiat plus ou moins transformée (1). Mais bien loin que les frais de production particuliers ou généraux règlent la valeur, c'est, au contraire, la valeur qui fixe les frais de production. La somme de dépenses et d'efforts que l'on fait pour produire une chose dépend de la plus ou moins grande somme de confiance, d'espérance que l'on a dans son utilité sociale. Tout ce que l'on peut avancer, en ce qui concerne les frais sociaux de production, c'est que dès qu'une découverte, une invention, un perfectionnement quelconque tend à créer un nouveau désir économique par la propagation de l'élément croyance qui lui sert de base, l'effet du travail social, passé et présent, appliqué à ce genre de production — si la découverte ou l'invention n'est pas monopolisée artificiellement — est de faire baisser ce que Jevons appelle le taux d'échange du produit ainsi créé vis-à-vis des autres produits ou services. Mais pour que ce phénomène ait lieu et que la concurrence puisse s'exercer, il faut, bien entendu, que la reproduction soit possible ; que, par conséquent, l'imitation puisse agir aussi bien sur elle que sur la consommation, et alors la valeur tend de plus en plus à s'équilibrer avec les frais de production. Autrement, c'est le contraire qui aurait lieu et c'est ainsi, par exemple, que la valeur d'un tableau de Raphaël ou d'une fresque de Michel-Ange tend à augmenter indéfiniment.

II

Nous voici ramenés — par un assez long détour, il

---

(1) Voir la théorie de M. Scharling dans la *Revue d'économie politique*. Compte rendu de M. Schwiedland. Année 1888, page 638.

est vrai — à Karl Marx et à Proudhon qui, à la suite de
Ricardo, ont pris le travail pour fondement de la valeur.
Nous venons de voir à quoi se réduisent les faits sur
lesquels se base cette théorie. Mais une autre question
se pose. Si la source de la valeur ne doit pas être
cherchée dans le travail, celui-ci ne peut-il pas du moins
lui servir de mesure ? Il importe de ne pas confondre
ce second point de vue avec le premier et, en se rendant
compte de la genèse de cette idée, il est intéressant de
constater, à ce sujet, les divergences de vues de Proudhon
et de Karl Marx.

Adam Smith avait dit : « Le travail ne variant
jamais dans sa valeur propre est la seule mesure réelle
et définitive qui puisse servir dans tous les temps et
dans tous les lieux à apprécier et à comparer la valeur
de toutes les marchandises. Il est leur prix réel ; l'argent
est leur prix nominal » (1). Mais il reconnaît qu'il n'est
pas aisé de trouver une mesure exacte applicable « au
travail et au talent » et quoique, d'après lui, « on tienne
cependant compte de l'une et de l'autre quand on
échange ensemble les productions de deux différents
genres de travail », la balance s'établit en définitive
« d'après cette grosse équité qui, sans être fort exacte,
l'est bien assez pour le train des affaires communes de
la vie » (2). Ricardo adopte la théorie de Smith, mais il
lui reproche de prendre pour mesure de la valeur, tantôt
le temps de travail nécessaire à la production d'une
marchandise, tantôt la valeur du travail (salaire). Mais
ne pouvant lui-même sortir du cercle vicieux dans
lequel l'enferme sa théorie de la valeur, il ne parvient
pas à comprendre pourquoi la marchandise, qui a une

(1) *Richesse des Nations,* traduction Germain Garnier, 3 vol. Tome Ier,
page 126.

(2) *Richesse des Nations,* Tome Ier, page 123.

valeur mesurée par le travail, ne peut pas être rachetée par le salaire qu'elle a coûté. Proudhon tranche la question en se plaçant au point de vue, non de ce qui est, mais de ce qui devrait être, et reprenant, dans ses *Contradictions économiques* ou *Philosophie de la Misère*, les idées d'Adam Smith et de Ricardo, il veut en faire la base de la justice dans les échanges. Pour lui, ce qu'il faut entendre par mesure de la valeur, c'est la loi suivant laquelle les produits se proportionnent dans la richesse sociale. Ce principe de proportionnalité, c'est la valeur du travail, et Proudhon pense que les produits devraient s'échanger au prix des salaires et des frais qu'ils coûtent, calculés en moyenne pour une certaine période (1). Dans la *Misère de la Philosophie*, Karl Marx critique les idées de Proudhon et il montre la confusion qu'il fait entre la mesure de la valeur par le temps de travail et celle par la valeur du travail (salaire) qui, selon lui, « ne saurait pas plus servir de mesure à la valeur que la valeur de toute autre marchandise » (2). Mais tout en montrant l'erreur des systèmes de Bray et de Gray, qui avaient pour but de remplacer la monnaie par des bons de travail, il est toujours dominé lui-même par cette idée de Ricardo que le travail est la source et la mesure de la valeur et il finit par conclure que « l'échange de quantités égales d'heures de travail n'est possible qu'à la condition qu'on soit convenu d'avance du nombre d'heures qu'il faudra employer à la production matérielle. Mais une telle convention nie l'échange individuel » (3). On voit poindre, dès 1847,

---

(1) *Système des Contradictions économiques* ou *Philosophie de la Misère*. Paris. Librairie internationale, 1867, page 73. Cette idée de moyenne n'aurait-elle pas été génératrice de celle de Karl Marx sur le temps de travail socialement (en moyenne) nécessaire à la production ?

(2) *Misère de la Philosophie*. Giard et Brière, 1896, page 71.

(3) *Misère de la Philosophie*, page 104.

les théories que Karl Marx développera plus tard dans sa *Critique de l'Economie politique*, publiée en 1859, puis dans le *Capital*, en prenant pour base et pour mesure de la valeur le temps de travail social. C'est le temps de travail social qui, dans la « société bourgeoise », sert de mesure à la valeur et non la valeur du travail. Mais comment cette métamorphose s'opère-t-elle ? Et comment expliquer ce qui arrête Ricardo et Proudhon ? D'une manière bien simple : ce qui s'achète et se vend sur le marché du travail, c'est la force de travail et non le produit ou la valeur nouvelle ajoutée au produit. Remarquons que, par cette théorie, Karl Marx croit rester sur le terrain des faits et expliquer le mode de production actuel de la « société bourgeoise », puisqu'il dit : « Dans une société à venir, où l'antagonisme des classes aurait cessé, où il n'y aurait plus de classes, l'usage (des produits) ne serait plus déterminé par le minimum du temps de production ; mais le temps de production sociale qu'on consacrerait aux différents objets serait déterminé par leur degré d'utilité sociale » (1).

Maintenant, qu'est-ce que le temps de travail social qui doit servir de mesure à la valeur ? « Le temps socialement nécessaire à la production des marchandises est celui qu'exige tout travail exécuté avec le degré moyen d'habileté et d'intensité et dans des conditions qui, par rapport au milieu social donné, sont normales » (2). D'après Schaeffle, à travers lequel il faut lire Karl Marx pour juger, au point de vue pratique, de sa théorie sur la valeur, le problème consisterait à faire une masse de

---

(1) *Misère de la Philosophie*, page 83. Dans ce livre, il n'est pas toujours facile de suivre la pensée de Karl Marx, et il semble parfois que ses idées renferment des contradictions.

(2) *Le Capital*, traduction Roy, page 15.

toute la production sociale, et, en considérant, comme valeurs d'échange égales les objets qui peuvent être produits dans le même temps de travail social, on arriverait, par une simple division, à obtenir une unité de travail social. Cette unité de travail est d'ailleurs une unité purement théorique de travail simple *(unskilled labour)* auquel on peut, d'après Karl Marx, ramener tous les genres de travaux (1). Mais si le calcul des frais de production en temps de travail social offre déjà, en ce qui concerne les objets matériels, des difficultés immenses en raison de l'énorme comptabilité qu'il exigerait, que serait-ce en ce qui concerne les travaux intellectuels, artistiques, littéraires, scientifiques, en un mot, les œuvres de l'esprit, la production des idées ? Comment représenter, en temps de travail social, le coût de production d'une invention, d'un tableau, d'un opéra, d'une œuvre de génie ? Et, d'ailleurs, cette unité de travail simple moyen, en supposant qu'elle fût trouvée, n'offrirait-elle pas une variabilité extraordinaire, selon les temps et les lieux ? (2).

On voit que ce que Karl Marx cherche à obtenir, c'est une mesure *absolue* de la valeur ; mais, pour cela, ne faudrait-il pas assimiler le travail de l'homme à une simple force mécanique ? Préoccupé surtout du côté matériel qu'offre le travail, il oublie que tout travail, si simple qu'il soit, renferme non-seulement une dépense d'énergie physique, un effort intellectuel, mais encore

---

(1) Il est à noter que l'on trouve la théorie de l'unité de travail développée dès 1851, par M. Ott, dans son *Traité d'économie sociale,* dont il a paru une nouvelle édition il y a quelques années.

(2) Voir, sur le sujet qui nous occupe, deux excellents articles de M. Bourguin dans la *Revue d'économie politique : Des rapports entre Proudhon et Karl Marx* (année 1893, page 177, et *La Mesure de la Valeur* (année 1895, page 214). M. Bourguin croit que Karl Marx n'a rien emprunté à Proudhon. Nous ne sommes pas tout à fait de cet avis.

un élément affectif ou moral, qui le rend plus ou moins
productif. Il faudrait pouvoir rapporter à une même
unité de mesure ces trois éléments. Mais comment ?
Cette condition paraît impossible à réaliser et bien que
les savantes recherches qui ont été faites dans ces
derniers temps sur la fatigue intellectuelle et physique
aient donné des résultats remarquables, l'élément affectif
contenu dans le travail humain semble toujours devoir
échapper aux mensurations physiologiques.

Schaeffle s'aperçoit d'ailleurs que la théorie marxiste
de la valeur repose sur un principe erroné, parce qu'elle
ne tient compte « que des frais sociaux et néglige
totalement la valeur d'utilité, qui varie selon le temps,
le lieu et la chose » (1). Disons plutôt : suivant les
appréciations individuelles. Pour arriver à établir une
unité de mesure théorique dans une société donnée et
à un moment quelconque de son évolution, il faudrait
pouvoir supputer, non les frais de production sociaux,
mais les désirs économiques ou plutôt le degré de
conviction, de foi sociale dans l'utilité de telle ou telle
invention artistique, industrielle, agricole, etc. ; il
faudrait mesurer le progrès ou le déclin de telle ou telle
nouveauté, suivre les phases du goût en tel ou tel article
de mode, etc. Il est à peine besoin de dire que, malgré
les progrès qu'elle a pu faire depuis un certain temps,
la statistique économique et sociologique n'est pas près
de pouvoir réaliser ce rêve. Le nombre d'observations
en chaque genre de faits porte d'ailleurs sur un trop
petit nombre d'années pour pouvoir toujours donner —
même en des questions moins délicates que celle de la
valeur — des résultats probants (2).

(1) Schaeffle. *Quintessence du Socialisme.* traduction B. Malon.
édition belge, page 66.

(2) Faisons remarquer à ce sujet que l'objet essentiel de la statistique

Mais en admettant que l'on arrive par une extension de la statistique très désirable à coup sûr pour l'avancement de la science, mais jusqu'ici problématique, à établir des courbes graphiques au moyen desquelles on pourrait, en quelque sorte, lire jour par jour le progrès ou le déclin de tel ou tel besoin et, par conséquent, établir à l'avance et pour un certain temps — ainsi que cherchaient à le faire Proudhon et Karl Marx par les frais de production et le temps de travail — une sorte d'unité de mesure préalable, les prévisions de ce genre dépendraient toujours des découvertes et inventions nouvelles qui, si elles ont un sens déterminé en grande partie par les inventions antérieures, sont toujours le véritable point d'interrogation qui se pose devant le sociologue et peuvent venir à chaque instant bouleverser les prévisions les mieux établies. Ajoutons qu'une unité de mesure ainsi trouvée (en supposant que l'on puisse arriver à une détermination exacte pour un certain temps) ne s'appliquerait toujours qu'à un pays donné et qu'il y aurait encore à résoudre le problème des rapports internationaux, puisque ces rapports deviendraient complètement impossibles si une commune mesure n'était pas adoptée dans le monde entier.

Concluons de ce qui précède que, dans l'état actuel de la statistique, l'idée de la détermination d'une mesure de la valeur, soit par les frais de reproduction, soit même par les besoins et les croyances, est une utopie.

sociologique devrait être de mesurer le progrès ou la décadence de *croyances* spéciales. On devrait pour cela employer les moyens les mieux appropriés au but en commençant, ainsi que le fait remarquer M. Tarde, par dresser une table des principaux besoins innés ou graduellement acquis, c'est-à-dire des familles d'actes, exemplaires d'un même type. (Voir *Les Lois de l'imitation*, Félix Alcan, 1890, page 125).

III

Que penser maintenant de cette expression valeur du travail et de cette idée de la justice dans les échanges, qui était le point de départ de la transformation sociale rêvée par Proudhon ? Nous avons vu que la théorie de Ricardo ne peut rien nous apprendre à ce sujet. Karl Marx, après avoir cru réfuter Proudhon dans la « *Misère de la Philosophie* » s'aperçoit sans doute que son argumentation laisse à désirer et, dans le *Capital*, il croit réconcilier la théorie avec les faits en disant que ce qui se vend et s'achète, c'est non le travail, mais la force de travail, marchandise qui caractérise l'époque capitaliste. Mais cette substitution de mot qui est vraiment « un tour héroïque pour se tirer d'embarras », comme le dit M. Bourguin (1), correspond-elle à la réalité des faits ? Il est permis d'en douter si l'on songe que l'élément moral qui entre dans le travail humain, le courage, le zèle, l'ardeur au travail, peuvent difficilement être compris dans les transactions auxquelles donne lieu cette nouvelle marchandise. La valeur du travail, pour Karl Marx, est une expression irrationnelle. « Ces expressions irrationnelles ont cependant leur source dans les rapports de production eux-mêmes dont ils réfléchissent les formes phénoménales » (2). Oui, cette expression est irrationnelle, équivoque, mais pourquoi ? Parce que tout travail, c'est-à-dire toute série d'actes ayant pour effet, soit une modification extérieure de la matière, soit une modification intérieure de l'être humain, est une réponse à un besoin ou à un désir, que le résultat de cette série d'actes ne *vaut* que par le désir

(1) *Revue d'économie politique. La Mesure de la Valeur* (article cité).

(2) *Le Capital*, page 232.

qui la précède et que c'est l'intensité du désir, mesuré par la force de croyance qu'il renferme, qui fixe la valeur des choses. C'est pourquoi les expressions prix du travail, prix de main-d'œuvre, salaire, traitements, etc., ne veulent pas dire prix du temps de travail, de la dépense de force humaine, de l'effort musculaire ou psychique, mais prix provisionnel du résultat intellectuel ou matériel, peu importe, obtenu par ce travail ou par cet effort, à condition qu'il réponde plus ou moins à un besoin social. Les travaux qui ne répondent à aucun besoin, de même que les essais infructueux, les tentatives avortées, ne peuvent évidemment avoir aucune valeur. Dans les stipulations courantes entre patrons et ouvriers, que ces patrons soient des individus ou des êtres collectifs, comme l'Etat, les Communes, les grandes Compagnies, etc., on estime bien le temps de travail, sauf à renvoyer l'ouvrier ou l'employé s'il ne produit pas ce qu'on en attend. Mais, précisément, cette faculté que l'on se réserve de renvoyer l'employé ou l'ouvrier, ou de diminuer son traitement ou son salaire, substitue, sans que l'on s'en aperçoive, la valeur ou une partie de la valeur du résultat probable du travail, à la valeur de sa durée, de son intensité.

D'ailleurs, les prétendues lois en vertu desquelles le salaire serait réglé, en quelque sorte mathématiquement, ne reposent sur aucune donnée sérieuse et il est même curieux de voir certains esprits s'acharner à vouloir prouver que le salaire représente, en tous temps et en tous lieux, la juste part de l'ouvrier dans la production, pendant que les socialistes, s'appuyant sur la loi d'airain de Lasalle, prétendent, de leur côté, qu'il ne représente que la part minima. Les uns et les autres se laissent en quelque sorte prendre au mot en considérant le travail comme ayant une valeur propre, indépendante de son résultat. C'est en revenir à la force de travail de Karl Marx. Ce qu'il ne faut pas oublier, c'est que parmi les causes multiples qui influent sur les salaires, comme sur le prix des choses, la plus importante, mais aussi la plus insondable, c'est l'infinie variété des désirs humains et des suggestions sociales qui les implantent dans les âmes.

CHAPITRE V

Genèse et Transformations du Capital

Il est des époques dans l'histoire où le problème
social — cette hydre sans cesse renaissante — se
condense dans une formule, s'incarne dans un mot
autour duquel se livre une lutte acharnée. Au moyen-
âge, c'est la lutte pour l'émancipation de la commune ;
sous la Révolution, c'est la lutte pour l'égalité politique
aboutissant à la nuit du 4 août. A notre époque, le
problème social se concentre autour d'un mot magique :
le capital. Ce mot, aux yeux de la foule, semble résumer
clairement le problème, et, cependant, les adversaires en
présence, économistes et socialistes, ne l'emploient pas
dans le même sens.

Employé comme substantif, il ne remonte qu'au
XVIe siècle et il ne devient assez commun que vers la fin
du XVIIe siècle (1). Mais sa destinée a été d'être employé
par les économistes à désigner un ensemble de phénomènes presque aussi ancien que le monde et par les
socialistes à désigner une forme particulière de la
production, la forme moderne. De là, des discussions à
l'infini sur la nature et le rôle du capital.

Le capital, dans le sens où l'entendent les économistes, est-il, en tous temps et en tous lieux, l'un des

(1) Le mot capital a été employé pour la première fois en France par
Cantillon et Quesnay (1611). En Angleterre, le premier exemple date de
1621 et le second de 1635.

éléments nécessaires de la production à laquelle concourrait une indispensable trilogie : nature, capital, travail ? Ne serait-il pas plutôt la forme du travail transformé par la prédominance, de plus en plus grande, de l'élément intellectuel, par l'esprit de prévoyance luttant contre l'espace et le temps, d'où l'idée de science, d'épargne, de sécurité, d'association et d'invention ? Cette question mérite d'abord d'être examinée sérieusement. Puis la distinction du capital, instrument de production et en capital-valeur, c'est-à-dire en capital productif et en capital lucratif, distinction admise par un certain nombre d'économistes, notamment par M. Cauwès, puis par M. Boehm-Bawerk, peut contribuer à jeter quelque jour sur la notion de capital, telle que l'entendent les écoles socialistes et principalement Karl Marx. Mais, en général, on a trop matérialisé cette notion de capital et on s'est ainsi privé des aperçus nouveaux que pouvaient donner un point de vue moins étroit et un horizon plus étendu.

Que pouvons-nous constater dans l'univers en dehors de nous ? De la matière et de la force ou de l'énergie. Dirons-nous de l'intelligence ? Cette hypothèse de la philosophie spirite reste à vérifier. Mais, en tous cas, si dans le monde extérieur, son existence est problématique, elle existe en nous-même à côté du sentiment. Donc matière et force, sous toutes leurs formes, matière organique et inorganique, force atomistique et moléculaire, mécanique, animale, voilà tout le monde extérieur, voilà tout le travail de la nature. Pareillement, matière et force, mais, en outre, esprit, c'est-à-dire intelligence et sentiment, ou, pour prendre des éléments irréductibles, croyance et désirs, voilà tout l'homme, voilà tout le travail humain.

Or, depuis l'aube de l'humanité, ces deux éléments, le macrocosme et le microcosme, se trouvent en présence, le dernier luttant contre le premier et n'arrivant que fort tard à le dominer et à l'associer à ses efforts. La matière et l'énergie, d'où qu'elles viennent, et partout où elles apparaissent — même chez l'homme, puisque le premier travail de l'homme est de se dominer lui-même — sont résistance avant d'être secours.

La nature agit en dehors de nous et sans nous. Sous le règne absolu du temps et de l'espace, elle construit des roches, elle crée des métaux et des combustibles, elle produit des fibres ligneuses, musculaires, nerveuses, cérébrales, elle élève des montagnes, elle creuse le lit des fleuves, mais toute cette matière et cette force sont d'abord aussi hostiles que puissantes. Le règne de l'esprit, dominateur de la matière et de l'énergie, s'établit lentement, au prix d'incalculables efforts. L'*alma parens* est l'ennemie avant d'être la mère, puis l'esclave. C'est le sphinx de Thèbes qui dévore ceux qui n'ont pas pénétré son secret.

Aux premiers âges de l'humanité, au milieu d'un océan d'animalité grondante, l'homme lutte pour satisfaire ses besoins présents et purement vitaux, par une série d'actes instinctifs. Ce n'est que quand la faim ou la soif l'y poussent qu'il se détermine à agir. Comme l'enfant, il n'a d'autres règles que le hasard et l'impulsion du moment. Et cela dure des milliers d'années jusqu'à ce que le hasard, l'incendie allumé par le volcan, l'éclat de pierre, une chasse heureuse fasse naître en lui une lueur d'intelligence, l'idée de conserver, de reproduire, de répéter ce qu'il a vu, en un mot, d'inventer. Avec le feu et par la cuisson des aliments, il se débarrasse d'une digestion bestiale qui l'absorbait tout entier, première conquête sur le temps. A mesure que le type humain se développe, que son intelligence réagit sur l'instinct héréditaire, il se rend compte de la succession des nuits et des jours et, par conséquent, de ses besoins futurs.

Il comprend que, le lendemain, il sera obligé de répéter
les mêmes efforts pour satisfaire les mêmes besoins.
De là, l'idée de faire servir ce que le hasard a mis sous
sa main, le bâton ou la pierre inventés par lui par
imitation de la nature, à une chasse ou à une pêche plus
abondante. C'est là l'origine de ces moyens indirects,
de ces *détours*, comme le dit M. Boehm-Bawerk, au
moyen desquels on obtient une production plus abondante que par des moyens directs, et les *produits
intermédiaires* qui prennent naissance dans les différentes étapes de la production ne sont autres que ce
que les économistes appellent le capital. Mais ces
détours, ces produits intermédiaires, par qui sont-ils
créés ? Par l'effort de l'esprit, ce sont des combinaisons
psychiques nouvelles résultant de ce que des images
nouvelles offertes par la nature sont venues s'ajouter à
des phénomènes instinctifs et héréditaires pour produire
l'invention et que cette invention a servi elle-même de
moyen pour atteindre une fin plus élevée, celle d'obtenir
une production plus abondante.

De cette augmentation dans la production a pu naître
la conséquence plutôt que la cause de l'invention et ce
n'est que plus tard, dans les sociétés plus avancées,
que l'idée d'accumulation par abstention sous forme
d'avances en numéraire prend des proportions importantes.

II

Ainsi, invention et prévoyance, telles sont les deux
sources du capital. La prévoyance est le champ sur
lequel opère l'invention. Elle est en quelque sorte la
matérialisation de l'idée de temps, qui elle-même naît
comme l'invention d'une action extérieure, du milieu
physique et social qui nous offre sans cesse le spectacle

de phénomènes qui se reproduisent, qui se répètent. L'idée du futur, comme l'idée du passé, est donc contemporaine de l'idée d'un certain ordre de succession des phénomènes. La prévision, c'est l'image d'un fait qui apparaîtra parce qu'il a déjà apparu, les conditions dans lesquelles il s'est produit restant les mêmes. Prévoir et se souvenir ne sont au fond qu'une seule et même faculté, née de la notion de temps. Mais cette notion du passé et du futur se développe lentement et est très inégalement répartie dans les sociétés humaines. Elle suppose une abstraction très grande, une perception de plus en plus profonde du *moi*, par la liaison nécessaire du *moi* présent au *moi* passé et au *moi* futur.

Nous ne nous souvenons, en effet, qu'au moment où nous commençons à avoir conscience de nous-mêmes (1).

La prévoyance, qui est une conquête de l'esprit sur le temps, est une vertu rare, même dans les civilisations avancées. Aussi, Le Play en fait-il la caractéristique de la transformation profonde qui s'accomplit dans l'histoire de la civilisation quand, des peuples chasseurs ou pêcheurs, on passe aux peuples cultivateurs. Il y a, en effet, la différence fondamentale qui existe entre détruire et produire. Consommer sur place est à la portée de tous. Les peuples primitifs s'adonnent spontanément à la chasse, à la pêche, au pâturage. Pourquoi ? C'est que leur paresse n'est qu'une faiblesse de l'esprit. Ils passent facilement du pâturage à la pêche comme les compagnons d'Odin venus de la steppe en Scandinavie ou du pâturage à la chasse comme les peuples pasteurs qui ont gagné les glaces du détroit de Behring et l'Amérique à travers les forêts de la Sibérie.

---

(1) Cf. Clémence Royer. *Origine de l'homme et des sociétés.* Guillaumin et Cⁱᵉ, 1870, p. 268.

Mais quel effort de pensée et de volonté, quel acte de foi dans l'avenir implique la culture proprement dite ! Aussi l'école de Le Play y voit-elle la cause première du patronage, de la division en hommes prévoyants et imprévoyants, c'est-à-dire de la séparation du travail en travail dirigeant et travail dirigé. D'après cette école, ce ne serait que la contrainte résultant de la conquête comme sous la féodalité ou un ascendant moral comme celui exercé par les religieux au Paraguay qui pourrait transformer les peuples chasseurs ou pêcheurs en agriculteurs. Il y a sans doute là une part de vérité, mais c'est toujours l'amélioration individuelle et sociale résultant des inventions nouvelles qui fait croître la foi dans l'avenir.

Le capital n'a donc pas, comme le croient un certain nombre d'économistes, de productivité propre. Le capital dans le sens où l'entendent les partisans de cette théorie, c'est toujours du travail inventif né de la loi de variation qui s'applique, comme nous le verrons, au travail humain.

L'action du milieu social créant des besoins nouveaux par la propagation des inventions, le travail de dernière époque, celui qui satisfait ces besoins nouveaux, d'abord vaguement sentis et peu à peu précisés par l'invention, ce travail est le signe de ce que nous appelons un progrès. Son produit constitue toujours un bénéfice final pour la société, c'est-à-dire un *produit net*. Le produit nouveau est, en effet, téléologiquement supérieur aux produits antérieurs détruits dans cette combinaison nouvelle. Voilà la véritable explication de cette fameuse loi économique de la rente, car tant qu'une combinaison nouvelle née toujours, ainsi que nous le savons, de l'action du milieu social, n'est pas venue faire passer l'invention du rôle de *fin* à celui de *moyen*, c'est-à-dire ne l'a pas détruite au profit d'une combinaison supérieure, cette combinaison jouit d'un monopole — monopole qui va du reste s'amoindrissant — par l'effet de la propagation imitative. Et cela est vrai de toutes les productions, qu'elles soient littéraires, morales, artistiques, scientifiques ou politiques, aussi bien qu'agricoles et industrielles. Tel romancier, tel dramaturge, tel artiste ou tel savant, en faisant une œuvre originale, en créant un genre ou un type nouveau, en découvrant telle ou telle loi, combine toujours des œuvres antérieures qui perdent de leur actualité au profit de l'œuvre nouvelle — monopole provisoire — qui elle-même ira s'ajouter au trésor commun d'inventions où viennent puiser tour à tour les générations successives. Voilà le véritable capital social qui, dans l'industrie comme dans l'art, tend à faire disparaître de plus en plus le monopole, c'est-à-dire le profit originel au bénéfice d'un monopole ou profit nouveau et, par conséquent, à accumuler les utilités gratuites à mesure que se créent des utilités onéreuses.

M. Boehm-Bawerk croit que c'est parce que les économistes n'ont pas trouvé d'autre moyen d'expliquer l'intérêt qu'ils ont été obligés de recourir à la fiction de la productivité propre d'un troisième élément de production auquel ils ont donné le nom de capital. Il croit qu'ils abandonneraient facilement cette thèse s'ils trouvaient une explication plus rationnelle et il propose lui-même une théorie fondée entièrement sur cette idée que les biens futurs et les services futurs valent moins que les biens présents et les services présents de même espèce et en quantité égale. Le prêt, par exemple, n'est qu'un échange de biens présents contre des biens futurs. En ce qui concerne la production proprement dite, tous les biens ou services productifs sont en quelque sorte marchandises de l'avenir. Ces biens et ces services rapportant avec le temps plus que ce qui est nécessaire pour reconstruire et amortir le capital consommé, il doit rester un excédent du revenu brut sur l'amortissement.

Cette explication purement économique, en faisant intervenir l'aléa de l'avenir, revient, en définitive, à faire voir que l'intérêt constitue en quelque sorte une prime d'assurance et la raison donnée par M. Boehm-Bawerk implique l'idée de prévoyance, c'est-à-dire l'idée de satisfaire une certaine quantité de besoins futurs et, par conséquent, de s'épargner une série d'efforts nécessaires à leur satisfaction au moyen d'une certaine somme de travail présent, de travail capitalisé, c'est-à-dire fait non en vue d'une jouissance immédiate, mais en vue d'une consommation ultérieure.

La caractéristique du capital, pris dans le sens de capital productif, le bénéfice clair qu'il procure à l'individu et aussi bien à la société, c'est donc, pendant toute sa durée, d'exonérer l'avenir d'une certaine somme d'efforts par le moyen d'un travail plus intellectualisé. Le capital n'a donc pas de productivité propre. Toute sa productivité, il la tire de l'élément psychique du travail humain, de l'intelligence humaine.

Cette idée de travail intellectualisé, de l'invention dans la genèse du capital, éclaire la question de savoir si l'épargne en est une condition nécessaire ou si, comme le croit M. Gide, elle doit être écartée comme étant un acte purement négatif. Originairement, l'idée d'épargne, telle que nous la comprenons actuellement, n'a pu agir dans la formation du capital. Sous forme de prévoyance, si elle a été prendre un détour dans la production qui demandera six mois, il faut posséder un approvisionnement actuel de six mois, c'est-à-dire que l'avantage de pouvoir choisir la méthode productive appartient à ceux qui possèdent des biens présents, cela revient en définitive à dire que pour qu'il y ait profit, il faut qu'il y ait des biens actuels, ce qui est précisément à démontrer.

En réalité, ce que les économistes appellent rente, profit, intérêt, c'est toujours le signe, la constatation, le résultat d'une innovation, c'est-à-dire d'un progrès social (1). Il y a toujours bénéfice téléologique pour l'individu et pour la société, si par sa nature, l'innovation étant une chose purement matérielle se trouve monopolisée naturellement et, ajoutons-le, toujours momentanément, s'il s'agit d'un produit susceptible de reproduction.

Quant à savoir si ce bénéfice est légitime, cette question ne peut se présenter que pour l'individu ou pour une société donnée vis-à-vis de l'ensemble des autres sociétés et dépend surtout d'une notion que nous avons éclaircie dans le chapitre précédent, la notion de valeur.

---

(1) Je me permets de renvoyer à ce sujet à ce que j'ai dit dans mon livre, *L'Evolution de la fortune de l'Etat*, Giard et Brière, 1910, p. 307.

CHAPITRE VI

Les différents concepts du travail
et leur influence sur l'état social

I

Nous avons maintenant à répondre à cette question : dans quel but et en vue de quelles fins, dans chaque société et à chaque époque données, l'individu se livre-t-il à ces efforts physiques, psychiques et affectifs, confondus sous le nom générique de travail ?

Il est évident, en effet, que partout et toujours, sous le vaste ensemble des *moyens* qui constituent l'activité en quelque sorte superficielle de l'humanité se cache une *fin* au service de laquelle se mettent ces divers moyens employés. Il nous faut donc rechercher sous l'influence de quels besoins affectifs, sous l'empire de quelles idées dites morales qui ont servi de régulatrices à ces besoins, l'homme se meut à chaque instant de sa marche évolutive pour savoir ce que sera son travail à chaque moment considéré. Il n'est pas exagéré de dire, en effet, que la morale c'est tout le travail, en ce sens que les normes éthiques, propres à chaque temps et à chaque pays, nous donnent la clef de la distribution du travail social, la raison d'être des castes et des classes, l'explication de la marche progressive ou régressive des races et des peuples par la réaction plus ou moins lente de l'intelligence sur l'instinct héréditaire. Certes, les inventions et découvertes peuvent être considérées comme génératrices des faits sociaux, mais il n'en est pas moins vrai que chaque époque, ou plutôt chaque cycle d'évolution sociale, est dominée et déterminée par une formule vers laquelle convergent inconsciemment toutes les activités particulières.

Les idées que l'homme s'est faites du travail ou qui, sur ce sujet, se sont imposées à son cerveau comme des articles de foi, ont beaucoup varié. Tour à tour, selon la diversité des concepts religieux, métaphysiques, philosophiques ou socialistes, le travail a été présenté à l'homme soit comme un châtiment ou une punition, soit comme un devoir ou une nécessité, soit comme un besoin physiologique ou une joie.

On conçoit que, selon que l'un ou l'autre de ces concepts, arrive à dominer une société et à pénétrer dans ces régions obscures de l'inconscient collectif qui en fait des articles de foi, le but vers lequel concourent l'ensemble des activités particulières subit une modification correspondante et que l'aspect de la société se modifie parallèlement. Du reste, cette modification est corrélative à celle qu'introduisent dans la société les progrès de la division du travail social. Au fur et à mesure que ces progrès augmentent, les buts partiels de plus en plus complexes des activités particulières ne peuvent plus être compris et on ne peut plus maintenir l'individu dans l'idée de travail que par l'établissement d'une norme artificielle imposée par la société, menaces de punition, contrainte, conception du devoir, etc.

L'homme des sociétés primitives est soumis à tous les effets de l'exacerbation de son activité, physique, intellectuelle et affective. Avant d'arriver au stade de la civilisation, l'homme traverse des phases où règnent exclusivement les passions et les tendances instinctives. Pendant des milliers de siècles, nul frein ne vient modifier son activité passionnelle. Mais, peu à peu, par le lent établissement d'un état social régulier, une norme éthique s'établit, si vague et si confuse qu'elle soit encore, et engendre un premier progrès moral.

Sans doute, ce frein régulateur nécessaire à toute existence sociale ne s'établit pas partout de la même manière et il faut tenir compte de l'action prestigieuse des sociétés les unes sur les autres. L'influence des premiers Aryens, philosophes et pasteurs, sur les tribus autochtones qu'ils subjuguèrent, eut pour conséquence de faire de ces tribus, aux mœurs dures et brutales, des esclaves des envahisseurs qui possédaient déjà une civilisation plus avancée. Ces premiers philosophes, pour lesquels la science et la philosophie étaient une seule et même chose, qui étaient à la fois poètes, médecins, astronomes et par conséquent aussi un peu charlatans et astrologues, virent tout de suite le parti qu'ils pourraient tirer du fétichisme des peuples inférieurs pour asseoir leur domination en mêlant leurs idées sur la nature avec ce fétichisme. De là, sans nul doute, une des causes de cette lente transformation de leur philosophie de la nature en philosophie immobilisée, pétrifiée dans le dogme, en religion, conséquence du prestige exercé par le vainqueur sur le vaincu.

De toutes les normes éthiques dérivées des concepts religieux, il n'en est pas qui aient exercé une plus grande influence sur l'activité de l'homme que le dogme de la chute, que l'on retrouve dans toutes les cosmogonies orientales primitives, en vertu duquel chaque homme était considéré comme un ange tombé qui expiait ici-bas une faute commise dans une vie antérieure.

Ce dogme contribua à justifier la division en castes ainsi que toutes les autres inégalités qui ne faisaient que proportionner l'expiation de chacun à la faute qu'il avait commise. Sans doute, le dogme de la chute fut inspiré

aux premiers philosophes qui en firent un instrument
de domination sur les âmes par le souvenir conservé
des beaux temps de l'époque pliocène avec ses champs
pleins de soleil, souvenir qui s'est perpétué jusqu'à
nous par l'intermédiaire des traditions aryennes, celtiques, scandinaves, grecques, hébraïques et même
égyptiennes.

On retrouve les effets de ce dogme un peu partout,
notamment dans l'éthique indoue. Le brahmanisme
condamne le travail qui n'est pas compris dans le
décalogue manavien, le caractère trop panthéiste du
brahmanisme s'y opposant.

Dans le boudhisme, malgré sa réaction égalitaire, le
néant est toujours le but de l'activité de l'être et de
l'effort moral, sublime morale d'ascète, mais non morale
vivifiante de travailleurs. L'éthique indoue n'aboutit en
somme qu'à l'ascétisme.

Une exception, toutefois, doit être faite en faveur du
mazdéisme qui, contrairement aux religions indoue et
égyptienne, glorifie le travail. Est-ce pour cela que
Michelet prétendait que la religion primitive de la Perse
n'a pas été surpassée ?

Dans le judaïsme et dans le christianisme et l'islamisme qui en sont dirivés, on retrouve l'influence de ce
dogme de la chute. Dans la Bible, le travail est considéré
comme une punition : « Tu mangeras ton pain à la
sueur de ton visage... », dit la Genèse (111-19). Dans
cette conception, l'absence de travail est considérée
comme un idéal céleste. Si on s'en rapporte à la
définition scientifique que nous avons essayé de donner,
on voit combien sont fausses ces conceptions anciennes
dont certaines sont toujours en vigueur et combien elles
ont été funestes à l'humanité.

II

Examinons maintenant les concepts modernes du travail. Selon le point de vue auquel se sont placés les théoriciens du travail, ils ont abouti à cette conclusion que le travail était une souffrance, ou un devoir, ou une nécessité, ou même une joie.

Partant de cette donnée biologique qu'une dépense de plus en plus grande de force est nécessaire au travailleur pour maintenir sa vitalité, on en conclut que tout travail suppose une peine, autrement dit une souffrance. Mais, inversement, toute acquisition de forces nouvelles utiles à l'organe ou toute expulsion de l'excédent inutile détermine une sensation contraire, une jouissance. En effet, de même que l'individu souffre de l'insuffisance de ses forces vitales, il souffre encore de leur abondance et il jouit aussi bien lorsqu'il se débarrasse de l'excédent que lorsqu'il comble le déficit.

Il est donc nécessaire de distinguer dans le travail la part d'invention qu'il contient et qui peut être considérée, au point de vue social, comme génératrice de forces.

L'invention est, en effet, la source d'un accroissement de forces physiques et psychiques nécessaires à l'existence et, par conséquent, de jouissances. Elle peut donc produire une immense satisfaction. Compterait-on pour rien la joie de Galilée découvrant le mouvement de la terre autour du soleil, de Newton trouvant le calcul intégral, de Watt inventant la machine à vapeur ?

Tarde veut qu'on sépare l'invention du travail proprement dit. Il ne voit dans ce dernier qu'une série d'actes répétés à l'exemple de l'inventeur primitif. Il nous semble que c'est aller un peu loin et exagérer le côté machinal et simiesque de l'activité humaine. Si le

travail-effort n'est que la répétition de l'intuition-joie,
s'il n'est qu'une reproduction, cette intuition-joie,
conséquence du besoin ou du désir satisfait, ne devrait-
elle pas aussi se reproduire chez la masse des imitateurs ?
M. Gide, se rappelant le mot de Buffon que le « génie est
une longue patience », croit au contraire que l'invention
est aussi une peine et rentre par conséquent dans la
catégorie « travail » des économistes. Ces deux affirmations nous paraissent l'une et l'autre trop absolues.
Il faut faire la part de la fatigue physiologique dans
l'invention, de même qu'il faut tenir compte de la part
d'intuition, si faible qu'elle soit, dans le travail proprement
dit, si humble qu'il soit.

Ceci devient plus clair quand on se place nettement
au point de vue de la téléologie individuelle. Consi-
dère-t-on le travail comme but en soi et non comme
moyen ? Fait-on converger toutes ses forces physiques
et psychiques vers un but jugé utile ou nécessaire et
non comme condition d'une jouissance ultérieure ? Le
travail, au lieu d'être une peine, peut devenir une joie
réelle.

Il faut donc envisager le problème au point de vue
de la téléologie individuelle ou sociale et ne pas se poser
simplement cette question : le travail est-il agréable ou
désagréable ? C'est poser un problème insoluble parce
qu'on ne fait pas la part de l'activité physique et
psychique et des réactions qu'elles produisent l'une sur
l'autre, de ce qu'il peut y avoir de matériel dans le
travail intellectuel et d'intellectuel dans le travail
matériel.

Une école a cependant soutenu que les sensations
désagréables occasionnées aux travailleurs par le travail
proviennent non de l'essence même de l'activité qui
porte le nom de travail, mais des circonstances acciden-
telles et extérieures attachées à cette activité dans l'état

actuel de la société et que ces circonstances pourraient être écartées par une autre organisation économique. Cette théorie ajoute que le travail, au contraire, est en soi une activité agréable ou, suivant le terme adopté, une activité attrayante. Elle en conclut que si l'on écartait tous les accessoires extérieurs défavorables au travail, il serait un plaisir pour le travailleur. Thomas Moore voulait même qu'on se rendit au travail comme à une fête, au son de la musique.

Fourier se faisait fort, dans son phalanstère, de transformer le travail en plaisir par le libre choix des vocations, la variété des occupations, la brièveté des tâches, l'esprit de corps, l'émulation et mille autres combinaisons, les unes ingénieuses, les autres fantastiques. Il croyait pouvoir obtenir les avantages de la division du travail et éviter ses inconvénients par ce qu'il appelait les courtes séances, chaque travailleur devait pratiquer alternativement un certain nombre de métiers. C'est ainsi que Fourier donnait satisfaction à la passion qu'il appelait *papillonne*. Mais pour que l'idée de Fourier fût praticable, il faudrait que l'ouvrier pût changer de travail sans perdre de temps. C'est précisément pour cela qu'il avait inventé le phalanstère afin de pouvoir organiser facilement la rotation des travaux.

Il est évident que tout cela est indémontrable puisque l'organisation sociale que suppose une pareille théorie ne peut être réalisée et qu'elle est d'ailleurs en contradiction absolue avec les exigences de l'industrie moderne. L'agrément et le désagrément du travail sont d'ailleurs soumis aux mêmes lois que l'agrément ou le désagrément de toutes les autres activités organiques.

Pour qu'un phénomène de l'activité humaine ne nous paraisse pas psychologiquement désagréable, il faut qu'il y ait convergence de la volonté, de l'effort mental et musculaire vers la production de ce phénomène même, qu'il ne soit pas la condition d'une jouissance ultérieure, qu'il soit sa *fin en soi*, comme dirait Kant. Mais, sauf le cas de l'invention-intuition, travaille-t-on pour travailler ? Le caractère particulier des actes sociaux considérés comme des plaisirs, la danse, le spectacle, la promenade, est précisément qu'ils ont leur *fin en soi*. Chacun, à ce sujet, peut faire ses observations sur lui-même. Entre une femme qui danse sur une place publique un jour de fête et une danseuse du corps de ballet, il y a cette différence que la première danse pour danser tandis que la seconde danse pour gagner sa vie et ressent bien plus vite la fatigue. Il en est de même de l'employé qui parcourt tous les jours une longue route pour arriver à son bureau et de celui qui parcourt la même route pour se promener. Il y a là une différence de psychologie personnelle qui rend le travail agréable ou désagréable. Les circonstances extérieures ne sont favorables aux phénomènes dits « plaisirs » que parce que toute l'activité est tournée vers le plaisir. Quand un spectacle a lieu, c'est précisément parce que les organisateurs ont voulu donner un spectacle et concentrer par conséquent leur activité sur ce point en écartant les circonstances défavorables.

Il paraît donc oiseux de discuter ceci : le travail est-il joie ou peine ? Le travail est une nécessité en même temps qu'un besoin physiologique. Il est soumis aux lois des autres activités organiques. La condition pour qu'il ne soit pas désagréable, c'est, ainsi que nous l'avons fait remarquer, qu'il ne soit pas accompagné d'une contrainte extérieure physique ou morale et aussi qu'il ne soit pas d'une durée trop longue pour nuire à l'organisme. Nulle différence à cet égard entre le travail musculaire et le travail mental. Il y a toujours perte de forces physiologiques et désassimilation portant, ainsi que le démontre la chimie biologique, sur les hydrocarbures pour le travail musculaire et sur les albuminoïdes pour le travail mental. La quantité de travail doit être proportionnée à la force des muscles, à la capacité du cerveau, comme la quantité de lumière à l'œil, comme la quantité d'aliments à l'estomac. L'excès de travail est une peine.

Si l'on veut que la part de l'intuition-joie soit de plus en plus grande dans le travail, il faut de plus en plus développer parallèlement l'activité intellectuelle et l'activité musculaire dont la combinaison développe de plus en plus le génie inventif. Aujourd'hui, ce génie inventif est en défaut parce qu'il y a divorce entre la science et l'industrie par suite d'une fausse éducation.

III

Les recherches dans cette voie n'ont pas seulement un intérêt purement théorique. Qu'on lise les productions socialistes, qu'on essaie de pénétrer dans le dédale des théories collectivistes à prétentions scientifiques, on y rencontre à chaque pas le mot « travail » et « travailleurs » auxquels on attache une idée de matérialité exclusive.

Le quatrième état, l'état des travailleurs dont l'aurore va apparaître, est l'état des travailleurs manuels. C'est ainsi que, dans l'attente du règne millénaire, l'idée est présentée aux foules. Est-ce à dire que les croyants du nouvel évangile croient à la possibilité de supprimer certaines professions dites libérales qui ont pour base le travail purement intellectuel, comme les médecins, les avocats, les littérateurs, etc. ? Non, car ce serait par trop simpliste, mais, dans la conception de l'organisation nouvelle, on rapporte tout à la durée du travail comme mesure de la valeur. Leur constante préoccupation serait la mesure du temps « socialement nécessaire » à la production.

En faisant du travail la base de sa théorie économique, comment donc Karl Marx n'a-t-il pas songé à mesurer l'effort psychique, le travail intellectuel ? Il est bien évident que si l'on veut adopter la formule « à chacun selon son travail », il faut y comprendre le travail dans toutes ses manifestations.

Si on écarte, ainsi que l'a fait Schæffle, les systèmes faux ou exagérés de collectivisme, on ne se trouve plus en présence que de deux systèmes qui ne diffèrent qu'au point de vue de la psychologie sociale sur les moyens mis en œuvre pour faire travailler chacun selon ses forces et ses aptitudes et procurer à chacun le moyen de satisfaire ses besoins rationnels (?) Ces deux systèmes sont le collectivisme socialiste et le collectivisme communiste. Ce dernier est celui auxquels se sont ralliés les démocrates-socialistes allemands.

Ce dernier croit pouvoir atteindre la solution du grand problème social sans contrainte ni punition et amener l'individu sans aucun intérêt égoïste, matériel ou autre, à travailler avec zèle selon ses forces et à modérer rationnellement sa consommation. Le second, au contraire, est moins idéaliste. Il veut atteindre le résultat en proportionnant la part de produit de chacun à la quantité et à la valeur de ses prestations sociales. En somme, toute valeur issue du travail serait revendue aux individus ; toutefois, on se sépare sur la question de répartition.

Mais ce qui est digne de remarque, c'est que le travail manuel seul sera compté. Le travail intellectuel, réservé aux heures de loisir, ne sera pas officiellement payé. « La société de l'avenir, dit Bebel, aura des savants et des artistes de tous genres qui, pendant une partie de la journée, accompliront leur tâche manuelle, et pendant le reste du temps se livreront à leurs études ou à leur art préféré. » (1).

Ainsi, le travail intellectuel est considéré comme un luxe, comme une simple récréation, comme un amusement.

Comment les apôtres du socialisme peuvent-ils arriver à conserver sous cet aspect l'effort psychique, le travail intellectuel et à ne regarder comme un véritable travail que le travail manuel ? Sans nul doute, c'est là un pur effet de réaction psychologique provenant de ce que, par un préjugé qui est une des hontes de notre civilisation, on a du mépris pour le travail manuel. C'est parce que par les vices de notre éducation plus encore que par l'affaiblissement des caractères résultant du bien-être, une certaine partie de la société dédaigne d'autant plus un métier que ce métier est plus désagréable.

Rien d'étonnant ensuite à ce que les chefs du parti ouvrier, voyant le mépris qui s'attache aux activités matérielles les plus utiles, tiennent essentiellement à ce que, dans leur état utopique de l'avenir, chacun commence par faire sa part de besogne matérielle. Ne discutons pas si une telle mesure, s'il était possible de la prendre, en apportant une énorme dépréciation dans le travail intellectuel, ne serait pas fatale à la civilisation. Constatons que pareil courant d'idées, qui semble devoir pénétrer dans les masses d'autant plus facilement qu'il répond à la tendance instinctive de ceux qui vivent de leurs bras, ne peut être combattu que par un courant d'idées en sens contraire, nous voulons dire par la réhabilitation du travail manuel.

Ce courant d'idées s'établira-t-il ? Il est certain qu'au

---

(1) *Die Frau*, traduction française, p. 281.

fond, il n'y a là qu'un préjugé absurde, un point d'honneur faux et misérable qui a surtout augmenté par cette considération qui s'attache aux emplois de l'Etat, dernier fétiche qui tend à courber les démocraties. Mais ce n'est que par l'éducation que l'on pourra vaincre ce préjugé, cause des distinctions de classes.

Le système d'éducation qui tendrait, à quelque différence près, à un égal développement de la force matérielle et de la force intellectuelle, serait certainement le plus rationnel. Sans doute, tout le monde n'est pas également doué pour les sciences, les arts ou les lettres, et dans la vie matérielle comme dans la vie intellectuelle, il faut tenir compte des aptitudes, du développement physique, de sorte qu'il est impossible d'empêcher que, chez tel individu, la force physique l'emporte sur la force intellectuelle et que, chez tel autre, ce soit la réciproque qui ait lieu.

D'un autre côté, la diversité des goûts est telle que les uns trouvent leur plaisir dans l'art, d'autres dans la science ou dans l'industrie et le commerce. Mais on serait plus apte à choisir son occupation et on y réussirait davantage si chacun avait la double instruction théorique et manuelle.

La division du travail a aidé à la séparation brutale du travail manuel et du travail mental. Savants, ingénieurs et ouvriers, tout en travaillant à la même œuvre, ne se comprennent plus. Faire des savants avec des travailleurs manuels et des travailleurs manuels avec des savants peut paraître une conception bizarre. Elle n'a cependant rien d'utopique. Galilée ne faisait-il pas des télescopes, Newton des outils, Linné du jardinage ? Watt, fabricant d'instruments, Stephenson le mécanicien, Fulton l'apprenti joaillier, et Telford le maçon, n'ont-ils pas aussi travaillé de leurs mains ?

L'harmonie dans la société comme chez les individus

ne peut résulter que du libre développement des forces
physiques et intellectuelles. Toutefois, on n'arrivera
jamais à une organisation telle que les hommes n'auront
plus à connaître la fatigue et qu'on ne distinguera plus
ceux qui travaillent des bras et ceux qui travaillent de
la tête.

Pour conserver et renouveler ses forces vitales,
l'homme cherche à s'assimiler les aliments et les matériaux nécessaires à son existence. De là la production.
Mais comme toute production implique un travail,
c'est-à-dire une dépense préalable de forces qui occa-
sionne physiologiquement une peine, une souffrance, il
tend toujours à économiser cette peine, à réduire la
souffrance, il tend toujours à économiser cette peine, à
réduire la souffrance à son minimum pour avoir en
échange le maximum de force réparatrice. C'est ce
qu'on appelle la loi de l'économie des forces, à laquelle
obéissent d'instinct tous les êtres pourvus de la vie. Il
atteint ce but au moyen de l'accumulation de matériaux
réparateurs sous forme d'approvisionnements et d'outils
et au moyen de la division du travail, de la séparation
et de la spécialisation des divers genres de travaux.

IV

Examinons maintenant les conséquences qui en
découlent au point de vue social.

Cette séparation et cette spécialisation des travaux
engendrent par voie de conséquence la différenciation
des races et des individus. La tendance progressive à
transformer les divers genres de travaux en métiers
plus ou moins héréditaires, transformations consacrées
par les lois sociales lorsque la civilisation commence à
se développer, puis de l'ossification des diverses
couches sociales en castes héréditaires et plus tard la

6

subdivision en classes, lorsque la civilisation est parvenue à un certain degré d'avancement.

Et ce sont ces transformations qui expliquent l'état social. Qu'est-ce que l'histoire ? Qu'est-ce qui, au fond, motive les événements dignes d'occuper l'attention de l'historien ? C'est toujours l'état d'antagonisme qui existe entre les diverses couches de la société, c'est toujours la lutte des classes.

Sans doute, il faut tenir compte, pour expliquer l'histoire, de tous les faits d'ordre physique, moral, esthétique, etc. Sans doute, il faut étudier les institutions dans leur ensemble, les institutions économiques, génésiques, artistiques, scientifiques, morales, juridiques et politiques dont les diverses civilisations se composent. Mais le travail, considéré comme la plus haute manifestation de l'activité psychique et musculaire, est précisément la base de ces éléments divers dont il faut tenir compte pour comprendre la mentalité d'une société.

Tarde définit l'histoire le *destin des imitations*. Elle serait la collection des choses les plus réussies, c'est-à-dire des initiatives les plus imitées. Les faits historiques se rangeraient dans les trois catégories suivantes : 1° Le progrès. et le déclin d'un genre d'imitation ; 2° l'apparition d'une de ces combinaisons d'imitations différentes, qu'il nomme des inventions, imitées à leur tour ; 3° les actions soit des personnes humaines, soit même des forces animales, végétales ou physiques, qui ont pour effet d'imposer des conditions nouvelles à la propagation des imitations quelconques dont elles modifient le cours et les rapports.

Sans doute, la répétition sociale, dont l'imitation est une des formes, est une des caractéristiques de la société. Mais il y a d'autres formes, la tradition et la coutume. La répétition sociale explique l'embryogénie d'une société. Mais les imitations ne sont toujours que des manifestations de chaque genre d'activité de la vie d'un peuple et il faut creuser plus profondément pour trouver ce qui engendre ce que l'on pourrait appeler la constitution physiologique d'une société. Sans cette connaissance préalable, l'histoire nous apparaît comme un chaos d'événements pris au hasard.

Or, les éléments dont se composent les civilisations, langues, institutions, idées, croyances, art, littérature, et qui sont la manifestation extérieure de la mentalité d'une société, jouent chacun un rôle dans l'histoire des peuples. Aujourd'hui, on est en général porté à donner aux arts un rôle prépondérant. Tarde, dans sa sociologie, leur fait jouer un rôle tout-à-fait spécial et cela semble résulter de ce qu'il se place exclusivement au point de vue de l'imitation. Sans doute, l'art occupe une place à part parce que, selon la définition de Bacon, c'est l'homme ajouté à la nature, la nature vue à travers un tempérament. Cependant il est des peuples chez lesquels les arts n'ont joué qu'un rôle fort secondaire. Si l'on voulait écrire l'histoire en ne prenant qu'un des éléments dont se compose une civilisation, cet élément varierait pour chaque peuple. Chez l'un, ce serait les institutions militaires, chez l'autre, les idées religieuses, chez un autre, les arts. Ecrire l'histoire d'un peuple en prenant chez ce peuple l'élément prédominant, ce serait déjà un progrès sur ce qui existe actuellement, car on ne fait en général que l'histoire politique. Il y a cependant des exceptions, parmi lesquelles on peut citer notamment en France, Augustin Thierry et Michelet.

L'historien se place de préférence au point de vue où le portent soit ses préférences théoriques, soit ses vues philosophiques, religieuses ou politiques. Mais, à ne considérer que les manifestations extérieures de l'âme d'un peuple et à les suivre dans toutes leurs branches de développement, on s'expose à faire fausse route. Cela est arrivé à Voltaire, à Michelet et à bien d'autres.

Du reste, les peuples ne se transforment pas brusquement, ainsi qu'il semble résulter de l'histoire où l'on croirait qu'un conquérant ou un apôtre produit des révolutions profondes. C'est l'opinion courante. Si on étudie de près ces prétendues transformations, on s'aperçoit bientôt que les noms seuls des choses varient, tandis que les réalités qui se cachent derrière les mots continuent à vivre et ne se transforment qu'avec la plus extrême lenteur.

Mais il est plus difficile de s'égarer si l'on prend pour base de la synthèse de l'histoire le travail, considéré comme la plus haute expression de l'activité sociale. Le travail est la mesure de la vitalité d'une société et fournit à lui seul la raison de l'enchaînement des faits à travers le dédale de l'histoire. Les faits historiques, quelle que soit leur importance — petits ou grands — et c'est là ce qui fait qu'il est la véritable base de l'histoire, se groupent naturellement autour de lui. L'état des civilisations dépend non seulement des conditions faites au travail, mais encore les luttes sociales ne sont que l'expression de la manière incomplète dont on a compris l'idée de travail. Le grand mouvement des communes au moyen-âge, par exemple, est né du besoin qu'avait le travail de s'émanciper du joug de la féodalité. C'est encore le travail qui a donné l'idée des corporations qui ont donné naissance aux sociétés secrètes, lesquelles ont exercé une action si puissante sur l'émancipation des classes ouvrières et qui ont préparé la Révolution.

La race véritablement supérieure, la race aryenne, d'où dérivent tous les peuples indo-européens, la seule qui ait été capable des grandes inventions dans les

temps antiques comme dans les temps modernes, doit
sa supériorité à la manière dont elle a compris le
travail, à l'énergie et au développement de son activité
intellectuelle.

Toutefois, parmi elle, des peuples ont disparu par le
fait d'une conception erronée des lois du travail. L'antiquité indienne, égyptienne, grecque et romaine a vécu
sous l'empire de ce sentiment que l'esclavage, les castes
étaient choses nécessaires. Or, malgré les travaux
gigantesques qui font notre étonnement encore aujour-
d'hui, l'activité qui produisait tous ces travaux n'avait
pour mobile que la contrainte et, par conséquent, était
dépourvue de ce caractère de spontanéité et de perfec-
tibilité qui seul met l'homme au-dessus des animaux.
En faisant peser sur une seule classe tout le poids du
travail, en n'offrant au travail aucune impulsion venue
de lui-même, pas même l'intérêt, la civilisation ne
pouvait se maintenir quelque temps que par la conquête et elle devait tomber ensuite rapidement dans la
torpeur. C'est ainsi qu'à Rome, par exemple, on en vint
à ne plus avoir que deux préoccupations : *panem et
circenses*.

CHAPITRE VII

Qu'est-ce que le travail ?

I

Est-il possible, dans l'état actuel de la connaissance, de se livrer à une étude scientifique du travail considéré comme la plus haute expression de l'activité humaine ? En d'autres termes, la variété et la complexité apparentes des manifestations infinies du travail humain ne comporteraient-elles pas l'unité réelle de phénomènes primordiaux, naturels, nécessaires, continus, qui en sont l'essence et qui sont, par conséquent, susceptibles d'être formulés en lois scientifiques ?

Cette question ne paraît pas avoir donné lieu, jusqu'ici, à une étude rationnelle et systématique. Le côté scientifique du problème du travail a presque toujours été sacrifié à des considérations d'un autre ordre. Cela tient, sans doute, à ce qu'il est étroitement lié à cette éternelle « question sociale » qui, parce qu'on ne l'envisage ordinairement que sous un seul de ses aspects, est obstinément niée par les uns autant qu'affirmée énergiquement par les autres. Pour peu que l'on y réfléchisse cependant, on s'aperçoit que si elle semble plus spécialement nécessiter l'intervention du « facteur économique », elle ne peut être scientifiquement abordée qu'après une étude approfondie des lois de l'activité humaine, sous toutes ses formes, et, par conséquent, qu'en tenant compte des phénomènes constants et nécessaires aussi bien que des phénomènes variables et contingents dont l'ensemble constitue, à proprement parler, le travail de l'être humain. Mais le fait brutal de l'inégalité sociale est toujours ce qui choque le plus les foules et c'est pourquoi les controverses sociales actuelles roulent principalement sur le point de savoir si cette inégalité ne tient pas plus aux hommes qu'aux institutions, si le problème n'est pas plutôt moral qu'économique.

Un professeur de l'Université de Strasbourg, M. Ziegler, a écrit un livre dont le titre significatif (1) indique que l'auteur en fait dépendre la solution de la plus ou moins grande possibilité d'établir des règles de morale pratique destinées à réagir contre l'égoïsme qui pèse sur nos idées, nos sentiments, nos croyances. Suivant cette thèse, nous devons surtout nous efforcer de développer « l'esprit social ». Mais, en se laissant aller à cette vue, M. Ziegler nous paraît, lui aussi, trop exclusif. Sans doute, le « cri des affamés », la révolte des appétits non satisfaits, la « question du ventre » en un mot, n'est pas tout, et le point de vue éthique est un des côtés — et non le moins important — du problème. Mais la morale n'est, comme l'indique son évolution, que le résultat de l'expérience sociale ; elle constitue l'ensemble de règles que cette expérience nous a suggérées pour obtenir une plus complète adaptation de l'individu au milieu social. Dans son état présent, elle est d'ailleurs plus rapprochée de l'art que de la science et elle ressemble à cette dernière à peu près comme la médecine ressemble à la physiologie. Dès lors, n'est-ce pas, en quelque sorte, renverser les termes du problème que d'affirmer, *à priori*, que telle ou telle

_____

(1) *La question sociale est une question morale.* Félix Alcan, 1893. Traduction de M. Palante.

norme éthique actuelle doit nécessairement servir de base à un état social transformé et dont, par conséquent, nous ne pouvons prévoir les répercussions sur chaque genre d'activité sociale particulière ?

Ceux qui pensent qu'il faut transformer les hommes pour pouvoir modifier les institutions, de même que ceux qui, au contraire, croient qu'il faut d'abord transformer les institutions pour arriver ensuite à transformer les hommes se placent, les uns et les autres, à un point de vue empirique, au point de vue de l'art, et nous paraissent négliger les faits « nécessaires » qui pourraient servir de base à une étude scientifique.

Mais c'est précisément ici que commence la difficulté. Il n'est pas toujours aussi facile qu'on pourrait le supposer de séparer la « science » de « l'art », le fait constant du fait variable, l'élément qui s'impose fatalement à nous de celui sur lequel nous pouvons agir. A cela nous pourrions répondre par un mot souvent répété : il n'est pas de route royale pour la science. Ce n'est que par une observation patiente que nous pouvons arriver à des résultats scientifiques. Rappelons-nous que, jusqu'ici, ce sont les concepts religieux ou métaphysiques des théologiens ou des philosophes, puis les solutions empiriques des hommes d'Etat et des législateurs qui ont servi à résoudre, tant bien que mal, les problèmes sociaux de tous les peuples et de toutes les époques. On commence à s'apercevoir que l'empirisme est insuffisant et qu'il est peut-être temps d'employer une autre méthode.

Toutes ces relations d'hommes à hommes qui constituent le vaste ensemble des faits sociaux s'étagent en une sorte de pyramide ayant, à la base, les faits économiques, sur lesquels viennent se superposer, avec une complexité et une fragilité croissantes, les faits génésiques, esthétiques, moraux, juridiques et politiques. Mais cet édifice social, dont l'équilibre est lui-même soumis à des lois, repose à son tour sur un sol inébranlable, sur les conditions biologiques et psychologiques auxquelles, partout et toujours, sont soumis les efforts que fait l'individu pour s'adapter au milieu ambiant, quels que soient les divers aspects qu'ils prennent suivant les temps et les civilisations. Il faut donc d'abord étudier ces conditions pour pouvoir se rendre compte des lois de l'équilibre social et nous croyons que la notion biologique et psychologique du travail humain est la véritable base des études sociologiques.

II

Descartes, enfermé dans un *poêle,* l'esprit travaillé par le doute, trouve la base de sa philosophie dans le fameux enthymême : je pense, donc je suis. Ne serait-il pas plus vrai de dire, en s'inspirant de Leibnitz : j'agis, donc je suis ? Car si vivre, c'est penser, c'est aussi et surtout agir, dans l'acception totale du mot, c'est-à-dire affectivement et intellectuellement, aussi bien que physiquement. La pensée est une action. Mais l'action, d'où vient-elle ? La loi naturelle, brutale, axiomatique, qui s'impose à l'homme primitif, face à face avec la nature, aussi bien qu'au civilisé d'aujourd'hui, c'est la nécessité de s'adapter au milieu ambiant, cosmique, biologique et social.

Sans insister autrement sur cette influence du milieu et sur des hypothèses que l'expérience confirme tous les jours, nous tenons cependant à faire remarquer que, de plus en plus, en sociologie aussi bien qu'en biologie, nous reconnaissons que le milieu est le véritable moteur de l'être humain, je veux dire la véritable cause de l'activité humaine. C'est sur ce phénomène embryonnaire, primordial, nécessaire, de l'action du milieu sur l'individu et de la réaction qu'il exerce à son tour sur le milieu — action et réaction qui donnent naissance à son activité psychique et musculaire — qu'il nous paraît nécessaire de s'appuyer, si l'on veut donner une base véritablement scientifique à l'étude du travail. L'économiste, préoccupé avant tout de la production, étudie le travail au point de vue objectif, au point de vue de ses résultats plutôt matériels; le physiologiste ne l'envisage généralement qu'au point de vue purement organique (1). Nous croyons qu'il appartient au sociologue d'en faire une étude d'ensemble, parce que nous croyons à la nécessité de ne pas scinder les divers aspects du phénomène primordial, parce qu'il faut, au contraire, les grouper logiquement et, par conséquent, s'appuyer sur les lois physiologiques et psychologiques qui président au développement de l'activité humaine, pour aborder ensuite le travail au point de vue contingent, c'est-à-dire au point de vue juridique, économique, moral, etc. Cette méthode peut seule nous aider à découvrir les véritables « lois naturelles » que notre activité sera obligée de respecter dans ses manifestations contingentes. Il nous semble d'ailleurs superflu d'insister sur ce qu'on a appelé les « lois naturelles » en économie. L'économiste s'occupe d'un ensemble de faits qu'il a classés et dont il cherche les rapports, à un moment donné de l'évolution sociale. Il étudie, en somme, à son point de vue spécial, ce qui existe.

Des hommes de l'idéal et du rêve, qui puisent leurs arguments à d'autres sources, lui reprochent de ne pas

---

(1) Une exception toutefois doit être faite en faveur d'un certain nombre de physiologistes, principalement en faveur de M. Mosso. Voir *La Fatigue intellectuelle et physique*, traduction de M. Langlois, Félix Alcan, 1894.

tenir compte de ce qui, d'après eux, devrait être. Rien
de plus stérile que cette dispute. Ne serait-il pas préfé-
rable de se demander si, en analysant patiemment les
données et les faits que nous fournit l'observation
scientifique, on ne parviendrait pas à découvrir le sens
de l'évolution qui pourrait nous mener de ce qui est à
ce qui devrait être? Sans doute, on peut reprocher à
l'économiste, et principalement à une certaine école
d'économistes, de s'attacher trop exclusivement à
l'hypothèse de la « physique sociale » ou plutôt, selon
l'expression de J. Stuart-Mill, à la « statique » de l'économie sociale, c'est-à-dire de ne pas assez voir l'incessant transformisme des phénomènes sociaux ; mais,
puisque tout mouvement implique une succession
d'états, reconnaissons que tout changement brusque est
impossible et n'est, en tous cas, que superficiel ; qu'en
réalité, c'est par une série de transformations nécessaires que doivent passer les vagues et multiples aspirations qui tourmentent notre époque, avant de revêtir
la forme de réalités tangibles.

Il nous semble donc nécessaire de rechercher ce
qu'est le travail au point de vue biologique et psychologique, pour lui assigner ensuite son véritable rôle au
point de vue sociologique. Pour employer, du reste, la
vraie méthode scientifique, nous devons chercher la
confirmation expérimentale de nos postulats dans
l'étude de la genèse préhistorique et de l'évolution
historique du travail, considéré comme l'expression de
l'activité humaine en général.

Cette étude nous permettra d'établir que c'est le
travail qui fournit la meilleure base de la synthèse de
l'histoire, et que, grâce à cette vue, il n'est pas impossible de réduire les mille accidents de la vie sociale à un
certain nombre de fait principaux — corps simples de
l'histoire — dont les combinaisons et l'enchaînement

nécessaires déterminent les événements dont s'occupe l'historien. Ajoutons que c'est également sur la notion scientifique du travail que devrait s'appuyer la science de la morale, de même que l'économique, pour avoir une base indiscutable.

Les idées morales, à notre sens, ne sont que les idées régulatrices de l'activité sociale, et il n'est pas difficile de montrer qu'au fur et à mesure qu'augmentent les progrès de la division du travail social, les buts indirects et complexes auxquels concourt chaque genre d'activité spécialisée devenant de plus en plus étrangers aux mobiles directs et personnels qui font mouvoir l'individu isolément, la spécialisation de l'activité sociale et la civilisation qu'elle développe ne peuvent être maintenues que par l'établissement d'une norme artificielle qui, peu à peu, s'impose universellement : dogme religieux, concept métaphysique ou juridique, etc. Si donc on peut dire que la morale c'est tout le travail, on peut affirmer inversement que le travail c'est toute la morale, et pour saisir, à chaque époque, le sens de l'évolution de l'éthique sociale, il faut s'élever de l'ensemble complexe des moyens ou *procédés* de travail aux idées ou fins communes qui font mouvoir, plus ou moins consciemment, les innombrables catégories de travailleurs. C'est cette question de téléologie sociale qu'il convient, selon nous, d'approfondir, si nous voulons nous rendre compte de la part de vérité ou d'erreur contenue dans les théories journellement émises sur cette fameuse « question sociale », si nous ne voulons pas nous laisser gagner par un optimisme immobilisateur ou un déprimant pessimisme. Il semble, à certains indices, que la retentissante dispute du moyen-âge entre nominalistes et réalistes renaît sous une autre forme. Notre lutte actuelle n'est-elle pas toujours, au fond, la lutte du particulier contre le général, de l'individuel contre le collectif, et ne s'agit-il pas toujours de savoir si ce dernier constitue une réalité *sui generis*, une chose tout-à-fait indépendante des faits individuels qui la reflètent? Cette dispute de philosophie scolastique semble avoir passé sur le terrain social et on sent cette distinction manifestement exprimée dans chaque opinion politique, littéraire, esthétique, etc. Elle apparaît surtout dans tous les efforts tentés pour améliorer les conditions de l'existence sociale.

Les uns, voyant surtout la pression exercée par le collectif sur l'individuel, croient pouvoir trouver cette amélioration dans une transformation des organes collectifs, dans l'effort « solidarisé » ou « socialisé ». Les autres, au contraire, persuadés que ce qu'on a appelé la « contrainte » sociale n'est qu'un mot *flatus vocis*, croient que tout le mal vient de ce que nous avons perdu la foi en nous-mêmes, qu'il faut tendre, par conséquent, à renforcer l'effort individuel. De part et d'autre, les convictions sont profondes, et il est à remarquer qu'elles s'étendent, peu à peu, aux diverses couches de la société.

III

Pour nous faire une idée réellement scientifique du travail, nous devons d'abord nous efforcer de pénétrer le secret de ce que l'on pourrait appeler le *moteur humain*, c'est-à-dire que nous devons étudier la façon dont naissent nos besoins et chercher leurs lois d'évolution.

Nous sommes ici en présence de deux ordres de phénomènes, qui se rattachent, les uns au milieu social, les autres à l'individu, et nous avons à tenir compte de l'action et de la réaction, c'est-à-dire à étudier les conditions objectives de l'activité, ainsi que ses réactions ou représentations subjectives.

Examinons d'abord l'action du milieu social sur l'individu. Nous savons que l'être humain se trouve enveloppé, à chaque instant de son existence, d'une sorte d'atmosphère vitale et sociale d'une complexité extrême et il est nécessaire, pour plus de clarté, de classer les influences qui agissent simultanément sur lui en deux catégories distinctes : d'une part, les influences physiques et biologiques, d'autre part, les influences sociales. Sans doute, la distinction entre ces diverses sortes d'actions n'est pas toujours aussi tranchée que pourrait le laisser supposer cette division. Il arrive quelquefois qu'elles s'enchevêtrent, en quelque sorte, les unes dans les autres, et on pourrait croire que certains phénomènes ne rentrent ni dans l'une ni dans l'autre de ces deux catégories, comme, par exemple, la transmission à distance des mouvements et états psychiques d'un organisme. Les phénomènes de ce genre, qui ont pour résultat de créer un nouveau milieu social (1) et dont l'étude tend à prendre une place de plus en plus grande en sociologie, tiennent à la fois des faits psychiques et des faits sociaux proprement dits, et on a proposé d'en faire une catégorie socio-psychique (2). Mais, en définitive, vis-à-vis de l'individu, ces phénomènes ne proviennent-ils pas toujours de l'action du milieu humain extérieur et ne peuvent-ils pas être rangés dans la catégorie des faits sociaux ? Les faits psychiques, au point de vue de la sociologie, n'interviennent que pour expliquer la création ou la modification du milieu social, c'est-à-dire comme

(1) Cf. Guyou. *L'Art au point de vue sociologique.* Félix Alcan.

(2) Cf. *Les Règles de la Méthode sociologique*, par M. Durkheim. Félix Alcan, 1895, p. 14.

facteurs des phénomènes sociaux, et on ne peut, par conséquent, les objectiver que par l'intermédiaire du milieu social.

Ces influences cosmiques, biologiques et sociales créent, chez l'individu, ces espèces d'états d'équilibre instable que nous appelons, d'une manière générale et indépendamment de toute classification psychologique, des besoins (1). Si on les considère au point de vue général de leur genèse, on voit qu'ils se développent, s'accumulent, se superposent et se transforment, suivant les divers modes d'action et de réaction du milieu social sur l'individu et en présentant un caractère de plus en plus marqué de complexité et de contingence. Ces besoins, ces désirs de plus en plus variés qui forment, par excellence, la trame du tissu social, ne sont, dans leur variété superficielle, qu'une sorte de broderie sur un canevas uniforme, constitué par les besoins organiques proprement dits, et si ces derniers sont partout les mêmes, c'est qu'au point de vue biologique, l'individu se meut dans un cercle inextensible, tandis qu'au point de vue social, sa sphère d'action est illimitée.

C'est ainsi que par une série d'influences sociales — résultant de la propagation ondulatoire d'inventions ou de découvertes successives — le besoin physiologique de boire, par exemple, qui, pour l'homme des sociétés primitives, s'additionne de celui de boire dans une corne d'animal commune à toute la famille, devient, pour un Grec du temps de Périclès, celui de boire dans le *rhyton* en métal précieux et, pour un civilisé d'aujourd'hui, dans des verres de formes variées suivant la nature de la boisson. C'est ainsi que, dans l'ordre intellectuel, notre désir de curiosité littéraire ou scien-

(1) Voir le chap. *Besoins, croyances, désirs.*

tifique se transforme, par l'invention et la propagation
de l'écriture, en désir de communiquer avec nos
contemporains et nos descendants, par le moyen de
certains caractères, en faisant usage de certaines règles
grammaticales et en respectant certaines formes de
style.

On peut donc dire que les besoins résultant de
l'action du milieu biologique ont un caractère de fixité
que présentent, de moins en moins, les besoins nés des
influences sociales, lesquels offrent une subjectivité,
une variabilité et une contingence de plus en plus
marquées. Mais remarquons — et cette remarque a son
importance — que c'est précisément à cette extrême
limite de la subjectivité que se détermine et se fixe le
sens de chaque évolution nouvelle des besoins et que
l'adaptation au milieu social prend des aspects de plus
en plus variés, parce que c'est surtout là que peut
s'exercer ce que les métaphysiciens appelleraient notre
« libre arbitre ». En d'autres termes, si, au point de vue
de la genèse des besoins humains, on est obligé de tenir
compte des actions biologiques pour comprendre le
caractère de fixité de certains d'entre eux — les besoins
unis et héréditaires — il faut, si l'on veut avoir la clef
de chaque évolution particulière, considérer le troisième
terme de notre série comme donnant naissance à des
besoins subséquents qui pourront, dans la suite des
temps, revêtir un caractère fixe et atavique. Si le milieu
physique et biologique est un facteur de l'évolution
sociale, le milieu social réagit, à son tour, sur le premier,
de sorte qu'il est permis de dire que l'inconscient
biologique dérive lui-même, en partie, des influences
sociales et que la race est, à bien des égards, fille des
faits sociaux. — Reste à savoir si cette action du milieu
social s'exerce d'une manière analogue à celle des autres
milieux, si l'hypothèse d'une évolution se déroulant

d'une manière uniforme suffit à expliquer les phases
successives de transformation des besoins sociaux, ainsi
que les similitudes qu'ils présentent dans chaque phase
particulière ; si, par conséquent, la grande loi générale
et synthétique de la répétition universelle n'aurait pas
une forme proprement sociale, ainsi que l'a fait voir
M. Tarde dans ses savantes études sociologiques. Il
nous semble, quant à nous, que la seule hypothèse du
transformisme appliquée aux choses sociales — hypothèse qui supposerait des réactions variables à l'infini
— ne saurait suffire pour expliquer cette communauté
de besoins que produit, à un moment donné de l'évolution, l'action du milieu social. Si la contingence et la
variabilité sont, par excellence, les caractéristiques de
ces réactions, les similitudes que présente chaque
branche d'activité spécialisée, langues, religions, arts,
procédés de travail, etc., ne peuvent être que le résultat
d'un mouvement qui a pour effet de propager, de proche
en proche, les besoins nés, quelque part, de réactions
individuelles, pour les étendre à des couches de plus en
plus profondes. Pour prendre un exemple dans le
domaine économique, il n'est guère possible d'expliquer
autrement que par une sorte de propagation ondulatoire, dans des couches sociales de plus en plus
profondes, pourquoi les besoins nouveaux commencent
toujours par être considérés comme un luxe, pourquoi
la valeur des choses qui se reproduisent est d'abord
toute subjective et très grande et devient de plus en plus
faible, à mesure que l'activité sociale, qui est aux
ordres de ces besoins, en satisfait tous les jours un plus
grand nombre. Nous reviendrons, du reste, sur ce mode
d'action du milieu social.

En ce moment, après nous être fait une idée de la
genèse des besoins humains, considérés au point de vue
de l'action du milieu, il est nécessaire, pour arriver à la

notion scientifique du travail humain, d'en faire une
classification subjective suivant la façon dont ils agissent
sur l'organisme. A ce point de vue, ils se présentent
sous un triple aspect, suivant qu'ils donnent naissance,
chez nous, à des phénomènes physiques intellectuels ou
effectifs et émotionnels, cette dernière classe comprenant tous nos sentiments et toutes nos passions, l'amour
et la foi, l'admiration et l'enthousiasme, la beauté et la
bonté, la pitié et la sympathie, etc. Les besoins physiques, intellectuels et affectifs, c'est-à-dire l'ensemble de
ce qu'on a nommé appétits, désirs, sentiments, comprennent la gamme entière des réactions organiques. —
A ce sujet, il y a quelques observations à faire. Remarquons d'abord que si nous ne faisons pas, dans notre
énumération, une catégorie spéciale pour les besoins
moraux, c'est que ceux-ci, comme les besoins esthétiques,
ne sont que des besoins affectifs limités, sélectionnés,
résultant non seulement de la nécessité de l'adaptation
de l'individu au milieu social, c'est-à-dire de l'utilité
spécifique, mais encore d'un idéal de sélection, parce
que, dans l'ordre affectif, comme dans l'ordre esthétique,
l'adaptation à un même milieu suppose une infinité de
combinaisons différentes, et que l'amour du bien, du
vrai et du beau peut être considéré comme une transformation de l'utile par sélection (1). En second lieu, en
ce qui concerne les besoins intellectuels, on peut bien
ramener tous les phénomènes auxquels ils donnent lieu
à la croyance, que l'on a appelée l'instinct vital de
l'intelligence. Mais il ne faut pas oublier que la croyance
est un acte qui répond à des besoins intellectuels ;
qu'elle constitue un effort intellectuel et, par conséquent,
une sorte de mode d'adaptation au milieu psychique. Il

(1) Voir les *Éléments du Beau*, par Maurice Griveau. Félix Alcan,
1892.

nous semble qu'à ce point de vue, il y a intérêt à distinguer la croyance du besoin proprement dit, qui suppose toujours un état d'équilibre instable. Ce qui caractérise la croyance, c'est une systématisation de plus en plus grande des tendances psychiques de l'organisme, tandis que le besoin, le désir non satisfait est caractérisé par un défaut de systématisation de ces tendances. Si on peut dire que le besoin engendre le désir, lequel finit par aboutir à la croyance comme à son terme final, il ne faut pas perdre de vue qu'une systématisation complète des tendances confinerait à un complet automatisme, de sorte qu'en définitive, il faut voir dans le besoin le vrai moteur de notre activité consciente.

Ainsi, l'influence du milieu sur l'être humain produit, dans son organisme, trois sortes de mouvements, qui sont d'ailleurs entre eux en relation étroite. Toute vibration dans une branche de l'activité entraîne, en quelque sorte, des vibrations harmoniques dans les deux autres, de sorte que la notion du travail humain, pour être complète, doit comprendre l'ensemble des phénomènes physiques, intellectuels et affectifs, que l'analyse retrouve dans toute manifestation de l'activité humaine. Ajoutons qu'ils n'ont pas tous la même importance et qu'ils n'ont pas tous été étudiés avec le même soin par les psycho-physiologistes. Insistons sur ce point. Ce qui donne à une race ou à un individu sa forme mentale ethnique ou individuelle, ce sont ces phénomènes affectifs ou émotionnels, résultant du défaut de systématisation de certaines tendances (1), et qui, du simple signe affectif, s'élèvent, de degré en degré, au sentiment et à la passion. Ils jouent un grand

____

(1) Voir *Les Phénomènes affectifs et les lois de leur apparition*, par M. Fr. Paulhan. Félix Alcan, 1887.

rôle dans les manifestations de notre activité psychique, dont on a considéré à tort l'intelligence comme le principal élément constitutif. « Un être chez lequel il n'y aurait que de l'intelligence, dit Mme Clémence Royer, n'aurait aucune raison d'agir, aucune même de penser et, faute d'avoir des motifs déterminants d'entrer en action, l'intelligence même en lui demeurerait inerte, latente, virtuelle, en puissance. Point de passion, point d'acte ; point d'acte, point de pensée » (1). Il est donc impossible d'admettre que la manifestation la plus haute de l'activité humaine, c'est-à-dire le travail, soit indépendante de ces besoins émotionnels et affectifs, que l'on confond souvent avec les besoins moraux, quoique les premiers, étant naturels, aient un caractère de nécessité, de fatalité, que ne peuvent posséder les seconds, puisqu'ils sont, par excellence, comme nous l'avons vu, des besoins régulateurs, procédant d'un élément essentiellement conditionnel et contingent.

L'influence des états affectifs sur l'activité a d'ailleurs des conséquences importantes, non seulement en psychologie individuelle, mais encore en psychologie sociale. Le défaut de systématisation de certaines tendances, cette espèce de polarisation de la conscience, qui fait que cette dernière, à l'état de veille, perçoit tel ou tel besoin avec la même intensité, avec la même exagération, que l'imagination du dormeur perçoit, dans le rêve, telle ou telle sensation (2), provient de ce que la forme particulière de l'organisme mental se transmettant héréditairement, les habitudes ancestrales y laissent des traces profondes qui ne peuvent plus

---

(1) *Origine de l'homme et des sociétés.* Guillaumin et Victor Masson, 1870.

(2) Le sentiment n'est-il pas un commencement de rêve et la passion un véritable rêve en action ?

s'harmoniser, se systématiser avec les éléments nouveaux. De là une exacerbation de l'activité passionnelle et émotionnelle dans une certaine direction — exacerbation qui imprime son caractère particulier à chaque individu.

N'en est-il pas de même dans les sociétés, où certaines survivances ne peuvent plus s'harmoniser, se systématiser avec les tendances nouvelles et où, par une espèce de polarisation de la conscience sociale, chaque race, chaque époque, poursuivant son rêve, se distingue par sa passion dominante, c'est-à-dire par l'exacerbation de l'activité sociale dans telle ou telle branche spéciale : art, religion, industrie, etc.

IV

Attachons-nous maintenant à établir l'unité essentielle cachée sous la diversité apparente des formes du travail et, par conséquent, à montrer la vérité de la conception moniste de l'activité humaine.

Ce qui, en effet, frappe tout d'abord dans l'étude scientifique du travail — qui semble plus particulièrement rentrer dans le cadre de la sociologie économique — c'est l'espèce de dualisme social que la division du travail contrainte a fini par établir entre l'effort cérébral et l'effort musculaire, nécessaires cependant tous deux pour constituer toute espèce de travail. « Le plus stupide aide-maçon qui, chaque jour, répète machinalement l'acte de grimper à une échelle, dit John Stuart Mill, remplit une fonction en partie intellectuelle » (1). Ajoutons : et en partie affective. Ce qui a donné naissance à cette erreur vulgaire, ce qui a contribué à entretenir cette illusion d'optique sociale, partagée par

____

(1) Voir J.-S. Mill, *Principles of Political Economy.*

la plupart des anciens économistes, qui excluaient les efforts du cerveau de la catégorie « travail », c'est que l'ancienne psychologie, basée sur la seule observation intérieure, ne pouvait se faire une idée du processus psychique. Les travaux des physiologistes modernes nous ont appris, on le sait, que tout est mouvement dans le monde de la vie et que tout y est dominé par la loi fondamentale de la conservation de l'énergie. Si nous ne savons pas grand'chose sur la nature intime de ce que nous appelons force, matière, énergie — le *noumène* des métaphysiciens — nous pouvons dire cependant que l'émission de la pensée consiste en une transmission et une modification d'une impulsion extérieure, c'est-à-dire en une forme particulière du mouvement. On sait que, des remarquables expériences auxquelles se sont livrés d'éminents physiologistes. Donders, Schiff, Wundt, Herzen, il résulte que le mouvement moléculaire qui se développe dans la substance grise du cerveau, en vue de la transformation en réaction volontaire de l'impression initiale, demande un certain temps pour s'accomplir — temps assez long si on le compare à la vitesse des mouvements physiques. Il y a plus. De ce fait que la vitesse de la pensée est mesurable, autrement dit que l'activité psychique se prête à des mensurations, des esprits ingénieux et hardis ont conclu qu'il serait peut-être possible de mesurer la quantité de force psychique que produit le cerveau en action, de mesurer l'intensité du travail psychique. On conçoit l'importance, au point de vue social, d'un pareil problème. Mais deux obstacles ont jusqu'ici arrêté les expérimentateurs qui ont voulu procéder directement ; c'est — dit M. Richet — d'une part, l'imperfection des procédés chimiques actuels pour constater les états successifs de l'individu observé et, d'autre part, l'impossibilité de trouver le sujet sur lequel doit porter l'expérimentation. Mais ces difficultés qui, actuellement, paraissent insurmontables, ne pourront-elles pas être aplanies un jour ? Constatons, dès maintenant, que des physiologistes ont émis cette hypothèse que, de même que l'on est parvenu à localiser les centres producteurs de mouvements chez les animaux, on pourra peut-être localiser, dans leur encéphale, les centres nerveux producteurs de leurs idées rudimentaires et qu'ainsi, en modifiant ces centres nerveux, on pourra modifier en même temps les volitions qu'ils engendrent — volitions dont l'existence est facilement constatable dès qu'elle se manifeste par des actes.

L'étude indirecte de l'activité psychique nous a déjà donné, d'ailleurs, des résultats remarquables. On sait qu'un savant professeur de l'Université de Turin, M. Mosso, a fait de très curieuses recherches sur la fatigue intellectuelle et physique au moyen de l'ergographe, appareil enregistreur de travail (1). M. Mosso a étudié les influences des divers modes d'activité, du régime, du repos de la nuit, sur la courbe de la fatigue du muscle, obtenue au moyen de cet appareil. Il a constaté que le cerveau en action émet, comme les muscles, des substances nocives qui souillent le sang et qui sont en quantité d'autant plus grande que le travail cérébral est plus intense. Il en a conclu que la fatigue — qu'elle soit physique ou intellectuelle — constitue une sorte d'empoisonnement. Il est d'ailleurs hors de doute que le travail cérébral donne autant et plus de fatigue, pour celui qui n'y est pas habitué, que le travail musculaire et que, dans les deux cas, les phénomènes résultant de la fatigue offrent de nombreux points de ressem-

(1) Voir l'ouvrage déjà cité de M. Mosso : *La Fatigue intellectuelle et physique*. Félix Alcan, 1894.

blance (1). Les recherches du savant professeur italien ne nous autorisent-elles pas à supposer qu'en établissant des diagrammes résultant de mensurations suffisamment multipliées (comme ceux, par exemple, que M. Marsoulan a obtenus sur le développement intellectuel et physique des enfants) (2) on arriverait, en ce qui concerne la comparaison du travail physique avec le travail intellectuel, à des résultats d'application éminemment sociale ? Ces résultats, il semble que Lavoisier les ait entrevus quand, à propos de la relation existant entre l'activité musculaire et l'exhalation d'acide carbonique, il croyait que l'on pourrait évaluer « à combien de livres en poids répondent les efforts d'un homme qui récite un discours, d'un musicien qui joue d'un instrument », de même que l'on pourrait évaluer « ce qu'il y a de mécanique dans le travail du philosophe qui réfléchit, de l'homme de lettres qui écrit, du musicien qui compose », et il ajoutait : « Ce n'est donc pas sans quelque justesse que la langue française a confondu, sous la dénomination commune de travail, les efforts de l'esprit comme ceux du corps, le travail de cabinet et le travail du mercenaire » (3). Que faut-il donc penser de ces expressions : travail intellectuel, travail matériel, si chères à certaines écoles, et avec lesquelles on a entretenu les antagonismes sociaux ? Si, au point de vue de l'organisme, cette distinction indique tout au plus que, dans un cas, le rôle principal appartient au cerveau, tandis que, dans l'autre, il appartient aux muscles, la prédominance d'un élément ne peut jamais avoir pour effet

(1) La fatigue est un phénomène nerveux plutôt que musculaire. (Voir Lagrange : *Physiologie des exercices du corps*, Paris, 1888, et Mosso, *op. cit*).

(2) Voir le journal l'*Eclair*, numéro du 5 avril 1895.

(3) Lavoisier : *Mémoires de l'Académie des Sciences*, 1789, cité par Letourneau. — *La Biologie*, Reinwald et Cie, 1876, pages 296 et 297.

d'exclure l'autre. Dans tout travail, il y a perte de force physiologique et désassimilation organique (1) et l'espèce de matérialité que l'on veut attacher aux mots travail et travailleurs, n'a, physiologiquement, aucune raison d'être.

Sans doute, si on étudie historiquement le développement de la division du travail social, on s'aperçoit que la séparation des fonctions en travail dirigeant et en travail dirigé était aussi nécessaire, aussi fatale, que toute autre forme de la division du travail social, mais la transmission héréditaire des tendances ancestrales, favorisée par cette séparation des fonctions, a fini par fixer ces tendances en caractères psychologiques pour ainsi dire irréductibles, et la différenciation des diverses couches sociales est devenue, par suite, de plus en plus grande. Certaines classes ayant été astreintes à un travail très spécialisé, qui ne tendait qu'à restreindre leurs facultés cérébrales, et certaines autres, au contraire, ayant été obligées, par suite du nombre sans cesse grandissant des inventions nouvelles, d'accumuler toujours une plus grande somme de connaissances, le fossé qui sépare les diverses couches sociales a été sans cesse s'élargissant et la solidarité sociale a été de moins en moins comprise. Aussi ne faut-il pas s'étonner que cette exacerbation des diverses formes de l'activité humaine dans des directions multiples ait fini par donner lieu à un mouvement de réaction dans certaines couches de la société, lorsque l'absorption de l'individu par la spécialisation de son travail est devenue trop grande.

Depuis le xviiie siècle surtout, sous l'influence des idées d'Adam Smith, de Ricardo, etc., qui ne recon-

____

(1) Cette désassimilation porte sur certaines matières (albuminoïdes) dans le travail mental et sur d'autres (hydrocarbures) dans le travail musculaire.

naissaient pas la « productivité » du travail intellectuel
— influence qui s'est fait sentir jusqu'à nos jours (1) —
on s'est habitué, de plus en plus, à attacher une idée de
matérialité exclusive aux mots « travail » et « travailleurs », comme, du reste, aux mots « produits » et
« richesses ». Aussi, pour les hommes qui croient à la
nécessité d'une réorganisation sociale, le *quatrième
Etat*, l'Etat des travailleurs, ne pouvait-il être que
l'Etat des travailleurs manuels, et c'est ainsi que, dans
l'attente du règne millénaire, l'idée est souvent présentée
aux foules. Est-ce à dire que ces écoles rêvent une
société sans écrivains, sans penseurs, sans artistes, sans
poètes? Assurément non. Mais il est facile de se rendre
compte qu'en fondant son système économique et social
sur la durée du travail, prise comme mesure de la
valeur, Karl Marx était toujours dominé par l'idée
smitho-ricardienne de la matérialité des produits, de
sorte que, tout en proportionnant la part de chacun à la
quotité et à la valeur de ses prestations sociales, le
travail dit matériel devait seul être compté et que le
travail intellectuel, réservé aux heures de loisir, était
considéré comme un luxe, comme une simple récréation,
comme un amusement (2).

Il est évident que cette conception du travail est

(1) M. Gide dit, dans ses *Principes d'Economie politique* : « Dans les
premières éditions, nous avons soutenu que l'idée et le mot de richesses
ne pouvaient s'appliquer qu'aux objets matériels. Nous avions été déterminé par cette considération que ces objets matériels peuvent seuls faire
l'objet des lois de la production, de la circulation, de la consommation et
surtout de la répartition telles qu'elles sont exposées dans nos traités
classiques. Nous n'avions pas assez réfléchi peut-être que cela prouve
simplement que le cadre ordinaire de la science économique est trop
étroit et aurait besoin d'être élargi. » (Page 51, note).

(2) Voir, au surplus, l'ouvrage déjà cité de M. Ziegler : *La question
sociale est une question morale*, et les extraits qu'il donne des ouvrages
de M. Bebel.

incomplète. Ne voyons-nous pas que, de plus en plus, l'artiste, le poète, le littérateur, le compositeur deviennent de véritables travailleurs, dans toute l'acception du mot ? Les conditions de l'art, en particulier, sont, de nos jours, profondément modifiées. Il ne suffit plus, pour l'artiste, de posséder seulement l'inspiration, il faut encore que ses créations répondent à l'état de nos connaissances actuelles. L'inspiration qui ne serait pas fécondée par des études profondes, par des observations basées sur la science, c'est-à-dire par un travail persévérant, ne pourrait guère réaliser que des œuvres banales. Le mot que Léonard de Vinci prononçait à l'époque de la Renaissance : « Etudiez premièrement la science », n'a rien perdu de sa valeur. L'objectivité s'impose de plus en plus à l'artiste, comme elle s'est imposée au savant. L'un et l'autre, d'ailleurs, soit en constatant des rapports nouveaux entre les phénomènes, soit en cherchant à fixer de nouvelles associations d'images, de couleurs ou de sons, ne sont-ils pas, sous des aspects divers, les ouvriers de la même œuvre ? Cette foule d'observations et d'impressions fugitives qui passent inaperçues pour les profanes, mais qui n'échappent pas à leur étude minutieuse, le peintre les fixe sur sa toile, le sculpteur dans son marbre, le compositeur dans sa phrase musicale, comme le savant les condense dans ces formules scientifiques appelées « lois ». Pourquoi donc certaines théories en vogue sur le travail ne parlent-elles pas de la fatigue du cerveau, des efforts psychiques dans lesquels, de plus en plus, il faut voir la vraie mesure de tout travail ? Comme nous venons de le dire, on ne peut se l'expliquer autrement que par un phénomène de réaction psychologique provenant de ce que, par un préjugé qui est une des hontes de notre civilisation, par une éducation vicieuse, par l'affaissement des caractères résultant du

bien-être, les classes supérieures de la société ont
considéré l'exercice d'un métier comme une espèce de
déchéance et que, peu à peu, s'est établi un certain
mépris pour le travail manuel. Cette fausse conception
s'étant propagée des couches supérieures dans les
couches inférieures de la société, comme par une sorte
d'influence prestigieuse, ces dernières, pendant des
siècles, ont été persuadées de l'infériorité de leur condition sociale, jusqu'à ce qu'enfin se soit produit ce
phénomène de réaction. Rien d'étonnant, par conséquent, à ce que, dans leur Etat hypothétique de l'avenir,
les chefs des écoles nouvelles tiennent essentiellement
à ce que chacun fasse obligatoirement sa part de besogne
matérielle. Ce courant d'idées, qui a pénétré d'autant
plus vite dans les masses que celles-ci l'ont accepté
comme un article de foi, ne pourrait être combattu que
par un courant d'idées en sens contraire. Autrement dit,
l'erreur ne pourrait disparaître que si on pouvait faire
naître, dans les couches inférieures de la société, la
conviction que la loi d'évolution du travail implique sa
spiritualisation croissante, en même temps que la
solidarité croissante des divers travailleurs.

La vérité scientifique finira sans doute par se faire
jour, mais il ne faudrait cependant pas se bercer de
l'illusion que les effets de la séparation des pouvoirs
pourront, dans l'avenir, être complètement annihilés.
Ne faudra-t-il pas toujours tenir compte des différences
physiologiques, aussi bien que de la diversité des
aptitudes et des goûts ? Mais, de même qu'il est urgent
de veiller à ce que le travail de l'homme rivé à la
machine ne devienne pas excessif et hébétant, à ce qu'il
lui soit possible d'acquérir le degré d'instruction qu'implique l'état de nos connaissances, de même il faut faire
en sorte que les hommes livrés à une activité presque
exclusivement intellectuelle soient préservés de toute

déséquilibration nerveuse. Constatons, avec Schmoller (1), que certaines institutions modernes, que le service militaire obligatoire, par exemple, en assujettissant tous les citoyens à une dépense d'activité matérielle, que l'école obligatoire, en les obligeant tous à développer leur intelligence, que le suffrage universel, en faisant une part de plus en plus grande aux travailleurs manuels dans les assemblées locales et nationales, ont agi, à ce point de vue, dans un sens harmonique. Un système d'éducation qui viserait, autant que possible, au développement parallèle des forces physiques et intellectuelles agirait dans le même sens. Prenons exemple sur des hommes de génie : Galilée, en faisant des télescopes ; Newton, en apprenant à façonner des outils ; Linné, en aidant son père, jardinier de profession ; Watt, en fabriquant des instruments de mathématiques, n'ont-ils pas été, en même temps, des intellectuels hors ligne ?

V

Il est à peine besoin de dire que nous n'avons nullement l'intention de franchir le mur de la métaphysique, ni d'aborder, après tant d'autres, le problème du « libre arbitre », mais, en envisageant le travail sous ses aspects multiples, nous sommes forcément conduits à nous demander ce qu'il y a de vrai dans la définition de nos économistes et de nos philosophes, qui ont vu, dans le travail, un effort volontaire et conscient, dirigé dans un but édonistique, ce dernier mot entendu dans le sens que l'homme cherche, en toute occasion, à se procurer le maximum de satisfaction possible avec le minimum de peine.

(1) Voir *La Division du Travail étudiée au point de vue historique* dans la *Revue d'Economie politique*, 1889 et 1890.

Qu'est-ce qu'un effort volontaire, dans le sens scientifique du mot ? La psychologie moderne, transformée par la méthode objective, démontre qu'il n'y a plus lieu de se poser aujourd'hui le fameux problème qui a tant préoccupé certains philosophes et de se demander comment la volonté peut faire mouvoir nos membres. M. Th. Ribot, dans ses monographies si intéressantes, a mis en lumière ce point, que la volition n'est, par elle-même, cause de rien. La volition constate une situation, mais ne la constitue pas. Elle n'est qu'un simple état de conscience, « un effet de ce travail psychophysiologique, tant de fois décrit, dont une partie seulement entre dans la conscience sous forme d'une délibération. Les actes et mouvements qui la suivent résultent directement des tendances, sentiments, images et idées qui ont abouti à se coordonner sous la forme d'un choix » (1).

C'est le caractère, c'est-à-dire le moi, en tant qu'il réagit, qui donne à la coordination son unité. Mais qu'est-ce lui-même que le caractère ? Constatons, avec M. Th. Ribot — puisque, comme lui, nous nous imposons la tâche de ne pas sortir du principe de causalité pour chercher un commencement absolu, ce qui est le propre de la métaphysique — que l'ensemble des phénomènes affectifs, impulsions, sentiments, passions, c'est-à-dire tendances non coordonnées, non systématisées, que les psychologistes classent sous le nom de caractère, constitue un produit extrêmement complexe que, comme nous l'avons vu, nombre d'influences extérieures, le milieu physique, l'hérédité biologique, l'expérience, l'invitation, etc., ont contribué à former. Les éléments de la volonté proviennent donc toujours du milieu. Rechercher, dans le travail, la part du

(1) Voir *Les Maladies de la Volonté*, par Th. Ribot. Félix Alcan.

volontaire et du conscient — on sait, d'ailleurs, que le
conscient n'implique pas nécessairement le volontaire
— revient donc toujours à étudier l'influence des facteurs
cosmique, biologique et sociologique sur les manifestations de notre activité.

Au point de vue biologique, nous savons que la
propriété de la matière vivante est de réagir et que la
réaction individuelle, personnelle, constitue la volonté.
Mais si toute réaction peut être considérée comme ayant
été personnelle à l'origine, on peut, selon l'hypothèse
darwinienne, admettre qu'une foule de ces réactions
personnelles ont été transformées, par la répétition
et l'association, en reflexes simples, fixés ensuite par
l'hérédité dans le système nerveux. Les mouvements
dits automatiques sont donc vraisemblablement des
mouvements qui ont commencé par être volontaires et
conscients, et c'est par des répétitions sans nombre,
dans l'individu et dans la race, qu'ils ont abouti à un
mécanisme psychique définitivement fixé, c'est-à-dire à
un mécanisme qui, de psychique, est devenu physique.
Voilà pourquoi Herzen trouve « que le processus mental
conscient trahit une imperfection de l'organisation
cérébrale ». Et cette affirmation de l'éminent physiologiste peut se vérifier tous les jours. Le calculateur
inhabile qu'effraient les interminables colonnes de
chiffres à additionner, parce qu'il est obligé de faire une
opération consciente presqu'à chaque chiffre qui passe
sous ses yeux, n'arrive-t-il pas, à force de répéter ses
additions, à les faire d'une façon purement mécanique,
et ses erreurs ne deviennent-elles pas d'autant plus
rares qu'il se rapproche davantage de l'automatisme ?
Le chanteur novice n'est-il pas obligé de prendre conscience de chaque détail, de la manière de respirer, de
la façon d'ouvrir la bouche, des mouvements de la main
qui bat la mesure, de la valeur des notes, détails qui

produisent d'abord un trouble, une complication physique extraordinaires, et qui finissent ensuite par passer
complètement inaperçus, par être complètement
systématisés, au moyen d'un exercice journalier ? Il en
est de même de travaux plus compliqués, comme, par
exemple, de celui du fonctionnaire appelé à faire des
rapports sur des cas qui se répètent, de celui du vérifi-
cateur de dossiers administratifs sous les yeux duquel
reviennent souvent des opérations semblables, etc. (1). On
pourrait même faire la part de l'automatisme dans le travail de l'écrivain qui, en se relisant, fait des corrections
spontanées, dans celui de l'orateur qui récite un discours
appris par cœur, etc. Il n'est pas jusqu'à l'inspiration du
poète qui, ainsi que l'a montré M. Th. Ribot, ne puisse, à
certains égards, se rapprocher de l'automatisme. Nous
voyons donc que, par le mécanisme de la répétition, le
volontaire, qui suppose un complexus causal engendrant
l'hésitation et aboutissant à la délibération, tend à se
rapprocher de l'automatisme qui, chez les animaux
inférieurs, est fixé à jamais par l'hérédité biologique.
Mais, tandis que ces derniers ont parcouru toute
l'étendue du développement compatible avec leur
organisation et sont condamnés à tourner dans un cercle
inflexible, l'influence, de plus en plus complexe, du
milieu dans lequel l'homme est obligé de se mouvoir
lui permet de déployer plus amplement son activité
consciente.

Ainsi, d'une part, tendance constante à la répétition,
comme cause initiale du processus inconscient dans
l'individu et dans la race, et, d'autre part, différenciation

(1) Disons-le en passant : pour cette foule d'hommes que séduit le
mirage administratif, je veux dire la perspective longtemps caressée d'un
emploi rétribué par l'Etat ou les grandes administrations — mirage qui
n'est pas prêt de s'évanouir — la condition du succès et des *bonnes
notes*, le critérium de la perfection, c'est l'automatisme.

de plus en plus grande des réactions individuelles sous
l'influence du milieu. Nous ne disons pas différenciation
uniformément croissante et progressive, mais progressive
seulement si on compare deux époques, deux stades
successifs de l'évolution. Tels sont les deux effets, en
quelque sorte antagonistes, que nous constatons. Mais,
nous l'avons vu à propos de la genèse des besoins et des
désirs, l'action des divers milieux est simultanée et ne
peut être séparée que par un effort d'imagination, pour
faciliter la démonstration de leurs effets. Aussi est-il
permis de se demander si l'inconscient biologique, fixé
par l'hérédité, n'aurait pas lui-même en partie une
origine sociale et si la race ne serait pas, à quelque
degré, fille des faits sociaux. En d'autres termes, pour
expliquer cette communauté de besoins, de sentiments,
de croyances, qui constitue l'âme collective d'une
société à un moment donné de son histoire, c'est-à-dire
pour expliquer les similitudes qu'elle présente dans
chaque branche de son activité, langues, religions, arts,
procédés de travail, etc., suffit-il de rappeler, comme on
l'a fait, qu'à une vingtaine de générations près, nous
descendons tous des mêmes parents ; que, par exemple,
nous avons tous dans les veines, nous Français, le sang
de vingt millions de contemporains de l'an 1000? (1) Cela
nous explique pourquoi, au bout de dix siècles, ont pu
se former chez nous des caractères psychologiques
communs, mais ne nous donne pas la clef du transformisme lent, mais incessant, de cette mentalité commune.
Le milieu social semble, à nos observations si limitées
dans le temps, n'avoir qu'une influence minime dans la
genèse de l'inconscient collectif, mais, en réalité, son
action est incessante. C'est toujours à lui, en définitive,

(1) Voir les *Lois psychologiques de l'Evolution des peuples*, par le
D* G. Le Bon, et l'*Essai de Psychologie générale* de M. Ch. Richet
Félix Alcan.

qu'il faut remonter comme à la source première des causes imperceptibles qui, à chaque moment de l'histoire, détermine la direction du fleuve d'atavisme qui coulera sur les générations de l'avenir.

Il nous semble donc que si l'influence de la race explique la fixité des caractères psychologiques — fixité d'ailleurs d'autant plus grande que le degré de coalescence des unités sociales est moins élevé — l'influence du milieu social est indispensable pour trouver le point initial et générateur de cette communauté de besoins, de sentiments, de croyances qui constitue, chez un peuple, l'inconscient collectif. Mais cette action du milieu social, comment s'exerce-t-elle ? Le secret de son influence, M. Tarde le trouve dans une variété de la répétition universelle qui en est la forme proprement sociale, dans l'imitation, action à distance, de cerveau à cerveau, s'exerçant du dedans au dehors — l'imitation des idées précédant celle de leur expression et l'imitation des buts précédant celle des moyens — et évoluant du rapport unilatéral au rapport réciproque. Pour le savant sociologue, le travail n'est qu'une série d'actes imités à l'exemple, conscient ou, inconscient, d'un inventeur primitif, connu ou inconnu. « Le paysan qui laboure, multipliant ses sillons parallèles ; le vigneron qui soufre sa vigne, répétant ses coups de soufflet ; le tisserand qui pousse indéfiniment sa navette ; le chauffeur de locomotive qui, dans la gueule enflammée du foyer, lance, à temps égaux, pelletée de houille sur pelletée de houille, tous, à chaque effort nouveau, ne font qu'imiter quelqu'un, à savoir : l'inventeur ou les inventeurs de la charrue, du soufre, de la vigne, de la machine à tisser, de la locomotive ». (1) Pour M. Tarde, par

(1) *Les deux sens de la Valeur*, par M. Tarde. *Revue d'Économie politique* (septembre, octobre, novembre, décembre 1888).

conséquent, le travail proprement dit est pure imitation, tandis que l'invention, véritable *moteur social*, doit être rangée dans une catégorie spéciale.

Mais si nous suivons l'idée du savant auteur l'invention étant elle-même une sorte d'association d'inventions précédentes, « une interférence heureuse d'imitations différentes dans un cerveau, » la distinction profonde entre le travail-peine de l'ouvrier ordinaire et le travail-intuition de l'inventeur ne semble plus consister que dans une variété de l'imitation.

Nous croyons aussi à l'influence primordiale de l'invention dans les phénomènes sociaux ; mais c'est précisément pourquoi l'invention est, à notre sens, la suprême expression du travail humain. Nous venons de voir que l'homme, contrairement à ce qui se passe pour les animaux, qui périssent si les conditions du milieu varient trop, se meut dans un milieu qui se transforme perpétuellement, de sorte que des phénomènes nouveaux se substituant et s'ajoutant, dans son intelligence, à des phénomènes anciens, il s'y produit nécessairement des associations d'idées, des combinaisons psychiques nouvelles. L'intelligence accomplit un effort, un mouvement provoqué par l'influence du milieu, qui lui offre des éléments nouveaux, qu'elle associe avec des éléments anciens, déjà recueillis dans l'organisme.

L'invention n'est donc pas pure imitation, mais association de rapports anciens avec des éléments nouveaux, que le milieu n'a pas encore indiqués. C'est pourquoi à l'imitation s'ajoute la création. D'ailleurs, à mesure que l'art — entendu dans le sens sociologique — remplace la pratique et, par conséquent, que le travail est de plus en plus considéré comme une fin et non comme un moyen, le processus de l'invention devient de plus en plus scientifique et de moins en moins dépendant du hasard. L'invention n'est plus alors que le couronnement de lents et incessants efforts musculaires et intellectuels dirigés vers un but ardemment poursuivi par des travailleurs successifs; elle n'est plus uniquement la conception spéciale d'un cerveau, l'idée qui en jaillit comme l'éclair, par l'effet d'un hasard heureux. C'est ainsi, sans doute, que l'invention apparaît à travers la légende scientifique ou industrielle — car la science aussi a sa légende — mais, en réalité, lorsque le règne de la science est définitivement établi, le hasard n'intervient jamais que pour suggérer une idée fugitive, idée qui doit ensuite être transformée mille fois avant de produire des résultats pratiques. Voilà pourquoi plus la science progresse, plus il est difficile de dire à qui revient la paternité de telle ou telle invention, de telle ou telle découverte, parce qu'en définitive, ces inventions ou découvertes ont pour pères la longue file des travailleurs, connus ou inconnus, qui ont contribué à les réaliser, quels que soient d'ailleurs les noms qu'elles portent. De ces paternités, il n'en est guère qui ne puissent être contestées. Est-ce à Gutenberg ou à ou à Janzoonkoster (1) qu'il faut attribuer l'invention de l'imprimerie? Est-ce Arkwright ou Wyatt qui a inventé la machine à filer? Est-ce Bourdon ou Nasmyth qui a inventé le marteau-pilon? Est-ce à Bourseul, à Reiss, à Graham Bell ou à Edison et Elisha Gray, que nous sommes redevables du téléphone? Et l'argon, ce nouvel élément de l'air que viennent de signaler lord Rayleigh et Ramsay, ne faut-il pas en faire remonter la découverte à Cavendish qui, il y a un siècle, l'avait isolé d'une façon indubitable, mais avait négligé de lui donner un nom?

Ainsi, à notre sens, qui dit invention dit nécessaire-

---

(1) Voir *The équilibration of human aptitudes and Powers of adaptation*, par Osborne Ward. Washington, 1895.

ment travail et travail dans son expression la plus haute. Ce qui est imité, c'est-à-dire ce qui est propagé, ce sont les besoins auxquels l'invention répond et qui, d'abord vaguement sentis, se précisent, grâce à elle, en se fixant sous telle ou telle forme spéciale, et se propagent ensuite d'autant plus vite qu'existent, en même temps, les procédés nécessaires pour les satisfaire. La propagation des procédés est donc le corollaire obligé de la propagation des besoins. Mais à mesure que ces procédés se répandent, en satisfaisant de plus en plus des besoins anciens, ils servent aussi de moyens pour satisfaire des besoins nouveaux, qui se précisent et se propagent, à leur tour, de la même manière, par des inventions ultérieures (1). L'invention primitive sert de plus en plus de moyen pour arriver à des fins nouvelles. A notre avis, ce qui différencie surtout l'effort-peine du travailleur ordinaire de l'effort-intuition-joie de l'inventeur, c'est une question de téléologie individuelle, puisque l'inventeur — qui se rapproche de plus en plus de l'art — prend surtout l'invention comme but, tandis que l'autre ne la prend que comme moyen. L'intérêt de cette distinction apparaît surtout lorsqu'on examine les conséquences sociales des différents concepts auxquels a donné lieu le travail.

Mais tout ceci, en somme, ne fait que confirmer le rôle primordial de l'imitation en ce qui concerne les besoins et par conséquent les désirs, c'est-à-dire en ce qui constitue par excellence la trame du tissu social. Pour expliquer cette répétition des mêmes besoins, produisant ces exemplaires innombrables des mêmes procédés de travail, des mêmes croyances religieuses, des mêmes formes du droit, etc., il faut nécessairement admettre une propagation contagieuse de ces besoins,

(1) Voir les *Lois de l'Imitation*, par M. Tarde, page 233 et 234.

une fois nés. On sait qu'un grand nombre d'observations, réunies par M. Tarde, dans son beau livre sur les
Lois de l'Imitation, nous autorisent à croire qu'il existe,
socialement, une action à distance, de cerveau à cerveau,
et quoique la suggestion hypnotique ne puisse nous
donner une idée de ce phénomène qu'autant que la
pathologique peut nous donner une idée du normal,
l'imitation, telle qu'elle est définie dans cette étude, doit
être considérée comme une des formes sociales de cette
grande loi de la répétition universelle, qui s'applique
au domaine social, comme aux domaines biologique et
physique.

Il nous semble que si on a pu voir la caractéristique
du fait social dans une pression extérieure, dans la
« contrainte » (1), c'est que l'on ne s'est pas suffisamment
rendu compte de l'effet nécessaire, fatal, de l'action
imitative. Imiter quelqu'un ou quelque chose, c'est
toujours, en définitive, subir un prestige, qu'il s'agisse
de l'action dominatrice, fascinatrice, exercée aux débuts
de l'humanité par un seul sur tous, ou de ce mutuel
prestige, appelé sympathie, qui s'observe à des âges
plus avancés. Dès qu'un lien d'affection se forme entre
deux êtres, l'un se subordonne forcément à l'autre dans
une certaine mesure. Il y a là une sorte de magnétisation
qui fait que les besoins, les désirs de l'un finissent par
s'imposer à l'autre, et qu'à mesure que se multiplient
les rapports d'homme à homme, se copient, en même
temps, les besoins et les manières de faire qui ont
triomphé et qui, à de certains égards, exercent, dans
nos sociétés contemporaines, le rôle prestigieux

---

(1) Ce mot, employé par M. Durkheim pour caractériser le fait social,
s'applique au phénomène juridique plutôt qu'à l'ensemble des phénomènes sociaux, parce qu'il suppose toujours, chez l'individu, la
conscience de l'action sociale. Voir les *Règles de la Méthode sociologique*.
Félix Alcan, 1895.

qu'exerçait autrefois l'action du chef, du père ou du
maître dans le petit groupe de la famille ou de la tribu.
Voilà ce qui explique cette espèce de coercition sociale
signalée par M. Bagehot (1) et qui fait par exemple que
le publiciste collaborant à plusieurs journaux prend
successivement le ton de chaque journal dans lequel il
écrit ; que l'écrivain paie nécessairement son tribut à
son époque, en adoptant toujours plus ou moins le
genre de littérature qui y domine ; que le groupe
politique dont on fait partie, l'association dont on est
membre, la secte religieuse à laquelle on appartient, le
cercle d'amis qui nous entourent, exercent sur nous, à
notre insu, une action énergique et subtile d'où dérivent
la plupart de nos préjugés et de nos croyances (2).
Ainsi, l'imitation a pour résultat de créer une sorte de
somnambulisme social, et l'état social est comparable, à
certains égards, à l'état hypnotique.

Ne pourrait-on pas d'ailleurs — c'est une hypothèse
que nous aurons l'occasion de vérifier — voir une autre
caractéristique de cet état dans cette exacerbation de
l'activité cérébrale qui se manifeste, de plus en plus, à
mesure que les sociétés deviennent plus denses, dans
toutes les branches du travail, dans la politique, dans
l'art, dans la mode, et jusque dans la science ; qui fait,
pour reprendre l'exemple de tout à l'heure, qu'il n'est
guère possible au journaliste des grands centres d'écrire
un article sans grossir quelque peu les faits, amplifier
les expressions, choisir des mots sonores, s'il veut que

______

(1) *Lois scientifiques du Développement des Nations.*

(2) Il n'est pas jusqu'aux formules banales de la politesse qui ne
soient des formes dérivées de cette pression inconsciente qui, en imposant
une espèce d'intolérance intellectuelle aux parties aux prises dans une
discussion, fait que pour ne pas produire d'arguments trop nouveaux,
trop choquants, l'une d'elles en ait souvent subi une opinion tout autre
que la sienne (Voir M. Bagehot, op. cit.).

le public s'intéresse à la question qu'il traite ? La cause de cette exacerbation psychique, de ce défaut de pondération et d'équilibre dans les idées, de cette hypertrophie cérébrale qui caractérise le civilisé d'aujourd'hui, n'est pas purement subjective et psychologique et, ici, le collectif retentit fortement sur l'individuel. Il n'est pas difficile de constater que les phénomènes résultant de cette exacerbation sont beaucoup moins sensibles à la campagne qu'à la ville, dans la commune rurale que dans les agglomérations urbaines, et que son développement est en raison directe du degré de rapprochement des unités sociales.

En somme, il nous paraît hors de doute que, dans toutes les branches de l'activité humaine, le milieu social a pour résultat d'exercer une sorte d'influence « hypnotique » sur nos modes de sentir, de penser, d'agir. Est-ce à dire que l'homme, en tant que travailleur, soit nécessairement un automate ou un somnambule, dans le sens que l'on attache vulgairement à ces expressions ? Cette conclusion serait à coup sûr exagérée. L'activité humaine nous apparaît comme soumise à un immense déterminisme résultant de l'influence du milieu cosmique, biologique et social, mais, en analysant les modalités de ce milieu, on voit que la lutte incessante de nos besoins sociaux détermine les phases d'évolution de notre activité consciente. Mais, comme nous le disions tout à l'heure, chaque période poursuit son rêve et, même dans les plus hautes manifestations de notre activité cérébrale et musculaire, nous sommes entraînés, malgré nous, par cet immense courant d'hypnotisation sociale dont le pôle, de temps en temps, se déplace.

Cette analyse démontre, au surplus, qu'il est à peu près impossible de résumer, en quelques mots, une notion aussi complexe que celle du travail, tel que nous le comprenons. Nous aurons d'ailleurs à examiner le problème sous d'autres aspects. On a dit quelquefois que les définitions, par leur concision même, embrouillent les questions plus qu'elles ne les éclairent, mais, puisque nous nous sommes posé une question au début de cette étude, essayons, dès maintenant, d'y répondre d'une manière générale, en disant que le travail est une combinaison d'efforts physiques, intellectuels et affectifs, nés de la nécessité où se trouve l'être humain de s'adapter au milieu cosmique, biologique et social, dont les variations, qui vont se répétant, exercent sur lui une action incessante.

CHAPITRE VIII

Qu'est-ce que la Richesse ?

I

Depuis les caméralistes jusqu'aux économistes actuels, la question générale des rapports entre les faits économiques et les autres faits sociaux a été bien souvent traitée, mais au point de vue de l'art et non de la science. Les auteurs ont généralement confondu l'économie politique et la sociologie.

Les uns, les plus anciens, ont tenté l'absorption de l'économie dans une sorte de science sociale sans caractère défini. Les autres, au contraire, ont essayé de faire de l'économie politique toute la science sociale. Enfin, une troisième conception plus moderne est celle qui voit dans les faits économiques le facteur prépondérant des phénomènes sociaux.

La confusion résultant du premier système se rencontre chez les précurseurs de l'économie politique, les mercantilistes, puis chez les caméralistes et les physiocrates qui tous, à différents points de vue et à différentes époques, traitent de l'art social en général. Plus tard, Comte, se plaçant à un point de vue plus scientifique, niait la possibilité d'étudier à part les faits économiques, comme d'ailleurs tous les autres faits sociaux, et faisait rentrer l'économie dans le cadre d'une science sociale unique. D'autres écrivains plus modernes l'ont suivi dans cette voie, notamment par

Harrisson (1), Ingram (2), Cognetti de Martüs (3), Vierkandt (4).

Le second système est celui qui est le mieux caractérisé par Jean-Baptiste Say. Etendant le cadre de l'économie politique aux choses immatérielles, il définit cette science à l'étude de la nature et des fonctions des différentes parties du corps social (5). Carey a aussi soutenu une thèse analogue (6) et de nos jours certains économistes ont émis les mêmes idées.

La troisième conception se présente sous deux formes différentes : 1° celle qui voit dans le phénomène économique le facteur exclusif des faits sociaux ; 2° celle qui se contente d'attribuer à ce facteur une influence prépondérante dans la genèse de ces faits sociaux.

La première thèse est celle du matérialisme historique soutenue par Karl Marx et adoptée, dans une certaine mesure, par des sociologues comme M. Loria (7).

La deuxième thèse, qui voit dans l'économie le facteur prépondérant de l'évolution sociale, est celle qui classe les sociétés suivant leurs formes économiques.

Cette troisième conception se rapproche davantage de la vérité scientifique, mais les opinions sont différentes en ce qui concerne la manière dont le facteur économique agit sur la société. Pour les uns, il agit directement sur l'état social en conditionnant

(1) *Professeur Cairnes ou M. Comte and Political Economy* (*Fortnightly Reviens*, juillet 1870).

(2) *Encyclopædia Britannica, art. Political Economy.*

(3) *L'Economia comme scienza autonoma*, Turin 1886.

(4) *Die Soziologie als empirisch betriebene Enzelwissenschaft* (*Mon. für Soziologie*, février 1909, p. 98-99).

(5) *Cours complet d'Economie politique pratique*, Bruxelles 1844, p. 1.

(6) *Principes de la Science sociale*, I, p. 64.

(7) *Les Bases économiques de la Constitution sociale*, 1902.

l'organisation religieuse, politique et juridique. Bien plus, les idées, les théories scientifiques ne feraient qu'exprimer et refléter l'état de l'économie. Il en résulte que ce serait la pratique, l'art, qui aurait engendré la science (1).

D'autres, comme Durkheim, Kovalewsky, Kautsky, Loria, Coste, etc., ne voient dans les faits économiques que la cause conditionnant la densité de la population, qui serait le véritable facteur de l'évolution sociale.

Comme on le voit, les théories relatives aux rapports de l'économie et de la sociologie sont nombreuses, et la sociologie économique a, en quelque sorte, existé à l'état latent chez beaucoup d'économistes. Ce n'est donc pas, si l'on veut, une science nouvelle. Toutefois, les théoriciens n'ont presque jamais abordé le problème par son côté véritablement sociologique qui est celui des rapports de l'économie avec la morphologie sociale, d'une part, et, d'autre part, avec l'ensemble des autres faits sociaux. C'est donc une œuvre qui reste à faire pour constituer véritablement la sociologie économique. Il faut examiner les concepts économiques, non seulement *in abstracto*, mais à la lumière de l'observation des autres faits sociaux dont ils sont inséparables. Pour cela, il ne suffit pas de rester dans les généralités ni dans de vagues comparaisons entre les faits. Il faudrait reprendre les notions fondamentales de travail, capital, richesse, valeur, etc., en les examinant à ce point de vue. C'est ce que nous allons tenter de faire en ce qui concerne la notion de richesse.

II

On sait que l'une des questions sur lesquelles les

(1) Cf. Bergson, *L'Évolution créatrice*, p. 150 et suiv.

économistes se sont le plus divisés est celle de savoir s'il faut admettre l'existence des richesses immatérielles (1). Les idées d'Aristote, à ce sujet, furent perdues de vue par l'école physiocratique pour laquelle la richesse évoquait toujours l'idée d'une prospérité agricole et qui n'admettait, en économie politique, que des richesses matérielles. Adam Smith, qui fait du travail la source de toute richesse, distingue le travail qui se fixe dans les choses du travail qui se fixe dans les hommes : le premier est le travail productif, le second, le travail improductif (2). On pouvait déduire de cette distinction entre les conséquences économiques du travail qu'aux yeux du grand économiste écossais, la richesse ne comprenait que les choses matérielles et qu'il n'avait pas suffisamment compris l'importance sociale des services de l'ordre intellectuel et moral.

Jean-Baptiste Say est le premier économiste qui, voulant réagir contre cette espèce de « mauvaise ombre » jetée sur certains travaux appelés improductifs et dont il sentait cependant la nécessité et la dignité, créa la distinction entre produits-choses et produits-services, en comprenant les uns et les autres dans l'ensemble de la richesse. Il entreprit d'élargir le cadre de la science économique et d'en faire la science sociale. Seulement, l'erreur de Jean-Baptiste Say est de voir la richesse dans le service lui-même et non dans le résultat de ce service (3).

(1) Les Grecs avaient compris que les qualités personnelles sont une richesse et qu'une personne se crée des ressources par son talent et son travail de la même manière exactement qu'une autre personne peut s'en procurer en vendant des objets matériels. Cette doctrine remonte aux premiers temps de l'école péripatéticienne.

(2) *Recherches sur la nature et les causes de la richesse des nations.* Liv. II, chap. III.

(3) *Cours complet d'Économie politique pratique*, Bruxelles 1844, Considérations générales, p. 4.

Dunoyer poussa beaucoup plus loin que ne l'avait fait ses prédécesseurs l'analyse de la notion de richesse immatérielle. Il montra la confusion dans laquelle on était entré dans cet ordre d'idées et l'erreur de Jean-Baptiste Say. Pour lui, la richesse ne consiste pas dans le service rendu, mais dans le service reçu (1).

Bastiat poussa encore plus loin l'idée de Jean-Baptiste Say. Il repousse toute idée de matérialité dans la notion de richesse et ne voit plus dans celle-ci qu'une seule chose, le service. A son point de vue, le produit immatériel constituait la richesse et le service rendu par la personne qui se livre à cette activité immatérielle. On voit que sa théorie implique l'idée de la réciprocité sociale par l'échange des services et qu'elle présente une véritable base sociologique. L'échange est, en effet, un phénomène sociologique qui, comme nous le verrons plus loin, peut rendre compte des progrès de la richesse, prise dans son acceptation la plus large (2). Or, l'échange ne s'applique pas seulement aux objets matériels, mais aux services qui impliquent nécessairement des rapports intellectuels.

John Stuart-Mill qui s'est aussi occupé de la question, croit que « travail productif veut dire travail produisant richesse », mais il laisse planer une certaine incertitude sur la notion de richesse immatérielle (3).

La divergence de vues continue à notre époque.

(1) Cf. Ch. Dunoyer. *De la Liberté du Travail*, 2ᵉ édition, Paris 1887. Tome I, liv. V, p. 437. *De la Production, Journal des Economistes*, fév. 1853, p. 67. On sait quelles discussions mémorables eurent lieu à ce sujet entre Ch. Dunoyer et Cousin, à l'Académie des Sciences morales et politiques (année 1853, tome XVIIIᵉ de la collection du compte rendu des séances, p. 155).

(2) M. Novicow considère l'échange comme le phénomène fondamental de l'association humaine *(Mécanisme et Limites de l'Association humaine*, chap. 2).

(3) *Principes d'Economie politique*, livre Iᵉʳ, chap. 3.

Tandis que M. Mac Leod, se basant sur la notion de l'échange, étend la notion de richesse aux services et aux droits (1), d'autres, comme M. Turgeon, s'élèvent avec force contre le concept de richesses immatérielles (2). Certains autres, comme M. Gide, sont hésitants et trouvent que « le cadre de la science économique aurait besoin d'être élargi » (2). Enfin, une autre catégorie d'économistes, notamment l'école autrichienne, substitue au mot richesse le mot bien, qui éveille une idée juridique.

Ces divergences semblent bizarres si l'on réfléchit qu'il s'agit de la notion fondamentale de la science économique, de son objet même. D'où vient cette étrange anomalie ?

A notre avis, le dualisme créé en matière économique par cette distinction entre le travail productif et le travail improductif, entre la production matérielle et la production immatérielle, entre les produits-choses et les produits-services provient d'une analyse incomplète des manifestations sociales du travail humain, lesquelles dépendent elles-mêmes de la propagation plus ou moins rapide des inventions, découvertes et productions de toutes sortes, transmises de générations en générations dans l'intérieur d'une même société ou propagées d'une société à l'autre et qui, par leur caractère traditionnel et obligatoire, sont devenues des choses sociales.

L'économie politique étudie cette partie des phénomènes sociaux auxquels donnent lieu l'échange, la circulation et la distribution des « produits » du travail. Mettons d'abord en lumière une conséquence qui

(1) Cf. H. Dunning Mac Leod, *De la Science économique moderne*. *Revue d'économie politique*, septembre-octobre 1885, p. 461.

(2) Cf. Turgeon. *Des prétendues richesses immatérielles. Revue d'économie politique*, année 1889, p. 222.

découle de l'analyse psychologique et sociologique du travail et examinons ce qu'il faut entendre par l'expression « produits ».

Pour l'économiste, « richesse » et « produits » sont synonymes. Or, qu'est-ce qu'un produit ? Ainsi que l'indique l'étymologie du mot *pro ducere*, produire implique le fait de l'homme ; c'est le résultat du travail humain, c'est-à-dire, au point de vue biologique, d'un ensemble d'actes physiques, intellectuels et affectifs plus ou moins bien coordonnés, constituant la réaction de l'individu contre le milieu ambiant et ayant pour effet des mouvements imprimés à la matière. « L'homme n'a pas d'autre moyen d'agir sur la matière que de la mouvoir », dit John Stuart Mill (1). Labourer, forger, miner, de même que penser, écrire, parler, c'est imprimer des mouvements à la matière et, à ce point de vue physiologique, qui est véritablement scientifique, on peut dire, d'une façon générale, que le résultat du travail a toujours un certain caractère matériel, mais il est évident qu'ici ce mot ne doit pas être pris dans le sens que lui donnent généralement les économistes en l'opposant au mot immatériel.

Au point de vue économique, la production est toujours l'application d'une force physique ou intellectuelle pour obtenir un résultat susceptible d'échange. L'économie politique, en tant que science sociale, ne s'occupe de cette série d'actes qui constituent le travail qu'autant que les efforts n'ont pas avorté, qu'ils sont de nature à satisfaire les besoins organiques, héréditaires ou sociaux, qu'autant que le résultat a une utilité sociale.

Insistons ici sur une métonymie qui a eu des conséquences funestes sur les doctrines économiques.

(1) *Loc. cit.* Livre Ier, chap. Ier.

Faute d'avoir fait une analyse suffisante de la notion sociologique de travail, beaucoup d'économistes ont pris le travail pour de la richesse tandis qu'il n'est que la cause d'une transformation économique dont la richesse est le résultat. A chaque instant, chez certains auteurs, on rencontre cette expression : valeur du travail. En ce qui concerne les services notamment, il est rare que l'on ne confonde pas la notion service-travail avec celle de service-produit. De là à dire que le travail est une marchandise, que les hommes sont des capitaux, des valeurs, des richesses, il n'y a pas loin et c'est ainsi que certaines écoles, soit dans les discussions doctrinales, soit dans des systèmes de reconstruction sociale, finissent par ravaler l'homme au niveau de l'esclave-marchandise. D'ailleurs, que l'effort soit exercé pour satisfaire ses propres besoins ou pour satisfaire ceux des autres, il ne peut compter parmi les produits et, s'il donne lieu à l'échange, il n'est pas possible de l'évaluer autrement que par son résultat. Ce sont des considérations qu'il ne faut pas perdre de vue quand on examine des théories sociales comme celles de Proudhon et de Karl Marx. Outre qu'il y a là une confusion dans le sens des termes, il est certain que l'on pourrait tomber dans de graves erreurs économiques si on comptait pour de la richesse le pouvoir même de la produire. Combien d'efforts stériles chez certains individus, sans compter ceux qui n'usent pas de ce pouvoir !

Il existe une autre confusion en ce qui concerne le mot « service ». Ce mot n'a pas un sens doctrinal bien précis chez les économistes. Les services économiques, d'une façon générale, comprennent ce que les membres d'une même société font les uns pour les autres ou se donnent les uns aux autres. Mais certains auteurs ont restreint le sens du mot, de sorte qu'ils désignent généralement sous le nom de services, *stricto sensu*, les services non incorporés aux choses (1). Ces sortes de services, dit-on, ne sont pas de la richesse et, bien que l'on admette qu'ils ont une valeur d'échange, on affirme que, pour eux, la propriété ne se conçoit pas. Il est essentiel d'examiner cette doctrine si l'on veut arriver à une notion sociologique de la richesse. Que fait un malade, par exemple, quand il rétribue son médecin, un plaideur quand il paie les honoraires de son avocat, un spectateur quand il achète sa place au théâtre ? Il échange de l'argent, cet équivalent universel, contre des résultats : l'examen du médecin se traduisant par une ordonnance, les conseils de l'avocat qui aboutissent à une plaidoirie, la pièce d'un auteur et le talent des artistes qui la mettent en œuvre.

Que fait maintenant un consommateur quand il achète un produit alimentaire quelconque, du pain, par exemple ? Il échange de l'argent contre le résultat de certains travaux, celui du paysan qui a labouré la terre, semé et récolté le blé, du meunier qui l'a réduit en farine, du boulanger qui a pétri la pâte, travaux qui ont eu pour objet de donner une utilité sociale à un produit naturel en le transformant en un aliment qui satisfait un besoin primordial. Partout et toujours, ce que l'on entend rétribuer, ce sont les résultats de l'activité humaine qui répondent à des besoins et à des désirs sociaux et ce qui donne à ces derniers leur caractère social, c'est l'élément croyance qui s'y mêle.

Or, la distinction que voudrait établir certains auteurs dépendrait de la matérialité ou de la non-matérialité des résultats du travail et aussi de leur durée ; ils ne seraient qualifiés de richesse qu'autant

------

(1) Cf. Cauwès. *Cours d'Économie politique*, 3ᵉ édition, 1893, p. 7.

(2) Cf. Cauwès, *loc. cit.*, p. 318.

que l'utilité sociale produite serait incorporée à quelque chose de palpable, de tangible, et la propriété appliquée aux services ne se comprendrait point.

Peut-on nier cependant que les résultats du travail intellectuel aient cette « valeur en échange », sur laquelle on greffe la notion de propriété? On sait le mal qu'a fait aux travailleurs de la pensée la distinction que nous signalons et qui est une survivance juridique. Elle découle, en effet, du concept juridique romain de la propriété qui, comme bien d'autres survivances, n'est plus du tout en harmonie avec le développement qu'ont pris aujourd'hui les œuvres de l'esprit. Que veut dire le mot propriété et ne faut-il pas entendre par là ce qui est propre à l'individu, ce qui lui est personnel, ce qui fait en quelque sorte partie de lui-même, ce qui est comme le prolongement de sa personne? Or, est-il au monde une chose qui, au sens juridique du mot, soit plus propre à l'individu que sa pensée, ses idées, et l'œuvre qui en est résultée? Dans une œuvre littéraire, artistique ou scientifique, la conception et l'adresse personnelles sont tout et ce qu'on appelle improprement la matière compte pour bien peu de chose. L'œuvre cérébrale proprement dite est la seule qui puisse se passer de collaboration individuelle ou sociale, l'auteur en est bien véritablement le maître et s'il est une propriété véritable et complète, c'est bien celle-là.

En ce qui concerne la durée, presque tous les auteurs ont aujourd'hui abandonné cette distinction des anciens économistes. Il n'y a, en effet, aucune bonne raison pour ne voir production de richesse que dans les choses qui se conservent et s'accumulent. Où serait la limite? Le résultat du travail d'un professeur, d'un conférencier, d'un musicien, d'un acteur, s'évanouit presque au moment où il se forme, mais on peut en dire autant des objets de consommation qui n'en sont pas moins des

produits. Il s'agit toujours d'actes ou de choses ayant
pour but final la satisfaction des besoins sociaux.

Toutefois, il faut s'entendre au sujet de cette
assimilation des produits intellectuels. Ne doit-on
pas au moins faire une distinction entre les résultats du travail susceptibles d'extériorisation, et, par
conséquent, de transmission et de répétition sociales,
et ceux qui sont internes, personnels, inséparables de
l'individu ?

Certes, il y a ici une distinction à faire puisque les
idées, désirs et croyances non susceptibles de répétition
sont socialement comme n'existant pas. Toutefois, en
ce qui concerne l'œuvre intellectuelle, le premier
résultat de l'activité humaine est de s'emparer de l'outil
vivant lui-même, de l'affiner et de le développer.
L'homme doit d'abord prendre possession de ses propres
facultés. Certes, ce premier effort purement personnel
n'est pas susceptible d'échange ou de transmission et,
par conséquent, ne peut rentrer dans la catégorie des
richesses sociales proprement dites. Mais une idée peut
être appropriée sans être encore transmise socialement.
Au moment où de la réaction contre le milieu social et
de la synthèse de longs travaux intérieurs, surgit l'idée
d'une invention — et par invention nous entendons
toute innovation dans n'importe quel genre d'activité —
cette idée est bien à ce moment même appropriée. Elle
pourrait même être gardée par son auteur, auquel cas
elle ne donnerait lieu à aucune utilité nouvelle. Sans
aller jusqu'à cette supposition, on sait que le défaut de
publicité ne dépend pas toujours des inventeurs et ne
prouve rien contre l'existence de l'idée. Ne voit-on pas
tous les jours naître à la vie sociale des idées qui ne
sont nouvelles que parce qu'elles n'avaient pu encore se
faire jour ? Mais c'est à partir du jour où l'œuvre a été
émise, publiée, qu'elle s'est propagée dans une mesure

plus ou moins large, qu'elle peut prendre rang dans l'ensemble de la richesse sociale.

Les économistes et les socialistes, qui ont fait des dissertations interminables sur la propriété, ne se sont occupés, en général, que de la propriété des choses matérielles. Quand ils se sont occupés de la propriété intellectuelle, artistique, littéraire, industrielle, ils y ont vu une propriété toute différente de la première, mais sans en donner l'explication véritable. La différence essentielle qui les sépare est que la propriété des choses matérielles n'est pas, comme celle des choses de l'esprit, douée d'ubiquité et il en résulte que cette dernière acquiert plus vite la forme sociale. L'œuvre d'un artiste, d'un écrivain, d'un savant, d'abord appropriée par un petit nombre d'hommes, finit par l'être par la société tout entière. Une vérité scientifique, par exemple, donne lieu à un nombre infini d'actes de répétition, chacun peut se l'approprier et s'en servir comme d'instrument pour en tirer des applications. L'appropriation individuelle de la richesse intellectuelle est donc relativement facile, bien que cependant certains esprits y soient naturellement rebelles et qu'elle exige, en outre, une certaine somme de temps et d'argent, c'est-à-dire certaines conditions sociales. Mais il n'en est pas de même de la richesse matérielle qui n'est, en somme, que le prolongement de l'autre. Pour elle, le problème économique sans cesse posé est de vaincre de plus en plus le temps et l'espace. Ce défaut d'ubiquité ne peut s'atténuer que par la reproduction en plus grand nombre et avec une plus grande vitesse, dans le temps et dans l'espace, des choses matérielles. En attendant, elles ne peuvent obéir qu'à une direction et à une volonté à la fois, que cette volonté émane consécutivement ou simultanément d'une ou plusieurs personnes. De là la nécessité, pour la richesse matérielle, de la propriété personnelle. Mais toute invention d'où résulte une conquête sur le temps et l'espace, tend en même temps à faire passer une partie de cette richesse de la forme individuelle à la forme sociale et à faire tomber une fraction des capitaux employés à la créer dans le domaine des utilités gratuites.

Les œuvres de l'intelligence et du talent tendent de plus en plus à rentrer dans le domaine social et ceci semble vrai non seulement des richesses intellectuelles, qui se transmettent de cerveau à cerveau, aux générations successives, mais encore aux richesses fixées dans un objet matériel, comme les œuvres d'art signées de noms célèbres qui deviennent de plus en plus des propriétés nationales. Les détenteurs de ces merveilles du génie humain semblent de plus en plus pénétrés de l'idée qu'ils ne doivent pas être seuls à en jouir parce qu'on ne peut les reproduire.

III

On ne peut arriver à établir une notion sociologique de la richesse qu'en séparant nettement le point de vue social du point de vue individuel, en recherchant les formes qu'elle revêt dans les sociétés primitives et les transformations qu'elle subit dans les divers types sociaux à travers les âges. Il est nécessaire aussi de séparer soigneusement cette notion de richesse de certaines autres comme celles de valeur d'échange, de propriété, de capital, par lesquelles elle peut se trouver masquée dans ses diverses métamorphoses sociales. Il ne faut pas oublier que richesse est d'abord synonyme de puissance et ce n'est que par la division du travail et la spécification des fonctions que ce mot perd peu à peu son sens primitif. A l'origine, la puissance, c'est la prépondérance sociale résultant du prolongement de la

personnalité par la possession de troupeaux, de terres,
d'esclaves, c'est le pouvoir de disposer de ces choses
susceptibles de satisfaire les besoins ; puis, au fur et à
mesure des progrès de la division du travail, des
inventions et de l'échange, ce pouvoir s'incarne dans
une foule d'objets de plus en plus nombreux pour
s'attacher peu à peu à toute chose sociale présentant le
double caractère de répondre à un besoin social et de
correspondre à une certaine transmissibilité. Nous
verrons plus loin comment la réciprocité sociale devient
de plus en plus la source de la richesse.

Pour se placer au point de vue sociologique, il faut
donc se pénétrer de cette idée très simple, mais souvent
perdue de vue, idée qu'émettait Aristote bien avant
Jean-Baptiste Say, que le résultat de l'activité des
membres d'un groupe social, de leur travail social, n'est
pas seulement susceptible de se présenter sous la forme
d'un objet matériel se transmettant par tradition
manuelle, comme la monnaie, mais qu'il est encore bien
plus souvent immatériel, tout en étant revêtu de
l'estampille sociale, et qu'à ce titre il peut s'incarner
dans les œuvres de tous genres, qui font la grandeur et
la force d'une civilisation. Les productions matérielles
ne sont qu'une partie bien faible et bien éphémère des
résultats de l'activité sociale si l'on songe à l'énorme
accumulation et à la durée indéfinie des œuvres
intellectuelles dont se compose une civilisation,
sciences, arts et lettres, inventions et découvertes de
toutes sortes, institutions religieuses économiques,
juridiques et morales. Mais ce qui donne aux résultats
de l'activité humaine quelle que soit leur forme, leur
caractère de richesse sociale, c'est de passer de main en
main par l'échange, de bouche en bouche par la parole,
de cerveau à cerveau par la coutume, par l'exemple, par
la suggestion sociale, et de devenir peu à peu d'un

usage général et obligatoire dans l'étendue d'une société.

Mais, dira-t-on, les découvertes scientifiques ou industrielles, les procédés de travail, les innovations d'un certain genre s'accumulent, il est vrai ; mais en est-il de même des œuvres immatérielles qui répondent à notre besoin de vérité, de justice ou de beauté? Le beau et le bien peuvent-ils supporter une pareille assimilation ? Nous répondrons qu'au point objectif auquel nous nous plaçons, on peut dire qu'en s'accumulant, les règles d'une morale, comme les procédés d'un art augmentent, sinon d'une façon absolue, du moins eu égard à un groupe social déterminé, le culte de l'idéal et du beau (1). On peut objecter que l'art grec, par exemple, était bien supérieur au nôtre et qu'il n'a pas été égalé. Cela signifie qu'en fait d'art, les Grecs avaient atteint leur idéal et que notre civilisation tourmentée et non fixée cherche le sien. Il en est de l'art comme du langage dont il n'est, au fond, que l'expression et le prolongement. A mesure qu'une langue s'enrichit de mots nouveaux, la grammaire, cette discipline spéciale de la langue, s'enrichit à son tour. De même, à mesure que les procédés de travail viennent, dans chaque art, s'ajouter les uns aux autres, les formes de l'art deviennent plus riches, c'est-à-dire plus savantes, ce qui ne veut pas dire que notre poésie vaille mieux que celle de l'Iliade, que notre architecture soit supérieure à celle du Parthenon ou que notre éloquence soit plus entraînante que celle de Demosthènes.

Nous venons de voir que le point de vue auquel s'est

---

(1) Une société peut rester à ce point de vue tout à fait en arrière si les innovations morales et artistiques venues du dehors n'ont pu pénétrer chez elle ou si, tout en y pénétrant, elles n'ont pu s'allier avec les besoins traditionnels ou héréditaires.

placée l'économie politique, depuis Adam Smith, n'est pas toujours de nature à mettre en lumière le côté social de la richesse. Toutefois la distinction entre le travail productif et le travail improductif semble abandonnée et on reconnaît aujourd'hui que ce serait singulièrement restreindre le cadre de la science que de la réduire à n'étudier que les richesses purement matérielles (1).

Une théorie économique qui se rapproche davantage du concept sociologique de la richesse est celle qui attribue à l'échange un rôle prépondérant dans sa formation (2). Cette théorie remonte déjà loin. Aristote définissait la richesse « tout ce qui peut être acheté ou vendu ou dont la valeur peut s'apprécier en argent ». Smith admet l'échange comme l'essence réelle et le principe de la richesse (3). Stuart Mill, quoique n'ayant pas une notion clairement définie de la richesse, dit cependant : « Toute chose fait donc partie de la richesse dès qu'elle a puissance d'achat » (4). Mac Leod définit l'économie politique « la science qui traite des lois qui règlent les relations entre des quantités permutables »(5).

Nous apercevons déjà ici un côté social de la richesse, car l'échange a pour effet d'activer la répétition et la transmission des actes et faits économiques créés par l'invention, qui est la véritable source de la richesse.

(1) M. Gide fait remarquer ce fait, selon lui capital, que puisque la notion de richesse est subjective, psychologique, elle doit être nécessairement indépendante de l'idée de matérialité. *(Principes d'Economie politique).*

(2) Sur le rôle de l'échange dans l'évolution de la production, cf. Ad. Coste, *L'Expérience des Peuples et les Prévisions qu'elle autorise,* p. 195 et suiv.

(3) Pour Condillac, l'économie est la science du commerce et de l'échange. *(La Commune et le Gouvernement considérés relativement l'un à l'autre,* 1776).

(4) *Loc. cit.* Observations préliminaires.

(5) *Principes d'Economie politique,* chap. III, liv. IV, p. 268.

Une des principales caractéristiques des phénomènes sociaux est, en effet, de se répéter et de se transmettre d'individu à individu et l'échange est l'aspect économique de cette répétition sociale. Cette transmission se fait, dans les sociétés inférieures, par des rapports unilatéraux, comme le don, et se continue. dans les types sociaux plus élevés, par des rapports de réciprocité. A mesure que se développe la division du travail et la spécification des fonctions, les besoins ne sont plus satisfaits que par l'intermédiaire d'autres individus que ceux chez lesquels ils sont nés, de sorte que la réciprocité sociale dans tous les genres d'activité s'étend de plus en plus.

Cette manière d'envisager l'échange nous met sur la voie du phénomène social qui contribue, depuis les temps les plus reculés, à développer la richesse. et la notion de richesse s'éclaire. lorsque se plaçant au point de vue purement objectif, on fait découler les faits économiques, comme tous les autres faits sociaux de la structure sociale. A cet égard. les observations faites dans les sociétés inférieures dont l'étude est à peine ébauchée ont eu pour effet d'éclairer les origines des faits économiques et de montrer comment ils sont liés aux autres faits sociaux, notamment aux faits religieux. Il est aujourd'hui acquis que. dans ces sociétés, la vie économique et la vie religieuse sont pour ainsi dire confondues et les premières spécialisations professionnelles rigoureusement séparées parce qu'elles sont intimement liées aux croyances primitives. Aussi longtemps que les rapports extérieurs ne viennent pas modifier l'état intérieur des groupes en y introduisant des besoins nouveaux, un commencement de division du travail basée sur la différence des sexes peut exister, mais non l'échange au sens économique du mot. Ce que l'on pourrait appeler la richesse du clan totémique se compose du produit de la chasse de l'animal dont la consommation n'est pas interdite par le rite. Le clan, en effet, ne peut détruire son totem et il est même tenu de le reproduire pour en maintenir l'espèce, en vertu d'un rite religieux qui n'est pas sans analogie avec celui qui, dans les sociétés d'ordre plus élevé, a pour but de perpétuer la vie du dieu.

Mais lorsque les clans sont en relation avec d'autres clans et tendent à se fusionner, un changement s'opère : ce rite revêt nettement un caractère économique et donne naissance à un véritable échange de services réciproques, chaque clan assurant la reproduction de son totem pour permettre à un autre clan de s'en servir pour assurer sa subsistance et c'est ainsi que l'on constate une première forme d'échange entre clans et un commencement de réciprocité économique. On peut donc constater jusque dans les sociétés inférieures que c'est par les relations de groupes à groupes, c'est-à-dire par les relations extérieures que se constitue une première forme de richesse. Nous verrons qu'avec l'agrandissement des groupes et l'augmentation de leur densité numérique, ces relations extérieures se développent de plus en plus pour donner naissance, dans les sociétés supérieures, à une richesse toujours plus grande.

Pour comprendre la genèse sociale des faits économiques, il faut donc envisager les groupes sociaux non seulement au point de vue de leur vie intérieure, mais aussi au point de vue de leur vie extérieure. Ce sont ces relations qui, le plus souvent, ont importé au sein des clans, tribus, confédérations de tribus ou nations, les inventions et procédés de travail qui ont créé des besoins nouveaux. Le premier mode d'échange pacifique qui a dû succéder à l'enlèvement par la force d'armes, d'outils et de denrées, a sans doute été le don de présents nés des hostilités, mode de propitiation usité dans les sociétés inférieures pour se rendre favorable un groupe hostile. La vie nomade a favorisé les rencontres des groupes et, par conséquent, les échanges. On sait le rôle qu'ont joué les Arabes dans l'histoire du commerce. De nos jours encore, il s'établit entre les Sahariens et les gens du littoral un grand courant d'échanges où tour à tour la poudre d'or, l'ambre gris, l'ivoire, les plumes d'autruche, les dattes, les pelleteries, etc., servent d'instrument d'échange.

A mesure que les groupes se déplacent, se pénètrent ou se fondent pour former des sociétés plus denses, que les rapports avec les sociétés extérieures s'étendent et deviennent plus fréquents, que les échanges se multiplient, des usages nouveaux et des besoins de consommation prennent naissance, précédant les besoins de production qui créent plus tard les industries nouvelles. La richesse prend des formes de plus en plus variées en même temps qu'elle pénètre dans des couches plus profondes. Les échanges se font par l'intermédiaire d'une marchandise spéciale, celle qui est la plus abondante dans le groupe et c'est ainsi que peu à peu, à mesure que des produits nouveaux s'y introduisent, se crée l'habitude de se servir de cette marchandise comme monnaie. Après s'être attaché à des produits différents selon les sociétés, l'invention de la monnaie frappée est venue donner une vigoureuse impulsion aux échanges. On s'est d'abord servi du cuivre, métal lourd et pesant qui ne pouvait servir que dans les sociétés rudimentaires et pour des transactions restreintes.

Avec la découverte des mines et l'art de travailler les métaux, ce rôle d'équivalent universel a passé à l'or et à l'argent en facilitant partout le développement économique.

Il est à remarquer que cette grande extension prise par l'échange et la division du travail social a eu pour effet de diminuer de plus en plus le caractère personnel des rapports sociaux, nés de l'état économique antérieur. Elle a contribué non-seulement à l'abolition de l'esclavage et à l'émancipation du serf, mais encore à l'affranchissement de l'industrie et à la création des professions libérales. La réciprocité économique s'est appliquée à tous les résultats du travail social que l'économie politique a appelé des services, lesquels sont entrés définitivement dans la catégorie des richesses, et le pouvoir de disposer du travail d'autrui s'est fixé dans des *choses sociales* par excellence, indépendantes de la personne (1). Plus les relations économiques se sont étendues, plus l'incarnation du travail dans un produit matériel ou intellectuel a représenté véritablement la richesse.

D'un autre côté, les transformations économiques incessantes, nées des grandes inventions, ont créé de nouveaux besoins à mesure que les sociétés devenaient plus denses et ont été, pour ces sociétés, les conditions du passage des âges de coutume aux âges de mode. En même temps, elles ont changé le caractère du lien économique, créateur de richesse, qui, d'unilatéral, est devenu réciproque. En effet, dans les sociétés étroitement fermées comme le clan, la gens, ou la seigneurie féodale, le lien économique est caractérisé par ce fait que toute richesse mobilière ou immobilière émane du groupe tout entier représenté par son chef et que tous les droits que peuvent avoir les membres du groupe semblent octroyés par lui, ce qui n'exclut pas cependant une certaine réciprocité entre le groupe et son chef, ainsi que nous croyons l'avoir montré par l'existence du

(1) M. Bouglé fait voir que cette transformation des rapports économiques dus à la division du travail a aussi ses inconvénients. Ils nous habituent à ne plus voir les hommes derrière les choses. *(Qu'est-ce que la Sociologie ?* p. 142).

don (1). Mais la réciprocité entre les membres du groupe est encore embryonnaire. Au contraire, avec les progrès de la division du travail social résultant de l'agrandissement numérique et territorial des sociétés, la richesse et les droits se dispersent à mesure que se désagrège et se divise le pouvoir des chefs de groupes. Par l'effet de cette division de plus en plus grande du travail social, l'individu n'arrive plus à satisfaire ses propres besoins qu'en travaillant pour satisfaire ceux d'autres individus et par conséquent, par une série d'efforts physiques et intellectuels dont le résultat est susceptible de se transmettre à d'autres, de passer de main en main par l'échange ou de cerveau à cerveau par la répétition sociale.

Ce qui faisait la force du bien social antérieur, c'était cette solidarité mécanique résultant de la commune ressemblance des individus étroitement enfermés dans un même groupe. Ce qui remplace maintenant cette solidarité mécanique et maintient la cohésion des sociétés agrandies et transformées en nations, où les individus diffèrent de plus en plus, c'est la multiplicité et la facilité de transmission des produits de l'activité humaine destinés à satisfaire les besoins, c'est la rapidité des échanges matériels et intellectuels impliquant le développement de plus en plus grand d'une solidarité nouvelle, agrandie et plus consciente, basée sur la réciprocité sociale (2).

Aujourd'hui, une nation véritablement riche n'est pas seulement celle où il y a les plus grandes fortunes particulières ni même celle où la production du travail est la plus forte, mais plutôt celle où la distribution de la

---

(1) Cf. notre brochure, *Les Formes primitives de la Fortune publique*, Giard et Brière.

(2) Cf. Bouglé. *Qu'est-ce que la Sociologie ?* Alcan, 1907, p. 135.

richesse est la plus équitable, où l'on produit le plus
d'objets ou de travaux utiles aux autres, en un mot où
la réciprocité sociale est la plus développée.

IV

Les formes sous lesquelles apparaît la richesse et par
conséquent le capital qui en est le pouvoir reproducteur
sont en rapport étroit avec l'organisation politique et
juridique des sociétés. Elles varient nécessairement avec
les types sociaux dont la structure dépend elle-même
des inventions et procédés de travail qui s'y sont
implantés.

Depuis les temps les plus reculés, les hommes se
sont groupés pour mieux lutter contre les nécessités de
la vie. La domestication des animaux a été le résultat
d'une longue lutte des premiers groupes humains contre
la faune ambiante dans laquelle ils ont dû déployer de
plus en plus les ressources de leur imagination inventive.
La possession des troupeaux a fait disparaître les périls
et les fatigues du régime de la chasse. Les premiers
groupes sociaux ont pu envisager l'avenir avec moins
de terreur quand ils ont pu établir leur domination sur
les animaux et inaugurer l'âge pastoral. Ils ont pu
s'assurer un approvisionnement de subsistances et ils
ont eu la facilité de les multiplier.

Aussi, dans les sociétés primitives et même dans un
état de civilisation avancé, c'est le bétail qui constitue
la richesse. La langue du vieux droit atteste qu'elle a
d'abord consisté en troupeaux. On pourrait en citer
beaucoup d'exemples. Le mot *caput*, c'est-à-dire tête (de
bétail) a donné naissance à deux des mots les plus
employés en économie politique et en droit, *capital* et
catel, *cheptel* et *chattels*, et *cattle* en anglais. Dans
l'ancienne langue scandinave, le mot *fe* signifie à la fois

richesse et bétail, tant ces deux notions se confondent. Le mot *fee* qui, en anglais, signifie rémunération ou honoraire, est évidemment le même que *vee* hollandais et *vieh* allemand signifiant bétail. De même, l'étymologie du mot *peculum* et de *pecunia* qui signifie richesse et aussi monnaie, vient manifestement de *pecus* (1).

Pour prouver l'importance du bétail aux époques primitives, Adam Smith rappelle que les Tartares demandaient sans cesse à Plano Carpino, envoyé comme ambassadeur à l'un des fils de Gengis-Khan si, en France, il y avait beaucoup de moutons et de bœufs, cela constituant la seule richesse à leurs yeux (2).

Le bétail est resté longtemps le seul capital en même temps que le seul instrument d'échange et ce n'est que par la lente transformation des tribus nomades en tribus sédentaires et leur concentration dans des centres ruraux, par le défrichement et l'irrigation du sol, par les inventions relatives à la culture et l'introduction de plantes nouvelles que la terre a pu acquérir une certaine importance et prendre rang parmi les éléments de richesse. Dans les sociétés à base territoriale où la richesse s'incarne dans les produits du sol, et où l'organisation sociale est basée sur la souveraineté que donne la terre, un élément humain vient s'ajouter aux deux autres : l'esclave ou le serf. Cette situation dure aussi longtemps que subsiste la nécessité du défrichement du sol au moyen d'un vaste système de services et de prestations, et c'est ainsi que dans les sociétés grecque, romaine, gallo-romaine et féodale, l'homme, comme le bétail, sert d'instrument d'échange. A l'époque anglo-saxonne, en Angleterre, on parle encore d'une monnaie

---

(1) On retrouve aussi dans les *Vedas* et dans Homère, des expressions qui prouvent que la possession du bétail est synonyme de richesse.

(2) *Loc. cit.*

vivante (*living money*) qui était autorisée par la loi et qui consistait à payer en esclaves et en bétail (*cattle*) toute espèce de marchandises.

Ainsi, la richesse commence par être le pouvoir de disposer du bétail, de la terre et de l'esclave, comme étant les principales choses susceptibles de transmissibilité économique. Elles constituent pendant des milliers d'années, dans les civilisations de l'antiquité et du moyen-âge, et de nos jours dans les sociétés noires de l'Afrique, les bases essentielles du capital. Dans toutes ces sociétés, la richesse est cependant bornée par l'étroitesse du marché intérieur ou la difficulté de transporter à de grandes distances les objets qu'il s'agit d'échanger. Il en résulte qu'elle ne peut se développer que par une série de transformations dues aux progrès de la technologie et des moyens de transport qui ont pour effet de rendre socialement transmissibles un nombre toujours plus grand de choses destinées à satisfaire les besoins nouveaux.

Ces transformations de la richesse sont en rapport direct avec l'évolution de la production qui dépend elle-même à un haut degré de l'organisation politique et juridique (1).

Nous venons de voir ce qu'est la richesse dans les sociétés à base territoriale. Peu à peu, avec l'augmentation et la concentration de la population dans les villes et l'existence d'une plèbe qui diffère complètement des populations agricoles, la division du travail s'accroît et donne naissance à des professions multiples en même temps que la distinction des rangs devient beaucoup plus grande. C'est la période qui, dans les cités

---

(1) Cf. Adolphe Coste, *L'Expérience des Peuples et les Prévisions qu'elle autorise*.

anciennes, correspond au gouvernement despotique (1)
à la fois militaire et religieux qui est obligé de s'appuyer
sur la plèbe, c'est-à-dire sur l'artisan.

Le premier caractère qui distingue ces sociétés
nouvelles est le progrès de la technologie qui coïncide
avec le développement de la division du travail. Les
inventions, peu à peu dégagées des croyances religieuses
qui y ont donné naissance, se multiplient et répondent à
des besoins d'ordre plus pratique.

La richesse prend peu à peu le caractère mobilier et
industriel. Les échanges se font entre les villes et les
campagnes, le commerce maritime se développe et les
colonies prennent naissance.

Remarquons que, dans le monde antique aussi bien
que dans le monde moderne, ce développement industriel
s'est toujours fait sous l'égide de la Cité ou de l'Etat.
Les corporations sont obligatoires et l'on ne peut
déroger aux procédés de travail traditionnels. Les
manufactures, les entreprises de transports sont entre
les mains de la Cité ou du prince et chaque Etat défend
contre la concurrence sa production particulière.

Ce n'est qu'à la dernière période de l'évolution de la
production, quand sont constituées les nations modernes,
que l'on voit la richesse renverser l'absolutisme
administratif. Les inventions relatives aux moteurs
mécaniques transforment les manufactures, les transports par terre et par mer créent une immense richesse
qui prend des formes nouvelles. La liberté d'association
des capitaux sous forme de titres, d'actions et d'obligations, donne des moyens d'action bien supérieurs à ceux
qui pouvaient naître des fortunes particulières.

Dans le monde moderne, la propriété foncière
continue d'ailleurs à jouer un rôle très important, et la

____

(1) Cf. Espinas. *Les Origines de la Technologie*, p. 76 et suivantes.

terre constitue encore un des plus importants éléments de la richesse dans des pays comme la Russie ou dans certaines contrées du Nouveau-Monde productrices de céréales. Mais à côté de cette richesse terrienne s'en est élevée une autre beaucoup plus considérable due aux progrès sans cesse croissants de l'industrie et que représentent aujourd'hui les valeurs mobilières, qui sont en si grand nombre sur tous les marchés du continent européen et du Nouveau-Monde.

V

Il résulte de notre analyse que les faits relatifs à la richesse qui est l'objet de la science économique, ne peuvent être étudiés indépendamment de la morphologie sociale et des rapports qu'ils présentent avec les autres faits sociaux, notamment avec les faits religieux, politiques, juridiques, moraux, etc.

Nous avons montré que la notion de richesse, pour être complète, ne doit pas seulement s'appliquer aux résultats de l'activité humaine qui se présentent sous la forme matérielle, mais à tous ceux qui, sous une forme quelconque, sont susceptibles d'être transmis d'individu à individu par la répétition sociale. La notion de richesse s'applique donc aux produits du travail fixés dans les services comme à ceux incorporés aux choses et la distinction primitivement établie entre ces deux catégories de richesse repose sur une analyse incomplète des manifestations sociales du travail.

La véritable source de la richesse, c'est l'invention, expression la plus haute du travail humain. Ses progrès résultent de la propagation des inventions et des découvertes de tous genres qui, depuis les temps primitifs, se sont répandus par tous les procédés de la répétition sociale, tradition, coutume, mode ou imitation réciproque, aussi bien que par l'échange qui en est la forme proprement économique.

L'échange a joué un grand rôle dans la formation de la richesse comme d'ailleurs dans la genèse d'autres faits sociaux. Mais les rapports économiques d'individu à individu et de groupes à groupes, avant de revêtir le caractère de réciprocité, ont été unilatéraux : le vol, le don ont précédé l'échange. Cette transformation, dans l'ordre économique, est d'ailleurs de même nature que celle qui s'est produite dans les faits de l'ordre politique et juridique où le caractère contractuel tend de plus en plus à se manifester.

Les progrès de la richesse, en tant qu'ils représentent une quantité toujours plus grande de besoins à satisfaire, sont donc intimement liés à l'extension des rapports entre les sociétés et au développement de la réciprocité sociale.

La richesse a revêtu successivement des formes multiples en relations étroites avec la structure sociale qui dépend elle-même des inventions qui s'y sont propagées et des progrès de la technologie. La conquête du monde animal et la culture des plantes ont donné lieu à d'innombrables inventions et procédés de culture, ont donné successivement la prépondérance au bétail et à la terre comme capital, c'est-à-dire comme partie de la richesse servant à la reproduction, puis, avec le développement des arts industriels, aux outils, matériaux et machines accumulés dans les grandes industries et représentés par des valeurs mobilières.

Les formes de la richesse sont d'ailleurs intimement liées aux transformations juridiques. Toute valeur implique propriété. L'échange et la division du travail subissent l'influence des diverses transformations du droit. L'organisation de la production dépend de la réglementation juridique qui lui est appliquée. Aussi longtemps que l'industrie et le commerce sont soumis à des règles rigoureuses prescrites par l'Etat, ils ne peuvent se développer. De même, aussi longtemps que la propriété n'est pas facilement mobilisable, la richesse ne peut progresser qu'avec lenteur. Ce qui, de nos jours, lui a fait prendre un tel essor, c'est sa transformation juridique sous forme d'actions et d'obligations au porteur qui peuvent passer de main en main sans aucune difficulté.

Mais ces nouvelles formes de la richesse se sont appliquées aux choses plutôt qu'aux services. La propriété des services n'est pas encore organisée. C'est cette dernière transformation juridique de la richesse, seule capable de résoudre les conflits actuels du capital et du travail, qui semble être celle de l'avenir.

LES

RAPPORTS ENTRE LES FAITS ÉCONOMIQUES

ET

L'ENSEMBLE DES AUTRES FAITS SOCIAUX

CHAPITRE PREMIER

La Richesse et le Pouvoir

I

Tous les jours, dans la presse, dans les livres, on
rencontre, sous une forme plus ou moins vague, cette
idée que le pouvoir politique, que le gouvernement est
sous la dépendance des détenteurs de la richesse. Cette
idée est en train aujourd'hui de passer de la sphère du
raisonnement dans celle du sentiment. On ne la discute
plus. Sur ce terrain, socialistes et antisémites se trouvent
d'accord.

Ce n'est pas que l'idée soit neuve. En cherchant bien,
je crois que l'on peut faire remonter son origine à
l'antiquité, au monde romain. Ce sont les écrivains
latins qui ont dû l'infuser aux hommes du xviiie siècle,
desquels principalement nous la tenons. D'après
M. Loria, un savant italien, qui a écrit un livre spécial
pour la défendre, on commence à la voir exposer dès
1656 par un Anglais, James Harrington, dans un livre
intitulé *Océana*, puis par des économistes antérieurs
à Adam Smith comme James Stewart, par les physiocrates, enfin par Adam Smith lui-même. Mais, ici, on
prête peut-être à Adam Smith des vues qu'il n'avait pas.
On nous cite entre autres Proudhon, Karl Marx, Engels,
Lasalle, Scheel, Gumplowicz, de Greef, etc. M. Loria,
dans son livre sur les *Bases économiques de la
Constitution sociale*, en a fait l'objet d'une étude
systématique et approfondie, dans laquelle il essaie

d'établir que les changements et les révolutions dans le pouvoir politique dépendent de la prédominance de l'une des trois formes du revenu économique : rente, profit ou salaire. D'après lui, le pouvoir a toujours été monopolisé par les détenteurs de la richesse et les changements du pouvoir ont été déterminés par les changements survenus dans la répartition des richesses. Les détenteurs de la propriété, propriétaires terriens et capitalistes, ont toujours exercé le pouvoir dans le but de conserver et d'étendre leur propriété. Tarde a réfuté cette thèse dans son livre sur les *Transformations du Pouvoir*. On peut citer encore en France M. Maurice Hauriou qui, dans son livre sur la *Science sociale traditionnelle*, a abordé aussi la question. Nous croyons utile de reprendre ici l'examen de cette thèse en employant la méthode propre à la sociologie, la méthode historique.

II

Demandons-nous d'abord quel rapport peuvent nous offrir, dans nos sociétés civilisées, la richesse et le pouvoir politique. Nous trouvons, à cet égard, un commencement d'éclaircissement chez Adam Smith. Dans son livre sur la *Richesse des Nations*, le grand économiste anglais, en répétant le mot de Hobbes : « Richesse, c'est pouvoir », le fait suivre de cette explication : « Celui qui acquiert une grande fortune ou qui l'a reçue par héritage n'acquiert par là nécessairement aucun pouvoir politique, soit civil, soit militaire. Peut-être sa fortune pourra-t-elle lui fournir les moyens d'acquérir l'un ou l'autre de ces pouvoirs, mais la simple possession de cette fortune ne les lui transmet pas nécessairement. Le genre de pouvoir que cette possession lui transmet immédiatement et directement, c'est le pouvoir d'acheter ; *c'est un droit de commandement sur tout le travail d'autrui* ou sur le produit de ce travail existant encore au marché » (1).

Il semble, d'après ceci, que la richesse implique non-seulement un rapport entre l'homme et les choses, mais encore un rapport entre les hommes, puisqu'elle fait acquérir un droit de commander sur le travail d'autrui. Il est évident, en effet, que la richesse n'aurait socialement aucun prix si, par son moyen, l'homme ne pouvait convertir à son usage la force et le travail des autres, autrement dit acquérir par elle le produit du travail ou les services des autres. Le pouvoir d'acquisition ou d'échange des produits et des services, telle est bien la caractéristique de la richesse, prise dans son sens économique. Mais est-ce tout ? La richesse ne renferme-t-elle pas aussi un pouvoir social et, en cela, n'a-t-elle pas quelque analogie avec le pouvoir politique ?

Remarquons que la richesse n'existerait pas ou n'aurait qu'une durée éphémère, si elle n'était pas reproduite. Quand on compare la richesse au pouvoir politique, le mot richesse est pris dans le sens qu'on lui donne généralement dans le langage courant, il est employé comme synonyme de fortune. Il s'agit moins des produits ou services qui satisfont les besoins et les désirs par la consommation courante, qui sont détruits au jour le jour, que de la partie de la richesse qui est employée à la reproduction, c'est-à-dire du capital. Or, c'est dans le capital que réside un pouvoir social, offrant certaines analogies avec le pouvoir politique. Pourquoi ? Parce que, comme lui, il découle d'un monopole naturel. Posséder un capital, c'est détenir le monopole d'une série d'efforts, de découvertes et d'inventions condensés sous une forme naturelle et qui servent à la reproduction d'objets désirés par les hommes. Posséder le pouvoir

(1) *Richesse des Nations*. Livre Ier, chap. 5.

politique, c'est détenir, protéger ou diriger le monopole des idées gouvernementales, administratives, judiciaires, militaires qui ont réussi à se faire accepter par la crédulité humaine et à passer dans les institutions et les lois. Les détenteurs du capital et les détenteurs du pouvoir nous apparaissent donc, les uns et les autres, comme détenteurs d'une accumulation d'idées et d'inventions qui ont réussi à s'implanter dans une société. Mais s'ensuit-il nécessairement que ces deux formes d'un monopole social doivent être dans les mêmes mains, que la possession de l'une entraîne tôt ou tard la détention de l'autre ? Existe-t-il ou a-t-il existé des sociétés où la détention de la richesse ait toujours coïncidé avec celle du pouvoir politique ?

Ici encore, Adam Smith peut nous servir de guide. Il remarque, dans le livre déjà cité, que les rapports entre la richesse et le pouvoir ne sont pas les mêmes à toutes les époques de la civilisation et que, dans les sociétés primitives, richesse et pouvoir sont généralement réunis dans les mêmes mains.

Voici ce qu'il dit à ce sujet : « Chez les peuples cultivateurs qui ne font que sortir de la vie pastorale et qui ne sont pas fort avancés au-delà (tels qu'étaient, à ce qu'il semble, les tribus des Grecs vers le temps de la guerre de Troie ou nos ancêtres Scythes et Germains quand ils commencèrent à s'établir sur les ruines de l'Empire d'Occident), le souverain ou chef *n'est de même autre chose que le plus grand propriétaire du lieu* et il a de même pour s'entretenir, comme tout autre propriétaire, le revenu qu'il tire de son propre bien ou de ce qu'on appela depuis, dans l'Europe moderne, le *Domaine de la Couronne*. » (1).

____

(1) *Loc. cit.* Livre V, Section II. Cf. mon livre *L'Évolution de la Fortune de l'État* où cette question est traitée dans tous ses détails.

Il existe donc des sociétés où la richesse et le pouvoir
sont dans les mêmes mains. D'ailleurs, à mesure que
les inventions relatives à la culture du sol s'accumulent,
que le défrichement s'étend, que l'appropriation fait des
progrès, le *pouvoir social* attaché à la possession de la
terre semble maintenir et fortifier de plus en plus le
pouvoir politique. C'est sans doute pourquoi le grand
économiste anglais pense que le besoin de gouvernement
civil naît avec l'appropriation et s'accroît avec l'acquisition de propriétés d'une certaine valeur. D'après lui,
c'est dans l'âge pastoral, la seconde période de l'état
social, que l'inégalité de fortune commencerait à naître
et avec elle le sentiment d'autorité et de subordination
qui ne ferait que s'accroître à mesure que la richesse
s'étendrait à des couches inférieures, lesquelles se
sentiraient liées à leur tour à la défense de leurs petites
propriétés. C'est donc, d'après Adam Smith, des progrès
de la richesse que naîtrait la nécessité du pouvoir.
Ce point de vue est-il vrai? Pour essayer de nous en
rendre compte, examinons ce qui se passe à cet égard
dans le groupe social primitif ou plutôt élémentaire,
dans la Cité antique, enfin à la naissance de l'Etat
moderne.

Le groupe social élémentaire doit être envisagé à
deux points de vue : intérieur et extérieur, puisqu'il a
une vie interne et des relations avec les autres groupes
— le plus souvent guerrières. Dans l'intérieur du *genos*,
de la *gens* ou du *clan*, aussi longtemps qu'il n'y a pas
fusion avec d'autres groupes semblables ou pénétration
d'influences, de nouveautés venues du dehors, ce qui
est considéré alors comme la richesse — bétail, esclave,
terre, armes, trésor — ne peut reposer que sur la tête de
celui qui est à la fois le père, le chef et le prêtre. Le lien
économique qui unit le chef au reste du groupe est, de
la part du chef, sans nulle réciprocité. D'un côté, pouvoir

politique et économique d'un seul résultant du prestige ou de la contrainte ; de l'autre, admiration superstitieuse et passivité servile. S'il y a échange de services sociaux, ce sont des services sans aucune commune mesure qui sont échangés : un service politique — la protection du groupe dont la nécessité est plus ou moins obscurément sentie — contre les services économiques rendus par ses membres.

J'appelle groupe social élémentaire, tout groupe social étroitement fermé et où la mobilisation de la richesse est presque impossible. Dans ce sens, la seigneurie ou l'abbaye féodale est comparable à la *gens* et au *clan*. Je dis groupe social *élémentaire* et non *primitif,* parce que l'évolution sociale me présente, non un *commencement,* mais des *recommencements.* Seulement, ces recommencements sont de plus en plus voulus, à mesure que les individus prennent conscience de la réciprocité sociale.

Comment s'acquiert ici la domination ? Dans l'âge héroïque de la Grèce, par exemple, c'est d'abord une naissance que l'on croit divine, une vaillance irrésistible, des exploits sans nombre, qui font les héros et leur donnent le pouvoir. Ce sont les plus forts, les plus agiles, les plus braves, quelquefois aussi les plus sages et les plus éloquents qui représentent l'Etat. Sans nul doute, l'hérédité de la gloire, la magie d'un nom vénéré a dû précéder l'hérédité de la fortune. Mais la seconde ne tarde pas à suivre la première et à s'y rattacher intimement, puisque tout ce qui constitue alors la richesse est le prix de la guerre et de la force, plutôt que du travail. Dans les sociétés italiennes qui précèdent Rome, le chef c'est aussi l'homme de la race la plus vieille et la plus puissante, la plus riche en domaines et en troupeaux. Il en est de même chez les Arabes et chez tous les peuples pasteurs. Il n'y a pas contradiction entre les deux formes du pouvoir : la récompense de la naissance et de la valeur, c'est le don volontaire ou la part dans le butin pris sur l'ennemi, source de la fortune du chef.

C'est donc ici le monopole résultant d'avantages inhérents à la personne qui donne le pouvoir politique — pouvoir embryonnaire dans lequel se confondent pêle-mêle l'autorité civile, l'autorité militaire, l'autorité religieuse et que le pouvoir économique accompagne nécessairement.

Remarquons d'ailleurs que, dans les sociétés rudimentaires, étroitement murées dans un cercle pour ainsi dire inextensible, le mode d'emploi de la richesse a pour effet de renforcer le prestige du pouvoir, lequel se manifeste surtout par l'entretien d'un nombreux entourage. Le chef ou patriarche, en effet, n'est pas seulement entouré de ses enfants et des générations issues de son sang, mais de ses serviteurs, des compagnons attachés à sa fortune, de ses clients. Le compagnonnage guerrier et la clientèle sont deux institutions que l'on rencontre, sous des formes à peu près analogues, à l'origine de tous les peuples, en Orient, en Grèce, dans la Germanie, en Ecosse, en Irlande, à Java, etc. Chez les Germains comme en Gaule, c'est celui qui est entouré du plus grand nombre de compagnons, qui réunit sous son patronage et sa protection le plus grand nombre de membres de sa tribu et même des tribus voisines, qui est le plus honoré et le plus puissant. Or, ce signe de la puissance est en même temps le signe de la fortune. Ces chefs, auxquels Tacite donne le nom de *Principes*, reçoivent des députations et de riches présents — chevaux, armes, baudriers, colliers, argent — et le seul moyen d'étaler le faste, avant-coureur du luxe, dans les sociétés où la richesse mobilière n'est pas développée, c'est l'entretien d'un nombreux entourage. Notons toutefois une différence entre le *clan* germain et la *gens* romaine. Dans le *clan* germain, le lien de compagnon à chef est purement personnel, tandis que dans la *gens*, le patronage et la clientèle, c'est-à-dire le commandement et l'obéissance, se transmettent héréditairement avec les dieux domestiques, les alliances, le nom patronymique, le cri de guerre. C'est cette combinaison du lien personnel et du lien réel qui donne naissance à la vassalité du moyen-âge.

La seigneurie forme aussi un groupe fermé économiquement comme la *gens* ou le *clan*. Les barons féodaux sont possesseurs de biens-fonds dont le produit constitue à cette époque la seule richesse. Dans cet état social, *noblesse* et *richesse* sont synonymes. Le mot riche a la même signification que le mot noble. En Espagne, par exemple, les barons s'appellent *riccoshombres*. Joinville se sert également de l'expression de *riches hommes* pour désigner les nobles. Les grands propriétaires féodaux disposent des services de leurs feudataires et entretiennent à leur suite une foule de gentilshommes, d'écuyers, de pages. Cette magnificence imprime le respect et le peuple est habitué à confondre, dans le respect qu'il leur porte, les idées de naissance, de pouvoir et de richesse.

Le moyen-âge est peut-être l'époque où le pouvoir économique attaché à la possession de la terre — unique capital d'alors — incarne le mieux le pouvoir politique. L'axiome de droit féodal : *nulle terre sans seigneur* doit se compléter par sa réciproque : *nul seigneur sans terre*. La preuve, c'est qu'un baron féodal qui a vendu sa terre ne peut plus prétendre sur elle à des droits de suzeraineté, sans toutefois que l'acquéreur, s'il n'est pas noble, puisse lui-même exercer ces droits, ainsi que le rapporte Saint-Simon dans ses mémoires (1).

____

(1) Tome V, p. 110.

Remarquons que la fortune de la baronnie féodale ou de l'abbaye du moyen-âge ne consiste pas tant dans le produit du sol que dans le pouvoir, dans le droit de disposer des services de tous ceux qui dépendent d'elle à un titre quelconque, serfs, colons, bourgeois, artisans de tous genres. La terre est simplement l'incarnation de ce pouvoir personnel, de ce système de services et de prestations qui caractérise le moyen-âge. Or, ici, pas plus que dans le clan ou la gens, les services économiques n'ont de commune mesure servant à leur évaluation. Les redevances de toutes sortes en nature dues par les serfs, colons et artisans de tous genres, sont le prix de la sécurité relative qu'ils trouvent derrière les murs du château féodal.

Maintenant que se passe-t-il lorsque les groupes élémentaires — gens, gentes, clans, seigneuries féodales — se fusionnent et s'étendent, ou bien que les groupes en possession d'inventions militaires supérieures se superposent violemment aux groupes moins bien outillés ? Nous voyons alors se former des organismes plus complexes — confédérations de tribus, cités, Etats. Le pouvoir politique se divise : d'un côté l'autorité militaire, de l'autre l'autorité religieuse. Cette division est parallèle à l'agrandissement du champ social — c'est-à-dire du nombre d'hommes qui se regardent comme citoyens — en densité et en surface. La richesse, quoique accompagnant le plus souvent les deux nouvelles fractions du pouvoir politique, ne semble plus s'identifier avec elles. Cette transformation correspond à l'ère économique de la petite industrie, qui dure pendant toute l'antiquité et se continue par delà le moyen-âge. C'est la découverte de certains agents naturels et les inventions successives d'outils et procédés de l'industrie à la main qui donne naissance à ce nouvel état social. Par dessus tout, c'est l'invention d'instruments d'échange, de signes représentatifs de la richesse, de monnaies réelles et conventionnelles qui, en permettant la mobilisation de la richesse — bien faible toutefois avant l'avènement de la grande industrie — prépare la séparation des deux pouvoirs politique et économique.

Il suffit, pour s'en rendre compte, de comparer, à cet égard, le monde antique avec le moyen-âge.

D'abord, le droit de conquête est lié intimement à la possession du sol. Cela est aussi vrai des civilisations primitives de l'Orient et du monde gréco-romain que de la féodalité. La possession de la terre, à Rome, constitue le citoyen comme au moyen-âge, elle donne la noblesse. C'est partout la conséquence naturelle du partage des terres conquises, c'est-à-dire du Domaine de l'Etat, entre les individus qui le composent. Mais cette aristocratie militaire et terrienne, plus amoureuse d'aventures guerrières que de travail, a besoin, pour subsister, d'une main-d'œuvre considérable, consacrée au défrichement et à la culture. Pour se maintenir, c'est-à-dire pour maintenir et agrandir la Cité, il faut donc une organisation spéciale de la propriété foncière : la tenure. La relation intime entre la condition des terres et la condition des personnes n'est pas un fait particulier au moyen-âge. On la retrouve — quoique avec des différences importantes résultant de la somme plus ou moins grande d'inventions accumulées aux diverses époques — dans le monde gréco-romain, à l'origine de l'établissement de la Cité, comme dans les civilisations de l'Orient. Le client ou bien le serf sont les deux nécessités de ce milieu social, pauvre en inventions et où la terre et le bétail sont, pour ainsi dire, la seule richesse.

Dans la Cité romaine, les *munera* ou dons obligatoires du client à son patron, de l'affranchi à son ancien maître, puis des citoyens aux magistrats et à l'Empereur, ont de nombreuses ressemblances avec les redevances de toutes sortes dues au tenancier, se superposant souvent les unes aux autres, dans le fief du moyen-âge. Dans cet état social, si le pouvoir économique est encore plus ou moins uni au pouvoir politique, il est facile de prévoir que par l'usage et la pratique presque exclusifs des procédés relatifs à l'agriculture, à l'industrie, au commerce, le serf ou le client ne va pas tarder à s'affranchir en même temps que la Cité ou l'Etat va de plus en plus s'unifier et s'agrandir. Dirons-nous que la détention du pouvoir politique doit nécessairement suivre cette émancipation ? Non, et nous allons voir pourquoi.

III

Comment s'opère la dissociation des deux pouvoirs politique et économique, c'est-à-dire comment les détenteurs de la richesse arrivent-ils à former une classe sociale distincte de celle des détenteurs du pouvoir ? Par l'extension du champ économique, c'est-à-dire du marché. Cette extension résulte de l'introduction plus ou moins lente, dans l'intérieur du groupe social — selon les hasards de la découverte des mines, l'invention et la propagation de nouveaux moyens de fabrication, les chances de la conquête, l'influence d'une croisade — d'une quantité toujours plus grande de métaux précieux, introduction qui a pour effet de rendre la richesse plus mobilisable, de faciliter et de provoquer les échanges en même temps que les rapports avec les sociétés extérieures s'étendent. En outre, dans l'intérieur du groupe, les rapports sociaux se transforment. Le capital, au lieu de s'incarner dans la terre ou dans les êtres vivants, esclaves ou bétail, semble de plus en plus s'identifier avec une chose essentiellement mobilisable, l'argent. Le pouvoir économique, au lieu d'être le droit de disposer du travail d'autrui au moyen d'un rapport juridique affectant la condition des personnes, s'émancipe en quelque sorte de ce lien personnel pour s'attacher à une chose matérielle essentiellement mobilisable. Il en résulte que la prestation de services se transforme peu à peu en une redevance en numéraire.

Dans le monde antique, la confusion des deux pouvoirs politique et économique, à peu près générale dans le régime terrien et patriarcal primitif, est de moins en moins intime à mesure que la cité s'agrandit et que l'échange avec les colonies peut se développer. Il se forme alors une classe sociale intermédiaire entre l'aristocratie de naissance — praticiens ou eupatrides qui détiennent le pouvoir politique — et les deux autres couches de la population, le peuple et les esclaves. Cette aristocratie de fortune fait contrepoids à l'aristocratie de naissance. Objectera-t-on qu'à Rome cette aristocratie de fortune devint plus tard maîtresse du pouvoir? Cette circonstance tient à ce que, comme nous le verrons plus loin, à Rome, l'Etat était, pour ainsi dire, le seul entrepreneur et qu'il s'était solidarisé avec les financiers. Ajoutons que la possession de moins en moins précaire d'un pécule par l'esclave qui lui permet son rachat, contribue à la formation d'une classe d'artisans libres que l'on rencontre plus tard dans les villes du moyen-âge et qui est l'origine d'une lente et profonde révolution dans le monde industriel.

La véritable dissociation des deux pouvoirs ne s'opère pas dans le monde antique, mais à la fin du moyen-âge. Une série de faits qui tous concourent à l'extension du champ social — les croisades, d'où résulte l'importation en Europe de certains procédés industriels et le développement du commerce maritime — le grand mouvement commercial qui est la conséquence de l'immense création de richesses dans les cités industrieuses du moyen-âge — la découverte de l'Amérique et l'introduction de l'or qui donne une impulsion extraordinaire aux échanges, tous ces événements ont pour effet de briser le cercle étroit de la seigneurie féodale. Ce qu'il importe de remarquer, c'est qu'au fur et à mesure que diminue l'autorité personnelle de l'homme sur l'homme, prestige ou contrainte, que le serf se transforme en colon libre, que la bourgeoisie fait des progrès, que le système corporatif se relâche, l'échange, c'est-à-dire une réciprocité plus ou moins adéquate, s'étend de plus en plus à tous ces résultats du travail social que l'économie politique appelle des services — mot qu'il faut étendre à tous les rapports sociaux.

Ces services se fixent sous une multitude de formes qui participent seulement d'une certaine réciprocité sociale. En effet, dans la société féodale, il n'y a place, en dehors du prêtre et du seigneur, que pour quelques privilégiés de l'art ou de la science trop souvent hélas! persécutés. Ils n'arrivent ordinairement à se faire entendre que grâce à la protection de quelque haut baron ou de quelque puissante abbaye. Mais à mesure que dans les villes les bourgeois, à prix d'argent, arrachent des chartes aux seigneurs et que, dans les campagnes, s'établissent des communautés de paysans plus ou moins indépendantes, les services s'échangent et par conséquent se vendent. Au début, la classe bourgeoise ne compte dans son sein que de petits négociants, de petits propriétaires, qui trouvent dans un embryon de liberté municipale un abri contre la tyrannie. Peu à peu, la bourgeoisie fait la conquête de certaines professions, celles d'avocats, de légistes, de

médecins, de docteurs, etc. ; puis d'un grand nombre
d'offices de l'administration civile et judiciaire. Au
xvɪᵉ siècle, elle occupe la presque totalité des offices de
trésoriers, surintendants, intendants, contrôleurs, rece-
veurs généraux et particuliers, tout le corps judiciaire, etc.

La conséquence sociale de ce fait, c'est d'ajouter à la
réciprocité purement matérielle — l'échange de produits
contre produits — une réciprocité économique dans les
services. Le résultat du travail intellectuel et moral de
l'artiste, du savant, du médecin, etc., au lieu d'être,
comme dans le monde gréco-romain, la propriété du
maître, parce que ce travail est fait par l'esclave ou,
comme au moyen-âge, un service dû au seigneur
tombe dans la circulation générale des échanges et est
estimé en argent. La découverte de l'Amérique et
l'introduction des métaux précieux qui en est la conséquence — bien qu'apportant une perturbation économique par la hausse générale des prix qui dure un
certain temps — facilite ce passage à la réciprocité
économique qui, au lieu de rester en quelque sorte
inhérente à l'individu, esclave ou serf, et de suivre
économiquement et juridiquement le sort de la
personne même qui les a créés, s'en séparent au
contraire et deviennent objectivement susceptibles
d'évaluation. C'est ainsi que plus le champ social
s'étend dans le sens de la réciprocité consciente, grâce
à un moyen commode d'évaluation, plus la richesse, se
dégageant de la terre, du bétail, de l'esclave ou du serf,
tend à être représentée par l'incarnation du travail dans
tout produit ou service.

IV

C'est maintenant le moment de nous demander

quelles sont, au point de vue du développement de l'Etat moderne, les conséquences de cette transformation dans les rapports sociaux, caractérisée par le passage des services à la réciprocité économique ? Cette transformation en rend d'abord une autre possible : celle des finances domaniales en finances à base d'impôts. D'abord les premiers rois barbares font cultiver leurs domaines par des esclaves ou des serfs. Puis, pour augmenter leurs revenus, ils multiplient les affranchissements et une partie des esclaves passe dans la classe des tributaires, fiscalins et vilains. La tendance des détenteurs du pouvoir à augmenter le nombre des individus soumis à des redevances en argent forme le fond de l'histoire des finances publiques. Lorsque les services s'acquittent en nature et qu'il faut nécessairement payer de sa personne, il y a mille moyens, mille prétextes pour échapper à ces obligations. Le terme des services étant d'ailleurs scrupuleusement fixé, l'exercice de l'autorité est nécessairement borné.

Dès que la conversion en numéraire devient possible, elle entraîne à sa suite un changement radical dans la force militaire dont dispose le pouvoir politique par la possibilité de l'entretien de troupes réglées et permanentes. Avant ce changement, les conquérants dont l'histoire s'occupe le plus n'ont que des armées mal payées ; leurs lieutenants sont souvent très embarrassés pour les retenir sous leurs ordres. On les voit prier, supplier, leur promettre, pour obtenir leur concours, un butin considérable. Combien le rôle de Charles-Quint, par exemple, eut été plus grand s'il avait eu à sa disposition des troupes régulièrement payées ! En outre, l'établissement d'un impôt permanent permet l'application de certaines inventions, comme la poudre, qui décuplent la puissance militaire. Armée permanente et impôts — faits corrélatifs — telles sont les deux manifestations les plus caractéristiques de l'Etat moderne. Elles permettent son extension territoriale et l'absorption par un pouvoir politique unique des divers pouvoirs plus faibles qui se trouvent disséminés autour de lui. Et ce n'est qu'à partir de cette absorption graduelle dont les étapes sont marquées en France par Philippe-le-Bel, Charles V, Louis XI, Louis XIV, que les diverses fractions du pouvoir politique, pouvoir judiciaire, administratif, législatif peuvent se diviser sans se heurter, se différencier harmoniquement. Cette différenciation progressive ne peut d'ailleurs se produire que grâce à la séparation graduelle de la propriété et de la souveraineté, conséquence elle-même de la création d'une nouvelle nature de richesse, la richesse mobilière.

L'extension des relations entre les hommes due à l'importation de moyens d'échange plus abondants et de procédés nouveaux fait jaillir des sources d'opulence inconnues dans les temps anciens et qui ont peu à peu miné la puissance et la considération de la noblesse. Le changement continuel des propriétés fait disparaître le respect profond des vassaux fondé sur l'antiquité de la naissance et de la possession du fief, et cette lente dislocation du pouvoir féodal a pour effet la constitution d'un pouvoir politique plus fort, basé principalement sur la richesse mobilière. Celle-ci a été le coin qui a disloqué l'ancienne organisation des classes nobiliaires en permettant à des gens obscurs d'arriver à certains emplois réservés exclusivement à la noblesse et au clergé, ce qui ne veut pas dire que *ipso facto* une couche sociale se soit substituée à une autre dans la détention du pouvoir. Les conséquences de cette transformation ont été : 1º une absorption des pouvoirs locaux par un pouvoir central ; 2º une division plus

grande des diverses fractions du pouvoir politique —
pouvoir gouvernemental, administratif, judiciaire ;
3° une *dépersonnalisation* de l'Etat, une chute graduelle du pouvoir personnel dans un traditionnalisme
inconscient et impersonnel, appliqué par un nombre
toujours croissant de fonctionnaires.

L'Etat, personnifié d'abord dans le roi, représenté
par une volonté unique et formelle, s'est peu à peu
spiritualisé et transformé, par la réciprocité dans les
rapports moraux et matériels entre les hommes, en une
personne morale, en un ensemble de règles, de
prescriptions, d'ordonnances et de lois conservées
traditionnellement et tacitement accepté par la nation :
des habitudes politiques et administratives ; voilà
maintenant l'Etat. Il y a, à cet égard, infiniment plus de
survivances sociales dans ce qui touche à l'organisme
de l'Etat qu'en ce qui touche à tout autre ordre de faits
sociaux. La preuve en est que c'est surtout dans l'ordre
politique, judiciaire, militaire ou administratif que les
réformes les plus simples ne peuvent aboutir. Ces
survivances dans l'organisme de l'Etat font précisément
que le pouvoir politique devient, dans les démocraties
modernes, un fait social *sui generis* indépendant non
seulement de toute aristocratie de naissance ou de
fortune, mais même des hommes politiques qui le
détiennent, un rouage marchant avec une régularité
automatique, peut-être d'autant mieux qu'il y a vacance
nominale dans la détention du pouvoir. Pour qui
connaît l'organisation de l'Etat moderne, le rouage est
tout, les hommes ne sont rien. Les aspirants au pouvoir
qui promettent monts et merveilles avant de l'obtenir
sont, quelle que soit leur couleur politique, condamnés,
dès qu'ils y sont arrivés, à une impuissance ridicule.
Leur action sur le rouage équivaut à zéro ou plutôt
c'est le rouage qui les brise comme verre dès qu'ils

veulent y porter, plus ou moins maladroitement, une main profane.

V

En résumé, il n'est pas vrai que, toujours et partout, les détenteurs de la richesse soient nécessairement les détenteurs du pouvoir ou en deviennent les directeurs anonymes. Dans le haut passé, on voit bien que c'est l'admiration craintive et superstitieuse pour la force, l'agilité, la beauté, l'éloquence, la fascination exercée par les qualités naturelles qui créent la crédulité nécessaire à l'établissement et au maintien du pouvoir. A cette admiration plus ou moins naïve viennent naturellement s'ajouter les dons en nature des hommes fascinés ou subjugués. La fortune suit ainsi de près le pouvoir, dont la source est ici le monopole résultant d'avantages personnels.

A mesure que l'esprit humain se développe, qu'il maîtrise de plus en plus les forces de la nature, que la population s'accroît, que l'union de l'homme et du sol devient plus intime, chaque invention ou découverte jugée supérieure ou simplement utile dans l'ordre religieux, gouvernemental, administratif, militaire, judiciaire ou financier confère à ses détenteurs un monopole, source d'une nouvelle forme de pouvoir. Toute nouveauté, dans n'importe quel ordre de faits sociaux, toute nouvelle découverte due au hasard crée une nouvelle source de pouvoir social, en déplace ou en divise en quelque sorte le courant. A chaque déplacement nouveau, à chaque division nouvelle, on remarque les efforts des classes qui arrivent à détenir ce monopole, pour le conserver dans leurs mains et, dans les sociétés où ces efforts réussissent, on voit naître les castes privilégiées. Les détenteurs de ces diverses formes de pouvoir — pouvoir religieux, militaire, économique, etc. — sont en lutte et en concurrence perpétuelles, mais rien ne prouve, ni l'analyse psychologique, ni l'observation historique, ni même la constatation des faits qui se déroulent sous nos yeux, que c'est nécessairement le pouvoir social attaché à la possession de la richesse qui finisse par absorber ou diminuer le pouvoir politique.

Dira-t-on que l'acquisition de la richesse devenue indépendante de celle du pouvoir, les détenteurs de la richesse n'ont plus visé qu'un but, celui d'acquérir le pouvoir? que, toujours et partout, directement ou indirectement, le pouvoir a fini par être à leur dévotion? C'est ce qu'essaie d'établir M. Loria et ce que soutient avec lui l'école marxiste. Psychologiquement, on ne voit pas pourquoi le pouvoir serait nécessairement désiré après la richesse. Tocqueville fait remarquer avec raison que, chez les peuples démocratiques, le goût du bien-être détourne les hommes du gouvernement, en même temps qu'il les rend de plus en plus dépendants des gouvernements. Celle-ci est infiniment plus désirée que celui-là et on comprendrait très bien que, par une évolution précisément inverse de celle qu'affirme cette thèse, ce soit, au contraire, pour acquérir la richesse que l'on désire le pouvoir. Ne voyons-nous pas ce fait se produire journellement sous nos yeux? (1).

Le cas le plus favorable à la théorie marxiste est, non pas celui que l'on pourrait tirer des abus de la finance moderne, mais de ceux de cette ploutocratie qui régna en maîtresse à Rome avant l'établissement de l'Empire. Les Panamas les plus éhontés, les krachs les plus formidables que nous pouvons trouver à notre

(1) *De la Démocratie en Amérique.* IVe partie.

époque n'ont rien de comparable aux fabuleuses spéculations des finances antiques.

« Les financiers de Rome, dit M. Deloume, c'est-à-dire les publicains et les banquiers, ont été, pendant près de trois siècles, infiniment plus maîtres de la politique intérieure, de la guerre et de la paix que ne le sont, en général, les plus grandes puissances financières contemporaines. (1) » Mais pourquoi ? Parce qu'à Rome des circonstances particulières contribuent à donner le pouvoir politique ou une partie du pouvoir politique aux financiers du temps, publicains et chevaliers. C'est d'abord le monopole artificiel que l'Etat leur concède en mettant en adjudication les grandes entreprises industrielles et financières ainsi que le recouvrement des impôts. Toutes ces grandes entreprises ne pouvant se constituer qu'avec l'autorisation de l'Etat et à son profit, il n'y a pas de sociétés commerciales indépendantes. L'Etat se solidarisant, en quelque sorte, avec les financiers, il en résulte que ces derniers se trouvent avoir une certaine ingérence dans le pouvoir politique. Cette ingérence créée par l'établissement d'un monopole devient par la suite beaucoup plus grande par l'attribution aux chevaliers du pouvoir judiciaire. C'est pourquoi la plupart des historiens de l'antiquité affirment que le pouvoir politique passa du Sénat aux publicains, ces derniers ayant un pouvoir effectif, tandis que le Sénat n'avait plus qu'un pouvoir nominal. Après eux, Mommsen et Montesquieu disent également que les publicains devinrent maîtres de l'Etat, mais, d'après M. Deloume, il ne faut pas prendre ces expressions à la lettre, car les détenteurs du pouvoir politique ne furent pas entièrement sous la

____

(1) *Les Manieurs d'Argent à Rome.* Ernest Thorin, 1892.

dépendance des sociétés de publicains et bien des faits importants de la haute politique leur échappèrent.

La puissance politique des publicains disparut à l'avènement d'Auguste. Et c'est précisément la concentration entre les mains de l'Etat de toutes les entreprises industrielles, cause de cette union momentanée des deux pouvoirs, qui permit à celui-ci de les faire disparaître, lorsqu'ils furent considérés comme un obstacle à la toute-puissance d'un dictateur.

Ainsi, dans ce cas très favorable à la théorie marxiste, c'est la création de monopoles spéciaux en faveur des publicains qui explique leur influence. Au fond, l'Etat antique fut toujours détenteur d'un pouvoir économique formidable, parce qu'il fut le principal propriétaire et le principal capitaliste. Les détenteurs des différents revenus — rente, profit ou salaire — le furent surtout comme adjudicataires de l'Etat et voilà pourquoi les luttes des détenteurs de ces revenus entre eux eurent, jusqu'à un certain point, leur retentissement sur l'ordre politique. Mais il faut bien se garder d'identifier, à cet égard, le monde romain avec le monde moderne, où la dissociation des deux pouvoirs n'a cessé de s'accentuer par la réciprocité de plus en plus grande dans les rapports économiques d'où est né un capital nouveau non identifié avec le sol, entraînant à sa suite une transformation du pouvoir économique.

Le seul danger que l'Etat moderne aurait à craindre à cet égard serait la reconstitution de monopoles spéciaux au profit de certaines sociétés, et on voit par là où pourrait nous mener l'application de certaines théories en vogue sur le socialisme d'Etat. L'Etat de la Rome antique a été l'Etat le plus socialiste, c'est-à-dire le plus propriétaire, le plus industriel, le plus financier qui ait jamais existé. Il absorbait à peu près toute l'activité industrielle et financière du monde connu. Pour réaliser ses colossales entreprises, il lui fallait le concours des banquiers, des publicains : rien d'étonnant à ce qu'il en soit finalement devenu le prisonnier.

Aujourd'hui, non seulement, d'une façon générale, les associations sont libres et se font concurrence, mais un principe nouveau, inconnu du monde antique, a été proclamé par la Révolution : c'est celui de la séparation de la *propriété* d'avec la *souveraineté*. Sans doute, ce principe n'a pas encore suffisamment pénétré dans l'esprit public. On pourrait encore constater, à cet égard, bon nombre de survivances sociales. Mais à mesure que l'Etat, en restreignant ses attributions à ses devoirs de souveraineté, sera mieux adapté aux idées et aux besoins des nations modernes, le danger qui pourrait résulter de l'existence d'une ploutocratie, écueil moins grand que le despotisme militaire, s'annihilera peu à peu avec la constitution d'autres pouvoirs — aujourd'hui le pouvoir de la presse, demain peut-être quelque pouvoir moral résultant de plus de justice introduite dans la réciprocité sociale.

En réalité, le pouvoir de la richesse participe essentiellement du pouvoir intellectuel et en cela il a été le plus grand facteur de l'émancipation humaine. Comme l'idée, la richesse doit circuler, doit être échangée pour faire preuve d'existence. La véritable source de la richesse matérielle, c'est non seulement l'invention, mais l'échange, de même que la véritable source de la richesse immatérielle, c'est la diffusion des lumières. Cette diffusion par l'échange aussi bien que la diffusion des idées et des besoins par la répétition sociale dont l'imitation est une des formes a été éminemment favorable à l'extension de la sociabilité. Le pouvoir économique et le pouvoir intellectuel, le développement de la richesse et celui de l'intelligence ne marchent pas du même pas au cours de la civilisation, mais quand on les trouve réunis ensemble, ils constituent la plus grande force sociale, la seule capable de faire équilibre au pouvoir politique, à la toute-puissance de l'Etat. Et cela est d'autant plus nécessaire qu'à mesure que la réciprocité et l'égalité s'introduisent dans les rapports sociaux, l'individu devient de plus en plus isolé devant cette toute-puissance de l'Etat. Dans les démocraties, où le pouvoir politique est réparti sur tant de têtes, ces deux pouvoirs sont les seuls qui puissent contrebalancer l'influence du nombre aussi bien que la force des traditions, des habitudes, de la routine que représente l'Etat. L'individu pourrait donc être opprimé, les droits individuels foulés aux pieds, si ces deux pouvoirs ne parvenaient à garantir, au prix de luttes incessantes, l'indépendance personnelle de chaque citoyen.

VI

Quelle conclusion pouvons-nous tirer de notre étude ? En premier lieu, celle-ci : c'est que tout pouvoir social, quel qu'il soit, dérive à l'origine d'un monopole : monopole résultant de la force reconnue par tous, monopole d'une idée qui s'est peu à peu généralisée, monopole d'une croyance qui s'est propagée dans les âmes, monopole d'une arme de guerre qui a prouvé sa supériorité dans les combats, monopole d'une invention industrielle ou agricole qui a provoqué les désirs économiques, etc.

Pour que le pouvoir social de la richesse puisse naître et se développer, il faut, d'une part, entre les mains de quelqu'un, une condensation de découvertes scientifiques et d'applications industrielles sous forme matérielle ; d'autre part, dans l'âme des membres du groupe social, des aspirations et des désirs qui se propagent par sympathie imitative et dont l'orientation est déterminée par cette série de découvertes elle-même. C'est sur les désirs nés des inventions économiques que repose le pouvoir social des détenteurs de la richesse et c'est la force et l'étendue de ces désirs qui font la grandeur de ce pouvoir.

Le pouvoir politique, de même que le pouvoir de la richesse, puise sa source dans un monopole. L'observation attentive des faits historiques nous a montré, en effet, que c'est au sein de la famille primitive, de la famille sociale, qu'est né ce pouvoir. La famille sociale est non seulement le groupe des individus unis par les liens du sang, mais comprend aussi les esclaves, les clients, les compagnons, les étrangers qui viennent se mettre sous la protection du chef ou patriarche. Elle est caractérisée par deux faits : le commensalisme (repas en commun) et la croyance à la descendance d'un même ancêtre. Si, plus tard, ce pouvoir a changé de mains, s'il est passé, ici, aux castes sacerdotales, là, à des chefs militaires, ailleurs, à des magistrats civils, c'est que le courant de docilité et de crédulité primitivement nécessaire au maintien de l'autorité patriarcale a été détourné et divisé par les innovations de tous genres, réelles ou imaginaires, qui se sont successivement propagées dans l'ordre gouvernemental, religieux, administratif, militaire, judiciaire et qui ont affaibli, en la divisant, l'autorité du chef de famille. C'est la protection et la direction de ces inventions anciennes peu à peu passées dans le domaine de l'inconscience sociale et, par conséquent, tacitement acceptées par tous, qui constituent le pouvoir politique.

Le pouvoir économique inhérent à la possession de la richesse semble reposer sur un fond immense de désirs en conflits perpétuels. La puissance de domination attachée au pouvoir politique paraît plutôt reposer sur un fond calme, mais insondable, de docilité

et de crédulité, de traditionnalisme et d'inconscience
sociale. La richesse, dans nos sociétés actuelles, est
infiniment plus désirée que le pouvoir. Comme source
d'activité sociale, ces deux grands stimulants agissent
aujourd'hui avec une inégale puissance. D'une part, il
s'est élevé une haute montagne d'inventions matérielles
de tous genres qui ont provoqué les désirs. D'autre
part, les progrès de l'échange, l'usage de plus en plus
répandu du numéraire et des signes représentatifs ont
eu pour effet de renforcer, de plus en plus, les désirs
de richesse en offrant un moyen toujours prompt et
commode de les satisfaire. D'ailleurs, l'exercice d'un
signe conventionnel contenant virtuellement tous les
objets susceptibles d'enflammer l'imagination des
hommes, en permettant de satisfaire les désirs dans
n'importe quelle proportion, a eu pour effet de créer de
très petites inégalités sociales et ce sont celles-là surtout
qui provoquent l'activité plutôt que les très grandes
inégalités, comme celles qui résultent de la détention
du pouvoir. Ce n'est donc plus pour obtenir le pouvoir
que l'on désire la richesse. La fascination qu'elle exerce
agit indépendamment de toute autre, parce que les
désirs provoqués par l'accumulation énorme des
inventions sont de plus en plus inassouvis. Voilà
pourquoi peut-être, aux yeux des contemporains, le
pouvoir politique pâlit tous les jours devant elle et que
l'on arrive à croire qu'il est entièrement sous sa dépendance.

CHAPITRE II

Les Bases économiques du Droit

I

Les rapports entre le droit et l'économie publique ont été aperçus dès l'origine de la science par les économistes, notamment par les physiocrates. Ceux-ci, en effet, définissaient leur ordre naturel en termes juridiques, comme on le voit dans les écrits de Quesnay (1). Adam Smith, de son côté, affirmait que la propriété était la cause et l'origine du gouvernement civil et des lois qu'il édicte (2).

Parmi les économistes modernes, un certain nombre ont aperçu les rapports qui unissent la science de l'économie et la science du droit. M. Gide croit que la théorie de la répartition appartient au groupe des sciences juridiques. Le droit civil, commercial ou pénal serait aussi une application du principe de la répartition.

D'autres économistes, Roscher et Wagner, ont aussi aperçu le lien qui unit le phénomène juridique au phénomène économique. Roscher faisait remarquer que tout acte économique présuppose des formes légales (3). Wagner a distingué entre le capital économique et le capital juridique. Cette distinction correspond, quoique

(1) *Le Droit naturel.*

(2) *Richesse des Nations. Administration de la Justice.*

(3) *Principes d'Economie politique.* I, p. 31.

sous une autre forme, à celle que nous avons faite nous-
même dans un des précédents chapitres (1) entre le
capital résultant de biens présents et celui provenant
d'une accumulation servant à une production ultérieure,
c'est-à-dire de biens futurs, distinction également faite
par M. Boehm-Bawerk.

Enfin on est arrivé à confondre le fait juridique et le
fait économique. Stammler, dans un grand ouvrage,
affirme qu'entre ces deux faits, il n'y a d'autre différence que celle du concret à l'abstrait. Le phénomène
juridique serait la forme de la vie sociale et le phénomène économique en serait la matière (2). Or, si entre
les deux séries de faits sociaux, on peut affirmer qu'il
existe des rapports, ils sont néanmoins parfaitement
distincts. La caractéristique du fait juridique est la
contrainte et on ne retrouve pas cette caractéristique au
même degré dans le phénomène économique. Il est
certain cependant qu'il n'y a pas d'opposition absolue
entre la science du droit et l'économie politique. Le
droit qui précise les rapports entre les hommes vivant
en société implique nécessairement la connaissance du
milieu social. Mais il faut bien se garder de confondre
la science du droit avec la législation.

Chaque acte économique revêt des formes juridiques, et les théories juridiques, notamment dans le
droit civil, ont un contenu touchant à la science économique. Toute société, quel que soit le degré de
civilisation auquel elle soit parvenue, a besoin d'un
système juridique pour régler son activité économique.

On peut considérer à deux points de vue les rapports
de l'économie avec le droit : d'une part, on peut se

______

(1) Chap. V.

(2) *Wirtschaft und Recht nach der materialistischen Geschichts-
auffassung.*

demander quelle est l'influence du droit sur les faits économiques ; d'autre part, on peut chercher comment le droit est conditionné par l'économie.

Comment et dans quelle mesure le droit peut-il agir sur l'économie ? Il ne peut agir que sur les *formes* économiques, car le *fond* du droit est conditionné par l'économie. Dans les sociétés primitives, où la mobilisation de la richesse est impossible, l'économie domestique fermée correspond à un droit de famille communiste ou patriarcal. La propriété appartient au groupe, famille ou clan, représenté par le patriarche ou chef et dont les membres sont unis en une solidarité étroite.

Qu'arrive-t-il lorsqu'on passe de cette économie à l'économie urbaine avec l'extension des groupes et le développement de la division du travail ? Si on examine de près le phénomène juridique, on s'aperçoit qu'il se substitue un droit réel et territorial à un droit qui était jusqu'ici personnel et qui tenait du prestige militaire. Ce droit agit sur les formes de l'économie urbaine, en ce sens qu'il spécialise cette économie par l'obligation juridique de limiter l'exercice des métiers professionnels au territoire urbain.

Plus tard, quand se constitue une économie nationale, le droit agit en renversant les barrières locales et par la substitution d'un droit général et commun établi par les Etats centralisés.

Comment le droit agit-il sur les formes de la production ? De plusieurs manières. Dans les groupes primitifs, il agit par défense, soit en réglant la consommation, soit en limitant la nature de la production. En vertu de *tabous* sanctionnés par le droit, telle ou telle activité industrielle est interdite à certains groupes. C'est ainsi que l'élevage et la fabrication de la poterie sont interdits aux indigènes de Madagascar.

Les formes que revêt la division du travail sont-elles

affectées par le droit ? Dans les clans ou les castes, on constate qu'un droit pénal interdit aux membres de certains clans, sous des peines très sévères, quelquefois sous peine de mort, d'exercer les métiers attribués à d'autres clans (1). La division du travail entre les sexes qui existe dans les clans, à l'origine des sociétés, est aussi maintenue par des règles juridiques rigoureuses.

Quelle influence le droit exerce-t-il sur les formes de l'industrie ? Ici, ce sont les économistes qui se sont chargés de répondre et ils ont quelquefois exagéré cette influence, imbus de leur doctrine du laisser faire, laisser aller.

On sait que, dans le système de l'économie urbaine, la production est caractérisée par l'échange direct entre le producteur et le consommateur. Or ce rapport est obligatoire et sanctionné par la loi. La vente est réglementée et cette réglementation a pour effet la concentration des industries autour du marché (2).

Le despotisme éclairé des caméralistes, le colbertisme et la législation douanière ont été les facteurs de la concentration moderne de l'industrie. En Amérique, les trusts n'ont pu naître et se maintenir que grâce à la protection douanière.

Les économistes ont signalé depuis longtemps toutes les influences de la législation sur la production. Ils ont montré comment l'intervention de la législation dans la production et le commerce des objets de luxe a orienté d'une certaine façon l'activité économique. Enfin, ils ont fait voir les funestes effets, sur la production des richesses, de la législation sur le commerce des grains

---

(1) C'est ce qui existait dans l'Inde, en Égypte, à Athènes.

(2) M. René Maunier a bien étudié ces phénomènes économiques et juridiques dans son livre sur l'*Origine des Villes*.

qui a donné lieu à tant de discussions et d'écrits de tous genres.

Enfin, le droit exerce-t-il une action sur la distribution de la richesse ? Il est certain que, dans le passé, les prix ont souvent été réglés par la police. C'était le système des caméralistes et des mercantilistes. Les revenus et le profit ont aussi été réglés par la législation industrielle.

Enfin, le salaire fait depuis un demi-siècle l'objet de discussions entre économistes et socialistes, entre employeurs et employés et, de plus en plus, on multiplie les dispositions de la législation ouvrière.

II

Nous venons de voir la réaction du droit sur les formes économiques. Montrons maintenant la subordination aux phénomènes économiques de toutes les parties du droit privé, droit pénal, régime des biens, régime des personnes, droit contractuel et du droit international, et comment chaque période de l'évolution économique exige un droit spécial nouveau. Commençons par le droit pénal.

Dans les groupes sociaux primitifs, *gens* ou clan, l'économie est dans sa période embryonnaire. La caractéristique de ce genre de société est qu'il n'y existe aucune caste ou clan. La division du travail qui revêt d'abord la forme de séparation des occupations entre les sexes évolue peu à peu jusqu'à ce que la femme se retire du travail extérieur pour se consacrer exclusivement aux travaux domestiques. Plus tard, la division du travail et les échanges se font entre les clans. Sous quelle forme ? Sous la forme religieuse, de sorte que la vie économique a un caractère rituélique et qu'elle est basée sur un grand nombre de prescriptions et de défenses sanctionnées par des peines.

Dans tous les groupes qui se rattachent au genre du clan, on y trouve la vendetta, la composition, la solidarité juridique des agrégations domestiques, la communauté des biens, la parenté exagame.

Aussi longtemps que la vie économique est peu développée, c'est le droit pénal qui domine. D'où découle-t-il? Il provient des rapports économiques soit des familles entre elles, soit des clans entre eux. Il a pour origine la vendetta et les compositions pécuniaires résultant du rapt et du vol de famille à famille, de clans à clans, de tribus à tribus. Il en est ainsi chez les Kabyles du Djurdjura, les Ossètes du Caucase, les Malais de Sumatra, etc.

Quand on consulte les *Kanouns* (lois) des Kabyles, on y trouve une foule de prescriptions analogues à celles que l'on rencontre dans la loi salique et dans la loi des XII Tables. Le caractère de ces prescriptions est le même que celui des interdits romains et elles ressemblent à des jugements. On y trouve les tarifs du meurtre, du vol, de la violence, du rapt, des injures.

La procédure est appliquée par la *djemma* virtuellement composée de tous les adultes capables de porter les armes, mais réduite le plus souvent à un groupe de citoyens notables qui représentent ce qu'il y a de meilleur dans la cité. Elle possède les pouvoirs souverains des époques anciennes, elle punit les infractions à la paix publique, elle juge les coupables.

Lorsqu'un crime a été commis et que les parents de celui qui a été tué, ne sachant à quel individu de l'autre famille *(Kharroubat)* doit s'appliquer la vengeance du sang, prennent les armes pour se défendre, l'unité de la *taddert* (cité) est momentanément rompue. C'est alors que, pour éviter un conflit, on a souvent recours à un marabout renommé devant lequel tous s'inclinent. Celui-ci conseille le pardon et fixe l'amende d'après le Coran et les *Kanouns* (1).

Le droit criminel des Ossètes est aussi basé sur la vendetta et le système des rançons comme d'ailleurs tous les droits primitifs, le droit germanique, le droit lombard, le droit burgonde, etc., qui admettent tous le rachat par la composition pécuniaire.

Dans tous ces groupes primitifs, le système de la composition remplace peu à peu la vengeance du sang. Comment se fait cette transformation juridique ? C'est une raison économique qui décide ce changement. Il n'est pas toujours facile d'atteindre le coupable, alors on prend le parti de s'emparer de ses biens. Quand on étudie le droit comparé, on voit que cette évolution de la vendetta s'est poursuivie partout, avec des différences soit dans le taux de la composition, soit dans le mode de paiement, mais partout, en cas de fuite du criminel, c'est sur les membres de la famille indivise que retombe l'obligation du paiement.

Avec les progrès de la division du travail, l'augmentation de la population, les inventions relatives à l'agriculture et aux métiers se sont formées dans les castes et les classes, la population s'est concentrée dans les bourgs et les villes et l'évolution pénale a subi des transformations parallèles aux transformations économiques. Après la fusion des familles et des clans en petits bourgs, la vengeance privée a disparu pour faire place aux relations souvent guerrières des bourgs entre eux qui ont été elles-mêmes supprimées quand les bourgs sont devenus des cités. Plus tard, ce sont les États qui ont supprimé toutes les vengeances locales,

(1) Masqueray. *La Formation des Cités chez les Populations sédentaires de l'Algérie*. Ernest Leroux, 1886.

toutes les guerres de cités à cités, et qui se sont montrés
médiateurs et pacificateurs. Toutefois, l'habitude de
s'emparer des biens des coupables et des condamnés est
restée longtemps comme une survivance de la composition pécuniaire.

III

Passons maintenant à cette importante partie du
droit civil qui régit les rapports des personnes et
montrons que cette partie du droit dépend de l'évolution économique.

Dans les groupes les moins civilisés, on se livre à la
chasse, à la cueillette, à la pêche. Les hommes qui
composent ces groupes ont déjà des instruments, des
armes et la division du travail entre les sexes : les
hommes vont spécialement à la chasse et les femmes
ramassent les racines et les fruits. Cet état économique
est tellement improductif que les groupes, qui sont
quelquefois très nombreux, sont forcés d'errer continuellement.

Au point de vue extérieur, les groupes peuvent avoir
des relations avec d'autres groupes. Ces relations
tendent le plus souvent à la possession d'un territoire
en commun à défendre contre les tentatives d'accapa-
rement d'autres groupes. Il s'agit aussi quelquefois de
réunions religieuses.

Les objets mobiliers ne dépassent pas ce qui est
strictement indispensable et cela se comprend puisque
ces peuples se déplacent constamment. Quant au
pouvoir politique c'est à peine s'il existe.

C'est cet état social primitif que l'on rencontre chez
les Boshimans, les Veddas de Ceylan, les Andamas,
les Kubus de Sumatra, les Aetas des Philippines,

les Australiens. Les Esquimaux sont ceux qui occupent
le rang le plus élevé.

Quelle est l'organisation de la famille parmi ces
peuples ? A ce degré de civilisation le plus bas que l'on
ait observé, la femme est dans un état inférieur.
L'homme étant le plus fort, et exerçant la fonction
économique la plus importante, fait peser sans pitié son
autorité sur la femme. Elle est sa servante, son esclave.
Il la garde exclusivement, mais il lui arrive d'en
disposer en faveur d'un étranger et sans la consulter.
Il la possède par achat soit à son père soit à son
ancien mari. Il dispose aussi des enfants, il peut les
vendre ou les tuer.

Ainsi, c'est moins pour satisfaire le besoin de
l'amour — car le commerce sexuel est libre avant le
mariage et d'ailleurs un frère marié ne refuserait pas
l'accès de sa femme au cadet — que pour satisfaire un
besoin économique, que l'homme se marie. En
Australie, l'homme devenu adulte et qui chasse pour
son compte a besoin de sa femme pour transporter sa
case portative, la démonter et la reconstruire, et transporter le peu de mobilier qu'il possède.

Nous rencontrons déjà ici la prohibition des relations
sexuelles entre consanguins. En Australie, le clan est
divisé en trois couches suivant les âges, les aînés ne
peuvent s'unir avec les adultes, ni ceux-ci avec les plus
jeunes, et le mariage est absolument interdit entre les
individus possédant le même totem, c'est-à-dire descendant de la même mère. A ce degré de civilisation, c'est
le seul rôle de la parenté paternelle.

Un stade de l'évolution économique plus élevé est
représenté par les groupes chez lesquels, grâce à l'abondance exceptionnelle du gibier et du poisson, il existe
un état de culture de beaucoup supérieur. Tels sont
certains peuples de l'Amérique et de l'Asie du Nord,

riverains des Grands Lacs et de l'Océan, de la Californie à l'Alaska et dans l'île de Kamtchatka.

En Amérique, dans certaines sociétés de cette catégorie, il y a des villages qui contiennent jusqu'à 600 habitants et des tribus de 10.000 membres. Les hommes chassent et pêchent, mais ils fabriquent des outils et des armes, construisent des maisons et des barques. La division du travail est plus développée et il se forme certaines spécialisations de métiers. Les femmes ramassent, comme en stade inférieur, des végétaux et des crustacés, elles fabriquent des nattes, des vêtements et quelques ornements. Ici la richesse est plus considérable et elle établit certaines inégalités entre ses possesseurs.

Les échanges se développent et une monnaie consistant en coquillages et couvertures sert de moyen d'échange. En même temps, on constate un pouvoir politique plus fort, quelquefois héréditaire. Est-ce à dire que la situation de la femme soit meilleure et que l'union conjugale s'améliore? Il ne le semble pas. Le mariage a toujours lieu par achat et l'homme peut punir de mort l'infidélité de la femme.

Toutefois, la transformation économique a pour effet d'apporter des changements dans la situation de la famille. La productivité du travail augmentant, l'agglomération des familles est rendue possible, de nouveaux clans se forment et on voit de grandes habitations communes où le père est toujours le maître et où les enfants qui se marient amènent la femme dans la maison paternelle.

Les inégalités de richesse et de pouvoir amènent une autre conséquence dans les relations familiales. Il arrive que celui qui achète une femme ne peut pas en payer le prix ou qu'il n'en paie qu'une partie. Dans ce cas, il entre au service de la famille de sa femme. Il en résulte pour lui une certaine subordination à la famille de sa femme qui améliore en partie la situation de celle-ci. Mais, même dans ce cas, le père de la famille reste toujours le chef et les maris des filles sont sous son autorité. Les clans sont paternels et le lien de la parenté maternelle ne donne pas lieu à une communauté de vie et de production, mais la communauté de totem, l'obligation de la vengeance du sang, ainsi que l'interdiction de se marier entre consanguins, continuent à subsister.

Si nous passons des peuples chasseurs aux peuples pasteurs, comme les Arabes, les Kirghis, les Turcomans, les Mongols, les Thibétains, les Yakouts, les Samoyèdes, les Tunguz, les Tchoukchs, les Todas de l'Inde méridionale, les Lapons, les Cafres et les Hottentots, nous constatons que bien que les cultures de ces peuples soient bien différentes au point de vue du rendement, la supériorité des fonctions économiques de l'homme s'accentue de plus en plus. L'élevage des animaux domestiques procédant de la chasse et les troupeaux étant la propriété des hommes comme ayant été conquis à l'origine par les armes, il en résulte qu'en général on interdit aux femmes d'approcher des campements où est gardé le bétail.

Si l'on peut admettre jusqu'à un certain point que le travail des femmes dans et autour des maisons n'a pas grande importance, il n'en est pas moins vrai que le bétail demande très peu de soins, qu'il se multiplie lui-même et que le pasteur perd toute habitude de travail. Convaincu que son troupeau peut disparaître par des calamités comme la soif, des épidémies, ou comme en Algérie le manque de nourriture, il devient indolent et fataliste. Des espaces considérables leur étant nécessaires pour faire paître leurs troupeaux, ils deviennent nomades.

Le clan est toujours paternel, le père vend très cher sa progéniture parce qu'il est très avide de bétail, la femme n'est rien devant l'homme qui est polygame et prend autant de femmes que ses moyens le lui permettent, et il a, en même temps que le pouvoir économique, le pouvoir religieux, ainsi que nous l'avons montré dans un précédent chapitre.

Comment la situation de la femme et le régime matrimonial peuvent-ils s'améliorer ? Par les inventions relatives à la culture des plantes nouvelles qui donnent naissance à l'agriculture. La vie sociale qui résulte de ce nouvel état de choses est bien différente de celle des peuples pasteurs. Tels sont, par exemple, les Hurons et les Iroquois de l'Amérique du Nord, les Malais de Sumatra, les Samoens de l'Asie.

Ici, les femmes s'occupent beaucoup de travaux agricoles, le clan est maternel, la succession est établie en ligne maternelle, les femmes sont très respectées et ont leur part dans le gouvernement du clan que possède la terre indivisement. Ce gouvernement est démocratique et la solidarité est étroite entre les membres du clan qui doivent la vengeance en cas de besoin.

Il est cependant certain qu'une évolution se produit dans le clan qui, de maternel, devient ensuite paternel, et il y a même des clans paternels qui n'ont pas passé par le matriarcat, car les hommes n'ont pas toujours été rebelles aux travaux agricoles.

Comment s'opère le passage du matriarcat au patriarcat ? Par les inégalités sociales qui se manifestent dans le clan, c'est-à-dire par les différences de richesse et de pouvoir. Grosse a signalé trois causes d'inégalités qui entraînent la dissolution du matriarcat. D'abord, il est permis à certaines familles de défricher, en plus des terres qu'elles détiennent du clan, certaines autres portions qu'elles ont acquises personnellement ;

en second lieu, les objets mobiliers peuvent être possédés en plus grande quantité par certaines familles, selon leur chance ou leur capacité ; enfin, les différences dans la répartition du butin à la suite des razzias constitue un autre genre d'inégalité. Chez les Arabes, ces différences de répartition entre les familles des chefs, selon leur importance, sont réglées par le Coran.

Ces inégalités ont pour résultat de créer dans ces sociétés deux classes non consanguines et dont l'une est sujette de l'autre. Les individus faisant partie des clans les plus riches ne veulent donc pas quitter leur clan, et, au lieu de passer dans le clan de leur femme, ils attirent la femme chez eux en donnant une compensation à l'autre clan plus pauvre (1).

C'est ainsi que réapparaît le mariage par achat et que la femme devient la propriété du clan de son mari, et c'est ainsi que le frère du mari peut la recevoir en héritage, par cette coutume qui s'appelle le lévirat.

En résumé, le mariage n'est pas parti d'une forme unique, de même qu'aujourd'hui il n'y tend pas non plus. Les interdictions de mariage entre clans, puis plus tard entre castes, proviennent généralement de causes économiques. Le patriarcat a fini, un peu partout, par devenir prépondérant. L'invention des premières armes, puis des instruments de culture, a produit une véritable révolution économique et juridique. Le mariage a été à l'origine une association dictée par des besoins économiques. Peu à peu, avec l'extension du champ social et l'élargissement graduel des formes du droit, il a affranchi l'homme de sa nature animale pour

---

(1) Grosse. *Die Formen der Familie und die Formen der Wirthschaft.* Freibourg Mohr, 1896.

substituer les relations sociales aux rapports de consanguinité.

IV

Examinons maintenant cette partie du droit civil qui concerne le régime des biens. S'il est un droit qui dépend par excellence de l'évolution économique, c'est bien le droit de propriété.

Pour bien comprendre les transformations du régime juridique de la propriété, il faut les suivre dans les différents types sociaux qui se sont succédés au cours de la civilisation.

Dans le clan ou la *gens*, groupe uni par la consanguinité réelle ou fictive, la propriété est collective. Mais le régime diffère suivant la vie économique à laquelle se livrent les membres du groupe. Chez les peuples nomades qui ont besoin d'immenses espaces pour vivre, la propriété n'a qu'une valeur toute relative. Chez les Arabes nomades, les terres de parcours appartiennent à la tribu *(arch)* et font retour au groupe en cas de départ ou de décès d'un des membres (1). Seuls, les troupeaux, le butin, les armes, le mobilier, les tombeaux font l'objet d'une appropriation personnelle. La propriété individuelle a même commencé par celle des tombeaux. Toutefois, en Algérie, à côté de cette propriété appartenant au clan et à la tribu, on a aussi trouvé une propriété personnelle (*melk*), c'est-à-dire la possession privée transmissible par vente, donation ou testament. Celle-ci s'obtenait par la *vivification des terres mortes*, selon l'énergique expression

---

(1) Je me permets de renvoyer à ce sujet à une étude que j'ai fait paraître dans le *Journal des Économistes*, nº d'octobre 1892. *La Propriété immobilière chez les Arabes de l'Algérie.*

arabe, c'est-à-dire par l'occupation et la mise en valeur des terres abandonnées.

Comment se constituaient les *melk*? A la longue, certaines tribus campées autour des sources durent y élever quelques constructions pour la garde des richesses et des troupeaux. Ces tribus, dégénérées, disent les habitants du Sahara, restèrent dans le Tell et devinrent plus sédentaires. L'occupation fut peu à peu consacrée par les tombeaux des ancêtres et la terre où reposaient les pères fut la première propriété personnelle.

Aussi longtemps que le clan reste nomade, il ne peut exister qu'une propriété embryonnaire et le passage de l'état nomade à l'état sédentaire est toujours très long. Il existe des clans qui sont à la fois nomades et sédentaires. C'est le plus souvent à la suite de certaines inventions agricoles, de l'introduction de cultures nouvelles, de travaux relatifs au défrichement et à l'irrigation des terres et au dessèchement des marais que les clans et les tribus se cantonnent dans un rayon déterminé, passant ainsi de l'état nomade et pastoral à l'état semi-nomade et sédentaire. C'est ainsi que les immenses travaux de défrichement et d'irrigation qui eurent lieu en Grèce au vi^e siècle avant notre ère firent passer les Hellènes de l'état pastoral à l'état agricole (1).

Quel est le régime des biens chez les premiers peuples agricoles? A mesure que les clans et les tribus, en se fixant au sol, prennent des habitudes sédentaires, un lien entre l'organisation politique et le droit de propriété se dessine. C'est le clan qui, en tant qu'unité sociale, prend possession de la terre et c'est le chef de clan qui a le pouvoir de disposer du sol au profit des

---

(1) P. Guiraud. *La Propriété foncière en Grèce*. Imprimerie nationale, 1893.

familles et des membres du groupe qui en ont la disposition temporaire. Ce pouvoir de disposer du sol, qui appartient exclusivement au chef de clan et qui se transmet héréditairement avec la qualité de chef, suppose deux sortes de droit relatifs à la terre : une propriété utile, un droit borné à la jouissance et une propriété éminente que se réserve le groupe pour surveiller les limitations imposées à cette jouissance. C'est une organisation de ce genre que l'ethnographie juridique rencontre chez un grand nombre de peuplades primitives qui subsistent encore de nos jours et cette organisation est plus ou moins nettement accusée suivant que l'on rencontre des survivances plus ou moins nombreuses des institutions primitives du clan ou de la *gens*. C'est ce qu'on observe chez les Malais de Sumatra (Menang-kabaos, Battaks, Lampongs, etc.), chez les Dayaks de Bornéo, les Timorais, les Polynésiens, les Indous, etc. (1).

Telle est l'organisation primitive du droit de propriété dans le clan. Avec les progrès de l'agriculture, l'augmentation de la population, les inventions nouvelles relatives au sol, les clans se fusionnent pour former des tribus et des confédérations de tribus. La propriété éminente du sol reste toujours à l'organisme politique supérieur ainsi formé, confédération de tribus, cité, Etat. Il en résulte que, pendant de longs siècles, la propriété, avant de revêtir le caractère que nous lui connaissons aujourd'hui, passe par une autre forme : celle de la tenure perpétuelle ou à long terme moyennant redevance. Dans les pays où l'organisation politique a abouti à la royauté ou à

---

(1) Steinmetz. *Rechtsverhaeltnisse von eingeborenem Volkern in Africa und Oceanien.* Berlin Springer, 1903. — Mazarella. *Les Types sociaux et le Droit.* (Bibliothèque scientifique dirigée par M. Gaston Richard).

l'empire, le domaine éminent a passé au roi et aux castes militaires et sacerdotales et se manifeste par le paiement de la dîme qui est la forme primitive de l'impôt. C'est ce qui s'est passé dans les grandes monarchies asiatiques, en Babylonie, en Perse, en Judée, en Chine, dans l'Inde.

Toutefois, dans l'Europe occidentale, le droit de domaine éminent de collectivité et le partage périodique des terres subsiste encore chez certaines populations de race slave.

Le régime du domaine éminent a subsisté pendant toute la durée de l'Empire romain et, à l'époque franque, sont nées les tenures serviles. Pendant tout le moyen âge et aussi longtemps qu'a duré le régime féodal, la propriété n'a pas été séparée de la souveraineté.

Comment cette séparation s'est-elle effectuée et comment le droit moderne s'est-il constitué ?

La véritable dissociation des deux pouvoirs politique et économique, ainsi que nous l'avons montré dans un précédent chapitre, s'est faite à la fin du moyen âge par une série de transformations économiques qui toutes ont contribué à l'agrandissement du champ social : les croisades qui ont eu pour effet d'importer en Europe un certain nombre de procédés industriels et de développer le commerce maritime, le grand mouvement commercial dans les cités industrieuses du moyen âge, la découverte de l'Amérique et l'introduction de l'or qui ont donné une impulsion extraordinaire à la vie économique, tous ces événements ont eu pour effet de briser le cercle étroit de la seigneurie féodale et d'ouvrir une ère nouvelle au droit de propriété.

Ces diverses transformations économiques ont créé la richesse mobilière et l'accroissement des propriétaires de cette richesse nouvelle. Avec l'ancienne forme de propriété foncière, il fallait habiter sa terre et l'indivi-

sion existait entre personnes enfermées sous le même
toit ou à l'abri du même rempart. Avec la transformation
des moyens de transport facilitée par un pouvoir
politique unifié, il a été possible à un grand nombre de
personnes d'acquérir des possessions mobilières et
immobilières ailleurs que dans le cercle étroit où elles
étaient obligées de résider auparavant. Ensuite, l'invention de la lettre de change a facilité les rapports
commerciaux à des distances éloignées. Les inventions
relatives à la navigation, depuis la voile jusqu'à la
boussole et l'hélice à vapeur, ont transformé les moyens
de communication à longue distance et les inventions
relatives au crédit ont transformé le commerce et créé
un droit commercial nouveau.

Là ne s'arrête pas la transformation juridique de la
propriété. Une nouvelle forme de propriété inconnue
des nations antiques s'est créée : c'est le domaine public
moderne. Les découvertes qui ont eu lieu pendant les
xviiie et xixe siècles en physique, en chimie, en mécanique, et l'application de ces découvertes aux besoins
de la locomotion, ont contribué à créer chez presque
toutes les nations un immense domaine industriel et
artistique, national, départemental et communal, dont
les chemins de fer constituent la partie la plus riche.
Cette nouvelle forme de propriété n'a plus aucun rapport
avec le domaine éminent de l'ancien régime. C'est une
propriété publique d'une nature spéciale dont le public
absorbe toute l'utilité par le droit d'usage. Elle est
susceptible de revêtir des formes de plus en plus variées
et de rendre des services qui se multiplieront chaque
jour davantage.

V

Passons maintenant à l'examen du droit contractuel.

Le droit contractuel, comme toutes les formes du droit, est assujetti aux conditions de la vie économique. Dans les groupes sociaux où existe la communauté de famille qui coïncide avec l'absence presque complète de la propriété privée, le droit des obligations ne peut être très développé.

Chez les Hindous et les Celtes, la communauté de famille, représentée par son chef, a seule le droit de s'obliger. Toutefois, l'obligation n'est valable qu'à la condition que chacun des membres de la famille y consente (1). Une disposition analogue existe dans le droit irlandais. Les Ossètes du Caucase se trouvent aussi régis par le même droit (2). Toutefois, le droit des Hindous et des Celtes permettait aux membres de la famille de faire des donations au clergé, ce qui annulait indirectement la disposition principale. C'est sans doute parce que l'on considérait que ces donations ne nuisaient pas aux intérêts de la famille.

Cependant, au fur et à mesure que la vie économique et la richesse progressaient, une certaine modification des droits individuels se faisait jour et la communauté recevait des atteintes. Dans le contrat de mariage, la dot de la femme était exclusivement à la disposition du mari. En outre, toutes les acquisitions et les bénéfices qu'il avait pu faire en dehors de la famille ne rentraient pas dans la caisse commune. Plus tard, le droit s'élargit encore. Non seulement les produits du travail, le salaire, le butin de guerre, le fermage reviennent à l'individu et ne rentrent plus dans la communauté, mais encore il lui est permis d'acquérir une terre inoccupée qu'il défriche et qui devient sa propriété personnelle. C'est ainsi que

(1) Sumner-Maine. *Hindou law and usage.*

(2) Cf. Kovalewsky. *Coutume contemporaine et Loi ancienne.* L. Larose, 1893, p. 96 et suiv.

nous avons vu se créer les *melk* chez les Arabes, comme la propriété analogue chez les Hindous et les Celtes.

Avec la propagation des inventions relatives à la culture du sol, le nombre des propriétaires et des contrats se multiplient, mais il existe encore certaines restrictions. Ainsi, chez les Ossètes, par une coutume bizarre, il était interdit de vendre la marmite et la chaîne domestique qui avaient sans doute la même importance dans le culte familial que les tombeaux en Grèce et à Rome (1).

En ce qui concerne les biens de la communauté, il fallait, dans tous les droits anciens, pour la validité d'un contrat, qu'il s'agisse d'une vente ou d'un échange, de la remise des arrhes que l'on devait donner pour une fiancée ou du paiement d'un wergeld, la présence de douze personnes qui, chose curieuse, tenaient la lance, symbole de la propriété aliénée ! Plus tard, cette antique coutume se perdit de vue et la présence de témoins, dont le nombre finit par se réduire à deux, n'eut plus d'autre but que de donner de la publicité aux contrats.

Existait-il dans l'ancien droit, et notamment dans le droit germanique, des contrats formels ? Autrement dit, l'acte était-il entaché de nullité quand les parties contractantes omettaient les paroles et les symboles consacrés par l'usage ? Cette question a divisé les savants français et allemands. Pour la résoudre, il est nécessaire de bien se pénétrer de la vie économique des premiers groupes communautaires. L'échange étant très peu développé dans ces groupes, les contrats exigeaient à l'origine la remise immédiate de l'objet, en tout ou partie. La réalisation immédiate avait lieu en cas d'échange ; lorsqu'il s'agissait de gage ou d'arrhes,

(1) Cf. Kovalewsky. *Loc. cit.*, p. 108.

on procédait par réalisation partielle. Il en résulte que le rite sacramentel comme, par exemple, la remise d'un fétu de paille que l'on retrouve dans le contrat de cautionnement, parce qu'il n'admet pas la possibilité d'une réalisation immédiate, n'était pas indispensable au chef de famille, à qui il fallait d'ailleurs le consentement de tous les intéressés (1).

Nous avons dit que, dans l'ancien droit criminel, la vengeance du sang s'était peu à peu transformée en paiement d'une composition pécuniaire. Les contrats auxquels donnaient lieu le paiement pouvaient-ils se réaliser immédiatement ? Il semble que si l'on s'en rapporte à l'exemple des nations qui ont conservé le système du *wergeld* ou des rançons pour crimes, le paiement immédiat d'une partie de la rançon était obligatoire.

Une autre coutume que l'on retrouve aussi dans l'ancien droit irlandais, dans le droit hindou et chez les Ossètes du Caucase, c'est le droit de s'emparer des biens de celui qui n'exécutait pas ses engagements, droit qui se transformait dans la prise de gage, sorte de saisie des biens du débiteur.

Le contrat de prêt a subi une évolution juridique parallèle à l'évolution économique. A l'origine, le contrat de prêt se faisait sans fixation d'un terme fixe. Aussi bien dans le droit des brehons que dans les lois salique et répuaire, l'emprunteur devait rendre les choses empruntées dans l'état où elles se trouvaient au moment du prêt.

A une époque où la monnaie était encore inconnue, c'était le bétail qui servait de monnaie. Chez les Ossètes, la vache était l'unité monétaire, mais le croît des animaux amenait cette conséquence que l'emprun-

____

(1) Cf. Kovalewsky. *Loc. cit.*, p. 109.

teur était obligé de restituer, au bout de la première année, la vache avec un veau, et au bout de deux ans avec une vache, ce qui porte les intérêts à 50 °/o. Il est curieux de constater qu'avec les progrès de la vie économique, la monnaie ayant fait son apparition, ils appliquaient ce même calcul aux prêts d'argent.

On retrouve le même principe à Athènes, à Rome et dans le droit hindou. C'est ce qui explique l'esclavage dans lequel était tenue la plèbe à l'égard des eupatrides et patriciens dont elle était la débitrice.

Plus tard, avec les progrès économiques, le développement des communications, le caractère juridique du contrat de prêt, comme celui des autres contrats en général, se transforma. Ces contrats, de *réels* qu'ils étaient à l'origine, devinrent *consensuels* et en même temps plus nombreux.

Le cercle social sans cesse élargi et s'étendant de la famille au clan, à la cité et à la nation, a entraîné des transformations profondes dans la manière de comprendre et de pratiquer les obligations. La disparition du contrat féodal a fait naître une foule de contrats nouveaux; les inventions agricoles, l'invention de la monnaie, de l'imprimerie, de la lettre de change, de la poste et des chemins de fer ont fait disparaître les formes surannées des contrats et les anciens modes de preuve et d'exécution.

VI

Dans toutes les civilisations arrivées à cet âge brillant que l'on appelle classique, à Athènes du temps de Platon, à Rome sous les Antonins, en Angleterre au XVIIIe siècle, en France sous Louis XIV, la conception d'un droit naturel basé sur l'équité se fait jour sous différents noms. A mesure que les relations commerciales avec les peuples étrangers s'étendent, l'idée du droit quiritaire se transforme pour s'appliquer aussi aux nations avec lesquelles on est en relations. A Rome, c'est ainsi que naît le *jus gentium*.

Sans doute, les jurisconsultes romains qui ont conçu cette idée juridique y ont aussi été amenés par l'unification de presque toute la portion du globe alors connue, par la conquête romaine devenue la paix romaine, mais les contrats commerciaux avec un grand nombre de nations ont grandement favorisé la conception d'un droit plus large que le droit national. Ils ont eu pour effet de créer un courant de sympathie et une certaine réciprocité sociale avec l'extérieur et ont contribué à amener progressivement le droit international.

Ce droit international, qui s'impose aux armées en temps de guerre et aux diplomates en temps de paix, n'est pas né d'un acte législatif, ni d'une conception de diplomate. Sumner-Maine a fait remarquer avec raison que les créateurs du droit international, Grotius et ses successeurs, par le succès de leurs livres, ont soulevé « un sentiment intense d'approbation en faveur d'un certain nombre de règles » et, en revanche, un sentiment intense de « réprobation » (1).

Pourquoi cette adhésion enthousiaste des esprits éclairés ? C'est parce que l'on sentait la nécessité de protéger les relations économiques des peuples et le commerce maritime qui étaient à la merci des caprices belliqueux des souverains.

La question de savoir si la mer devait être ouverte à tous les pavillons ou si elle devait être fermée, si les cours d'eau devaient être à la navigation des Etats riverains, la question de visite des vaisseaux neutres en temps de guerre pour s'assurer qu'ils ne contiennent

______

(1) *Traité de Droit international.*

pas de contrebande de guerre, toutes ces questions se sont posées avec anxiété et ont été successivement résolues par le droit international.

Mais comment ces solutions sont-elles intervenues? Est-ce par la réunion de savants jurisconsultes internationaux? En partie, mais leurs discussions ont elles-mêmes été influencées par les faits économiques de toutes sortes et notamment par les inventions qui ont transformé la navigation.

Par exemple, en ce qui concerne la contrebande de guerre, aurait-on songé, avant l'invention des coques métalliques, à y comprendre le fer à côté du bois et du chanvre? De même, l'invention des chemins de fer n'a-t-elle pas rendu illusoire le blocus des ports de mer qui peuvent se ravitailler par terre?

Le droit de course, cette pratique barbare qui consistait à armer des corsaires pour capturer des vaisseaux marchands appartenant à l'ennemi, a été supprimé non par raison humanitaire, mais parce que l'entretien d'une flotte permanente a rendu inutile ce procédé barbare.

C'est cet idéal de droit naturel dont nous venons de parler qui a été le germe d'où est sorti le droit international. Celui-ci ne pouvait naître que par la suppression des anciens conflits locaux et l'avènement des grandes nations. Il est basé sur la souveraineté des Etats qui sont libres d'adopter tel régime douanier ou telle mesure militaire qu'il juge à propos.

En résumé, l'évolution économique a été un des facteurs les plus puissants qui ont contribué à créer un droit qui, s'il ne contient pas encore toutes les dispositions que l'on pourrait rêver, a du moins le privilège d'avoir, dans une certaine mesure, rapproché les peuples.

CHAPITRE III

La Genèse économique de l'Art

I

L'art est intimement lié à l'invention et par conséquent à la vie économique. Tous les outils, toutes les machines, tous les produits industriels ont été à l'origine des œuvres d'art.

On peut envisager l'art sous deux points de vue différents. Dans un sens large, il comprend l'invention dans tout ce qu'elle a produit de social : codes, langues, religions, aussi bien que les théories scientifiques et les procédés industriels. Dans l'autre sens — et c'est celui dans lequel on l'envisage ordinairement — l'art comprend seulement l'invention esthétique : parure, décoration, architecture, peinture, sculpture, musique, poésie.

Les valeurs esthétiques ont certains points communs avec les valeurs économiques et la théorie des beautés se rapproche de la théorie des utilités. Entre l'industrie et l'art, il n'y a qu'une différence de degré. Les désirs auxquels répond l'œuvre d'art sont plus artificiels et résultent d'une élaboration bien plus longue que ceux répondant à la production industrielle proprement dite, mais il n'y a pas entre eux de différence fondamentale. Ainsi, c'est par la parure et l'ornementation qu'a commencé l'épargne. Les monnaies primitives ont, en effet, servi d'ornement et, parmi celles-ci, c'est la monnaie-parure qui a été la plus répandue, parce qu'elle confère un prestige social par le caractère de désirabilité générale qu'elle renferme.

L'art a aussi une influence directe sur la production et presque tous les objets qui sont aujourd'hui de consommation courante ont été d'abord des choses de luxe. Le luxe se développe parallèlement à la production des arts, notamment des arts plastiques et décoratifs.

L'école physiocratique avait aperçu cette influence de l'art sur la production. Partant de son idée préconçue que toute la richesse dépendait exclusivement de la production agricole, elle examinait l'influence du luxe à deux points de vue en ce qui concerne l'abondance des consommations : d'une part, le luxe de subsistance consistant dans une forte consommation de denrées ; d'autre part, le luxe de décoration consistant dans la consommation d'ameublements, de vêtements, de décorations artistiques, de peintures, etc.

D'après cette école, le luxe de subsistance qui assure la vente des denrées à un bon prix avait un effet heureux sur la production agricole — c'est-à-dire de ce qui, pour elle, constituait la richesse — en ce sens qu'il permettait d'incorporer de nouveaux capitaux à la terre. En revanche, le luxe de décoration favorise peu la reproduction du revenu et c'est pourquoi les physiocrates recommanderont de sacrifier le second au premier. Cela prouve qu'ils croyaient à l'influence de l'art sur l'économie (1).

Si on compare l'industrie aux arts, on voit que toute profession industrielle retient l'ouvrier attaché à son travail par un certain plaisir que l'on pourrait qualifier d'esthétique et que tout métier renferme une certaine part d'invention, c'est-à-dire d'art. On sait que chez les artisans du moyen âge, qui étaient groupés en corpora-

____

(1) Dupont de Nemours. *Physiocratie*, 1767. I, p. 116-117.

tions, il fallait produire un *chef-d'œuvre* pour devenir maître.

L'ouvrier des temps anciens avait l'amour de son art : il se plaisait à tailler la pierre, à sculpter des bâtons de commandement. L'ouvrier des grandes cathédrales qui sculptait des crosses d'évêque et qui ornait les édifices était vraiment un ouvrier d'art. Même aujourd'hui, cet attachement de certains ouvriers à l'œuvre d'art qu'ils exécutent n'a pas complètement disparu.

II

Examinons maintenant l'influence que les faits économiques exercent sur l'art.

Les arts peuvent se diviser en deux groupes distincts : les arts de mouvement qui visent à reproduire des formes en mouvement et les arts de repos qui visent au contraire des formes en repos, comme les arts plastiques. La forme la plus primitive des arts plastiques est la décoration.

Pour comprendre l'évolution des arts, il est nécessaire d'étudier leurs manifestations dans les groupes primitifs et de rechercher les progrès qui ont pu s'accomplir au cours de la civilisation. Il ne suffirait pas de prendre la dernière époque, comme l'a fait Guyau (1), qui n'a étudié l'art qu'en remontant à un siècle en arrière.

Le vêtement et la parure ont une origine commune et il n'y a entre eux qu'une différence de degré. Les peuples chasseurs, Australiens, Mincopies, Boschimans, Botocudos, Fuégiens, sont beaucoup plus parés que vêtus. Ils se peignent le corps. Les Australiens ont des provisions d'argile blanc, vert, rouge et jaune, et tous

(1) *L'Art au point de vue sociologique.*

les événements importants sont marqués par une peinture du corps. Il en est de même des Tasmaniens, des Mincopies et des indigènes des îles Andaman. Chez les Boschimans, la peinture du corps est très uniforme. On trouve partout le bronze, puis le jaune.

Il est curieux de constater que chez les Australiens et les Mincopies, la couleur blanche est à la fois celle des fêtes et celle du deuil. Les peuples primitifs étant très superstitieux, il est permis de supposer que la couleur blanche rendant méconnaissable, c'est par peur des esprits qu'ils emploient cette couleur.

Les peuples primitifs ont deux manières d'appliquer les dessins sur la peau d'une façon durable : le tatouage et la scarification. Il semble que la préférence qu'ils donnent à l'un ou à l'autre dépend de la couleur de leur peau. Les Boschimans, qui sont jaunes, et les Esquimaux, qui sont cuivrés, se tatouent, tandis que les Australiens et les Mincopies, qui sont noirs, se font des cicatrices.

Les Botocudos et les Fuégiens ne connaissent ni le tatouage ni la scarification, mais les Botocudos se mettent dans les oreilles et les lèvres des bâtons (*botoques*) qui arrivent progressivement jusqu'à un centimètre de diamètre. C'est de ces *botoques* qu'est venu leur nom. On rencontre aussi cette coutume chez les Indiens de l'Amérique et même chez les Esquimaux.

Chez les indigènes du Queensland, les hommes seuls portent des cicatrices, car on trouve inconvenant que les femmes se parent. Elles doivent se contenter de quelques incisions sur la poitrine, le dos et les bras. Elles attribuent d'ailleurs beaucoup de valeur à ces incisions. C'est pour elles un signe de luxe. Elles servent aussi de marque de tribu. Chez les Esquimaux, au contraire, le tatouage est le privilège des femmes et des jeunes filles.

En ce qui concerne la chevelure, les femmes laissent

toutes pousser leurs cheveux d'une façon désordonnée et elles se poudrent les cheveux avec de l'ocre rouge. La pièce la plus importante de la parure de la tête est le frontal qui est si intimement lié à la coiffure qu'il est souvent impossible de l'en séparer nettement. Aux îles Andaman, c'est une feuille de pandanus roulée. Le frontal est devenu plus tard le symbole de la dignité royale. Dans tous les cas, il rend des services à l'homme primitif et il empêche ses cheveux de tomber sur le front.

Les Botocudos vont toujours nus et ils se pendent au cou de jolies chaînes du genre dont ils s'entourent la tête. Les Australiens, hommes ou femmes, portent au cou un cordon de laine d'opossum sur lequel on enfile des petits morceaux de jonc qui font plusieurs fois le tour du cou et pendent sur la poitrine.

La parure des hanches est la plus intéressante. Elle a joué un grand rôle dans la fameuse discussion relative à l'origine de la pudeur. Chez les Fuégiens, les parties sexuelles des deux sexes ne sont pas recouvertes. Les tribus des Botocudos vont entièrement nues (1).

Aux îles Andaman, les hommes portent une ceinture de feuilles de pendam ou un cordon de fibres végétales, mais ni le cordon ni la ceinture ne cachent la région du pubis. Cependant les femmes la cachent en s'entourant les hanches de plusieurs ceintures dont l'une porte un tablier de feuilles. Chez les Boschimans, les quelques ceintures et tabliers que portent les hommes et les femmes ne cachent rien et les femmes, jeunes ou vieilles, n'ont aucune honte de leur nudité. En Australie, on enroule autour des hanches une ceinture de peau ou de fibres végétales et, par dessus, une deuxième ceinture précieuse faite de cheveux dont la longueur est

____

(1) Ehrenwieich. *Uber die Botocudos Zeitschrift Ethnol.* XIX, 22.

immense ; quelquefois, on y ajoute un appendice, par exemple une mèche de poil d'écureuil qui pend sur les parties génitales sans les cacher.

Comment faut-il interpréter ces faits ?

Les ceintures, cordons, tabliers, etc., sont-ils destinés à cacher ou à parer les parties sexuelles ? On a soutenu la première opinion, mais les observations recueillies chez les peuples primitifs ne semblent pas la confirmer. Les Fuégiens et les Botocudos des deux sexes vont complètement nus. En Australie, les hommes ne couvrent jamais leurs parties génitales et les hommes et les femmes, sauf les jeunes filles, vont sans tablier. Il faut donc en conclure que la nudité n'est pas une exception temporaire. C'est l'état normal.

Nous allons voir maintenant pourquoi, dans certaines circonstances, la situation change.

C'est seulement dans les occasions solennelles, dans les fêtes, dans les mariages, que l'on se ceint les reins à titre de parure. On ne peut donc expliquer l'origine du vêtement recouvrant les parties génitales par le sentiment de la pudeur, mais on peut expliquer l'origine de la pudeur par la coutume de cacher la région du pubis. En effet, cacher les parties génitales, c'est pour les hommes et les femmes un moyen d'excitation sexuelle, mais à mesure que l'on prend l'habitude de cacher ces organes, le vêtement perd son caractère aphrodisiaque. Il en résulte qu'après cette transformation de l'esthétique du vêtement, c'est la nudité qui excite et que la civilisation a changé le jugement que l'on portait à l'origine sur les moyens de produire l'excitation sexuelle. Ce progrès s'est accompli par la mise en vigueur du principe juridique, créé lui-même par l'évolution économique, ainsi que nous l'avons vu, et en vertu duquel l'homme est devenu propriétaire de la femme. C'est donc par pudeur, sentiment né progressivement de ce que l'homme s'est convaincu qu'il avait un droit exclusif sur la personne de sa femme, que l'on cache certaines parties du corps chez les civilisés d'aujourd'hui, tandis que chez les peuples primitifs on cache ces parties en guise de parure. Rappelons qu'à Sparte, les femmes marchaient dans la rue le vêtement ouvert par devant, la loi spartiate ayant prescrit cette coutume pour que les jeunes gens, sachant à quoi s'en tenir sur les parties sexuelles de la femme, leur imagination soit en repos sur cette question (1).

Chez les Esquimaux, en raison du froid, il ne saurait être question de parure s'appliquant directement sur le corps. Ils sont vêtus de fourrures et ils se bornent à orner leurs peaux de franges de cuir ou de perles d'os.

En résumé, l'évolution de la parure est conditionnée par le milieu économique. Les peuples chasseurs ont une prédilection marquée pour les parures de plumes par le plaisir que leur fait éprouver la couleur et le lustre de ces dernières. La plume a conservé sa place à travers tous les changements de mode, dans la parure de la femme, mais le coquillage a presque entièrement disparu, bien qu'on en rencontre encore quelquefois comme ornement dans les appartements.

Il est resté des formes primitives d'esthétique corporelles, telles que le tatouage, qui n'a pas disparu dans les grands centres et chez les marins et que l'on retrouve même dans les classes élevées de la société. Nous n'avons pas enrichi le stock des formes et les parures de plumes et de peaux les plus modernes

(1) Grosse fait remarquer que, même chez les civilisés d'aujourd'hui, la pudeur est envisagée de différentes façons, suivant les circonstances dans lesquelles se trouve placée la femme. Elle ne se décolleterait pas dans la rue, mais les usages exigent qu'elle se mette en grand décolleté pour aller à l'Opéra ou dans les soirées mondaines. (*Les Débuts de l'Art.* Paris. Félix Alcan, 1902).

sembleraient pauvres en comparaison des peuples chasseurs primitifs.

A la parure se rattache l'art ornementaire qui est d'ailleurs bien moins développé qu'elle. Dans les groupes primitifs, on n'a pu le trouver que chez les Australiens, les Mincopies et les Esquimaux.

Les dessins que les Australiens, les Mincopies et les Esquimaux peignent sur leurs armes ou sur leurs outils, ressemblent à des figures géométriques. Les ornements des primitifs sont, pour la plupart, des imitations des formes naturelles. Tandis que les dessins des civilisés sont des reproductions de feuilles, de fleurs ou de fruits, ceux des primitifs se bornent à imiter et à reproduire les formes des animaux.

On trouve aussi dans les dessins des tribus du Brésil le caractère géométrique, mais il paraît que ces dessins géométriques reproduisent des animaux. Les Australiens ornent leurs boucliers comme les peuples de l'antiquité. L'art ornementaire des Esquimaux est plus riche. Sur les outils en bois et en os, ils gravent des têtes d'oiseaux.

Dans l'art ornementaire primitif, les formes priment les couleurs. Les armes offensives des Australiens ne sont pas peintes ; seuls les boucliers sont peints en noir et blanc. Il y a une grande analogie entre les ornements et les caractères de l'écriture, de sorte qu'il est parfois difficile de les distinguer. Ces caractères reproduisent sur leur boomerang un événement important ou un signe de propriété. Peut-être aussi représentent-ils des signes magiques.

La forme de production étant le facteur essentiel de l'évolution esthétique qui prête un caractère défini à toutes les manifestations artistiques d'un groupe social donné, nous devons découvrir des rapports entre l'art décoratif et les formes de production des tribus de chasseurs. En effet, l'influence de la chasse se fait sentir dans le caractère général de l'art décoratif et ornementaire.

Dans un groupe social où la vie économique est réduite à la lutte perpétuelle pour les besoins journaliers, les dessins esthétiques sont nécessairement d'une forme rudimentaire. Le chasseur, qui est semi-nomade, ne peut s'occuper que de sa propre existence et celle de sa famille, ce qui ne lui permet pas de développer son art.

Le passage de l'ornementation empruntée au monde animal à l'ornementation empruntée au monde végétal est contemporain de la transformation des tribus nomades en tribus sédentaires et de leur fixation au sol à la suite de la propagation des inventions relatives à la culture du sol. On trouve cette transformation esthétique accomplie sur les plus anciens bronzes de l'Egypte, où on a dû connaître de bonne heure l'art ornementaire basé sur le règne végétal.

III

En ce qui concerne la peinture et la sculpture, on a pu remonter jusqu'à la préhistoire.

Dans les trouvailles préhistoriques faites dans les grottes de la Dordogne, notamment à la station-abri de Chez-Pigeasson, on a trouvé des os gravés très curieux; à l'abri de Soucy, à Lalende, on a rencontré des harpons barbelés de formes très variées. Enfin, dans la vallée de la Vezère, à la Gorge d'Enfer, on voit un niveau avec pointes en bois de renne en forme de laurier, ce qui prouve que le dessin est déjà basé sur la forme végétale (1). Dans d'autres endroits, on a rencontré des

---

(1) G. et A. de Mortillet. *La Préhistoire.* Schleicher frères, p. 641 et 642.

dessins d'animaux, de chevaux sauvages, de rennes, d'aurochs et de bouquetins. Le chef-d'œuvre est un poignard en bois de renne dont le manche représente cet animal sautant. L'œuvre ferait honneur à un ouvrier d'art moderne.

On n'aurait jamais cru que les hommes de l'âge de renne aient pu produire de pareilles sculptures, si on n'avait pas constaté chez différents peuples primitifs les manifestations d'un véritable talent artistique. Il est vraiment curieux qu'en fait de sculpture, ce sont les races les plus primitives qui font preuve de cette aptitude artistique.

Dans les cavernes du nord-ouest du continent australien, on a trouvé un certain nombre de sculptures et de peintures. La plus célèbre est celle trouvée dans le Glenelg et représentant la moitié supérieure d'un homme se détachant en blanc sur le fond noir du rocher. La tête est entourée d'une auréole de rayons rouge clair représentant une coiffure, mais elle n'a pas de bouche, comme tous les dessins de tête des primitifs australiens. A quoi attribuer cette anomalie ? Il ne semble pas que l'on ait pu en donner jusqu'ici une explication plausible.

En ce qui concerne la sculpture, on a découvert une galerie de reliefs sculptés sur les rochers. Stokes, voyant les primitifs venir contempler cette galerie de leurs ancêtres à des époques régulières, a comparé cette admiration à celle de nos contemporains qui vont admirer les fresques de Michel-Ange ou les tableaux de Raphaël au Vatican.

Toutes ces esquisses, gravées à l'aide d'une pierre taillée ou d'une dent, sont ce que les Australiens ont produit de plus beau.

Il y a aussi des dessins sur écorce. L'un des morceaux d'écorce que l'on a retrouvé et qui faisait partie du toit d'une hutte représente un paysage où figure la maison d'un colon européen, un groupe d'indigènes dansant et des femmes accroupies à gauche battant la mesure. On voit, par ces quelques exemples, que l'art des peuples primitifs était plus avancé que l'on ne se le figure généralement.

Les progrès de la sculpture et de la peinture ont été en raison directe de la technique. Les arts, même de nos jours, sont étroitement liés à la pratique. Le peintre, de même que le fondeur ou le sculpteur, sont des ouvriers dont l'habileté est estimée surtout parce qu'elle est indispensable à l'ornementation des chaires du culte. En Grèce et à Rome, de même que plus tard en Italie, à l'époque de la Renaissance, maîtres et ouvriers ont travaillé les uns à orner les temples, les autres les cathédrales. Il a fallu une série d'inventions et de découvertes, les unes dans les sciences mathématiques, les autres dans les sciences chimiques, pour que ces grands maîtres aient pu produire leurs œuvres.

Ce n'est pas que l'évolution de la pratique soit rigoureusement synchronique à celle de la création esthétique, mais les représentations de la nature ont cependant marché d'un pas sensiblement égal à celui de la pratique. Depuis les idées qui se gravaient dans le cerveau du peintre ou du sculpteur, inventions réelles ou imaginaires de centaures, de chimères, d'anges, de taureaux ailés, de sphinx, de têtes nimbées ; depuis le lotus en Egypte, l'acanthe en Grèce et les représentations de la faune et de la flore antiques, l'art de la sculpture et de la peinture a toujours eu une tendance à devenir plus humain, plus social.

Les grandes œuvres de la Renaissance dont sont remplis les musées de l'Italie ont vraiment représenté l'âme religieuse de ce temps. De plus en plus, les modèles artistiques qu'emploient le peintre et le sculpteur sont sociaux de même que ceux qu'emploient le poète, le musicien ou l'architecte. Il en résulte que les inventions esthétiques tendent de plus en plus à resserrer les liens de la solidarité sociale.

IV

La poésie est la peinture par le langage des faits ou actes vus sous un jour esthétique et dans un but esthétique. Sous cette définition, nous comprenons aussi bien la poésie subjective, c'est-à-dire la poésie lyrique qui prête une expression aux faits du monde intérieur, aux pensées et aux sentiments, que la poésie objective qui décrit sous une forme épique ou dramatique les faits du monde extérieur.

Dans les sociétés primitives, les chansons expriment les joies et les peines dans quelques phrases courtes chantées sous la forme esthétique la plus simple : la répétition et l'ordre rythmique (1). Il en est ainsi chez les Botocudos et chez les Australiens. Pour ces derniers, il existe un recueil de chansons de toutes les parties du continent australien. Ces chansons consistent en une ou plusieurs phrases rythmées répétées un grand nombre de fois, avec ou sans refrain.

Chez les Esquimaux, les chansons sont variées, chaque Esquimau a sa chanson individuelle. Naturellement, il chante les pensées et les sentiments qui lui sont suggérés par sa vie économique et sociale ; la beauté de l'été qui joue un si grand rôle pour l'Esquimau, un long voyage, les ruses pour guetter un phoque, etc.

La plupart des chansons des peuples primitifs sont pauvres d'expression et ce n'est que très rarement qu'elles s'élèvent au-dessus de ce niveau inférieur, car

(1) Cf. Ehrenreich. *Zeitschrift fur Ethnol.* XIX, 336i.

elles restent presque toujours dans la sphère des plaisirs matériels comme les œuvres poétiques qui célèbrent le boire et le manger chez les Australiens et les Botocudos. Sans doute, ce ne sont pas là des sujets bien délicats, mais, de nos jours, est-ce que les poètes ne s'écartent pas quelquefois des pensées délicates ?

Ce qu'il y a de curieux, c'est que l'amour, qui joue un si grand rôle dans les poésies modernes, n'en joue aucun dans les poésies des Australiens, des Mincopies, des Botocudos ou des Esquimaux. Ce sont surtout les phénomènes affectifs, sentiments, émotions, désirs qui sont totalement différents chez les primitifs. L'amour, dans le sens où nous l'entendons, ne peut être connu dans les sociétés primitives perpétuellement en lutte avec la nature. Werstermack remarque « qu'aux stades inférieurs de l'évolution du genre humain, l'amour sexuel le cède en vigueur à la tendresse avec laquelle les parents embrassent leurs enfants » (1). C'est aussi l'avis de Grosse (2).

L'égoïsme règne dans les sociétés primitives. La preuve en est que la caractéristique de l'homme de ces sociétés est d'aimer surtout les chansons satiriques.

La solidarité du clan primitif étant purement mécanique et l'altruisme n'existant pas, on pourrait croire que les chansons chantées par un membre du groupe n'exercent aucune action sur les autres membres du groupe. Mais il faut se rappeler que la chanson et la poésie primitives se confondent et que tout poète lyrique est en même temps un chansonnier. Il en résulte que c'est la forme plutôt que le fond que répètent inconsciemment ceux qui entendent cette chanson quelquefois

____

(1) *History of human marriaage*, 357.

(2) *Loc cit.*, p. 186.

sans la comprendre et que l'auteur d'une nouvelle
chanson doit souvent l'expliquer à ses auditeurs.

L'évolution de la poésie se fait dans le sens de la
suppression des idées fantastiques analogues aux contes
d'enfants que l'on trouve chez les Boschimans et les
Australiens. Déjà, chez les Esquimaux, l'évolution
s'accentue et l'on se rapproche davantage de la réalité.

Le rôle de la poésie est certainement un des plus
grands parmi les arts. Depuis la décadence des arts
plastiques, qui a eu son réveil en Italie, en Hollande et
en Belgique, voire même en France, à l'époque de la
Renaissance, jamais aucun art n'a exercé une influence
sociale aussi grande que la poésie. On désigne même
les siècles par les noms des grands poètes. Il suffit de
citer Shakespeare, Le Tasse, Le Dante, Milton, Gœthe,
Victor Hugo.

Rappelons que toutes ces grandeurs littéraires
n'auraient pu voir le jour sans l'invention de l'imprimerie. C'est Gutenberg qui a lancé à travers le monde
le flot poétique qui l'a inondé.

On peut se demander en quoi consiste l'action de la
poésie sur la vie sociale. Cette action agit à n'en pas
douter dans le sens de la solidarité. Elle unit les
individus dans un même sentiment d'union et de
concorde, et sans citer les exemples de l'antiquité, on
peut dire que Gœthe a contribué autant que Bismarck
à l'unification de l'Allemagne.

V

La danse est le grand art des peuples primitifs et elle
a eu une puissance sociale dont il est difficile aujour-
d'hui de se rendre compte. La danse primitive était
l'expression la plus complète du sentiment esthétique

et la danse d'aujourd'hui ne semble plus qu'une décadence esthétique et sociale.

L'ordre rythmique des mouvements est la caractéristique de la danse. On peut diviser les danses des
tribus de chasseurs en deux catégories : les danses
mimiques et les danses gymnastiques. Les premières
consistent en imitations rythmiques de mouvements
d'hommes et d'animaux ; dans les secondes on n'imite
aucun modèle naturel.

Les danses des Australiens s'appellent *corroboris.*
Elles ont lieu généralement la nuit au clair de lune. Ce
sont les hommes qui dansent, un chef de danse bat la
mesure et chante. Les femmes sont nues et s'assoient
autour des danseurs en fer à cheval, elles chantent et
tambourinent sur une peau d'opossum tendue qui leur
sert aussi de manteau. Il y a aussi des danses de femmes
et de jeunes filles, mais elles sont plus rares. Les
femmes joignent leurs mains au-dessus de leurs têtes,
ferment les jambes à partir du genou, les cuisses et les
mains restant dans leurs positions primitives et elles
les joignent de nouveau rapidement, de sorte qu'elles
produisent un bruit sec. Il y a des femmes qui dansent
de cette façon devant plusieurs danseurs pour exciter
leurs passions (1).

C'est à l'occasion de tous les événements importants
qu'ont lieu ces danses : une chasse heureuse, le commencement de la pêche aux huîtres, la rencontre avec
une tribu amie, la conclusion de la paix.

Les danses des Mincopies ressemblent aux danses
des Australiens. Les Boschimans ont un grand talent
mimique, mais les descriptions qu'on a de leurs danses
ne parlent que de danses gymnastiques (2).

(1) Eyre. *Discoveries in the Central Australia.* II, p. 235-236.

(2) Burchell. *Reisen in das Innere von Sud Africa.*

Chez les Esquimaux, on commence par des danses gymnastiques et on finit par des danses mimiques qui représentent des scènes d'amour, de jalousie, de haine ou d'amitié. Les hommes primitifs trouvent certainement dans la danse la jouissance esthétique la plus intense dont ils sont capables : le caractère et la valeur esthétique de la danse sur le rythme des mouvements.

L'évolution de la danse se fait dans le sens de la disparition progressive des danses mimiques. Dans les sociétés inférieures, la différenciation intellectuelle des membres du groupe est très faible. Au contraire, à mesure que grandit la civilisation, cette différenciation se dessine plus clairement et l'individu ne veut plus ressembler qu'à lui-même. Il en résulte que l'instinct d'imitation prend d'autres formes, mais que la mimique primitive perd peu à peu du terrain.

Avec les progrès de la civilisation et les transformations de la vie économique, les clans s'unissent pour former des tribus et les groupes devenant plus nombreux, il devient impossible de se réunir pour des danses communes et la danse perd peu à peu son caractère social. Dans les nations civilisées, la seule fonction qu'elle ait conservée, c'est qu'elle contribue au rapprochement des sexes et encore, dans cet ordre d'idées, le résultat est souvent problématique. Si elle a perdu en importance sociale, il ne semble pas qu'elle ait gagné en importance esthétique et, bien que l'on ne puisse nier la valeur des ballets modernes, surtout sur les grandes scènes, il est certain qu'elle ne représente plus, pour les peuples modernes, ce qu'elle représentait pour les peuples primitifs. C'est la poésie qui remplit aujourd'hui pour nous ce qu'était la danse pour les peuples primitifs.

VI

Dans les sociétés primitives, la poésie, la danse et la musique sont pour ainsi dire confondues. Nous avons vu, dans un des précédents chapitres, que les danses s'accompagnent toujours de musique, ce qui ne diffère pas, du reste, de se qui se passe chez les peuples civilisés. Chez les Esquimaux, la musique joue un rôle essentiel dans la danse, et la maison de danse s'appelle la maison de chant. Les Botocudos n'ont qu'un seul mot pour exprimer la danse et la musique (1). Chez les Mincopies, les danses sont en quelque sorte des fêtes musicales. Nous avons dit qu'en Australie le chef de la bande chante un texte expliquant les diverses scènes pendant que les femmes accompagnent le refrain et battent avec des bâtons sur les peaux d'opossum.

Il est certain que l'art lyrique est un art chanté. Les poésies épiques telles que l'Iliade étaient racontées sous forme de récitatif.

Est-il vrai, comme on l'a prétendu, que la musique soit complètement indépendante de la poésie et de la danse ? Schopenhauer a soutenu cette thèse en prétendant que l'on ne peut comparer la musique avec les autres arts, attendu que ceux-ci empruntent à la nature, tandis que la musique n'emprunte pas et n'imite rien. Cette opinion de Schopenhauer ne semble cependant confirmée ni par d'autres opinions du même genre, ni par les faits. Spencer prétend que le chant, et par conséquent la musique, est une imitation plus caractéristique et plus développée de la parole émue et qu'elle donne plus d'expression aux cadences du discours (2).

(1) Ehreinreich. *Loc. cit.*, 33.

(2) *On the origine and fonction of music.*

Cette opinion de Spencer mérite d'être examinée sérieusement. Il y a dans la musique la substance et la forme, le son et le rythme. Le rythme, comme nous l'avons dit, est la répétition, à intervalles réguliers, d'un son ou d'un groupe de sons. L'harmonie a pour effet de mettre les sons d'une certaine hauteur dans un rapport déterminé avec ceux d'une autre hauteur. L'harmonie et le rythme réunis constituent une mélodie.

Les avis des explorateurs, en ce qui concerne les observations faites chez les peuples primitifs sur la musique, diffèrent de l'interprétation donnée par Spencer. Si l'on en croit certains d'entre eux, le chant des Botocudos serait le plus grossier qui existe et ressemblerait à un mugissement inarticulé. Sans être aussi grossier, le chant des Mincopies se composerait de mélodies très courtes qui, par une répétition indéfinie, deviendraient monotones (1). Les Mincopies ne peuvent monter ou descendre, mais, en revanche, ils ont le sens du rythme. Il en est de même des Australiens et des Esquimaux qui ont une préférence marquée pour le rythme, mais qui se servent de quelques notes seulement. Les Boschimans, au contraire, ont le sens musical très développé et apprennent facilement les mélodies et les cantiques que les Hollandais leur apprennent.

La partie technique de la musique, c'est-à-dire les instruments, joue un rôle considérable dans son évolution. Chez les peuples inférieurs, les instruments ne servent qu'à donner la mesure et on se sert à cet effet d'une timbale. La forme la plus grossière de la timbale est chez les Australiens. C'est probablement l'instrument de musique le plus ancien. Il consiste, ainsi que nous l'avons dit précédemment, en une peau d'opossum avec

____

(1) Man. *Journal Anthr. Inst.* XII, 392.

laquelle les femmes accompagnent la danse et qui leur sert aussi de manteau. Les indigènes du Queensland, au nord de l'Australie, se servent d'un bâton en forme de massue qui rend un son très fort.

Dans l'évolution des instruments de musique, le bâton constitue un intermédiaire entre les précédents instruments et la timbale des Mincopies, espèce de planche en bois très dur en forme de bouclier sur laquelle le chef de danse frappe la mesure. La timbale des Esquimaux est en os de baleine avec un tympan en peau de phoque. Les Boschimans, qui sont les meilleurs musiciens, ont quelques instruments à corde, mais il est probable que ce ne sont pas eux qui les ont inventés.

Quels sont les traits principaux qui distinguent la musique primitive ?

Nous venons de voir que la caractéristique principale de cette musique, c'est que le chant l'emporte sur la musique instrumentale et le rythme sur la mélodie. Il résulte donc de cette constatation que le chant n'est pas, comme l'affirme Spencer, un haussement de voix caractérisant la parole émotionnelle, puisqu'il arrive très souvent que les peuples primitifs chantent tellement bas qu'on a peine à les entendre.

Comment s'est produite l'invention de la musique ? On en est réduit, pour expliquer l'origine de la musique, à des hypothèses. Darwin croit que la musique a été, à l'époque préhistorique, un mode d'excitation sexuelle par les mâles qui emploient leur voix surtout à ce moment. D'après lui, en se référant à l'opinion de Spencer, la musique serait comme une réminiscence atavique de sentiments que nous ne comprenons pas et qui éveilleraient en nous les fortes passions des époques disparues. Voilà une explication qui ne nous éclaire pas beaucoup, et si la musique éveille des passions en nous, ce ne sont pas des passions érotiques, mais bien des idées plus nobles. Au moyen âge, elle avait pour résultat d'élever les esprits vers des régions plus hautes, et les chants religieux qui retentissaient dans les cathédrales avaient une grande influence sur la foi des fidèles. La musique excite aussi l'esprit guerrier. Le chant guerrier de Luther et la *Marseillaise* ont souvent retenti sur les champs de bataille et ont raffermi les courages. Loin de réveiller l'atavisme sensuel, comme le prétendent Darwin et Spencer, la musique adoucit les mœurs. En outre, elle n'est pas un art isolé, comme le prétend Grosse (1). Elle est sœur de la poésie et, comme elle, elle rapproche les cœurs et contribue à affermir l'union nationale et la solidarité sociale.

VII

Quel est l'action du facteur économique sur la musique? Nous venons de voir que les premiers instruments ont été des timbales. Les instruments sont en corrélation intime avec l'état de la technique, et les premiers instruments à corde, comme le démontre la forme primitive de la harpe, sont des modifications de l'arc à tirer.

La théorie de la musique, de son côté, réagit sur les progrès des instruments, mais elle dépend elle-même des progrès des mathématiques et de la physique. Ces progrès sont en grande partie conditionnés par les besoins de la production industrielle.

Dans les groupes primitifs, la musique provient du chant et il en résulte qu'au moins théoriquement elle pourrait se passer des instruments. Aussi, est-il nécessaire, si nous considérons la musique comme l'expres-

(1) *Loc. cit.*, p. 228.

sion des sentiments, de chercher s'il n'existerait pas un lien entre elle et la vie économique, qui détermine la structure sociale. Au moyen âge, l'Eglise s'est servi de la musique pour discipliner les âmes. Mais comment s'explique le rôle de l'Eglise lui-même ? C'est par des causes d'organisation économique et de morphologie sociale que s'explique le rôle d'éducatrice que jouait l'Eglise au moyen âge. D'un autre côté, on sait que les organisations corporatives de production empêchaient toute innovation ou soumettait toute idée nouvelle à une règlementation minutieuse. Les corporations de musiciens avaient des maîtrises comme celles des cordonniers et des tailleurs et on instituait, pour arriver à ces maîtrises, des concours où l'on devait créer des mélodies nouvelles ; mais il est certain que les bornes étroites de l'organisation économique empêchaient les maîtres de s'élever plus haut dans l'échelle musicale.

Le passage du contrepoint à l'harmonie, événement qui fait époque dans l'histoire de la musique, est dû en partie à des causes économiques, car il est dû à la réforme luthérienne qui, elle-même, était le résultat de transformations économiques (1) car elle fut une réaction contre l'exploitation des pays du Nord par la papauté. Pour arriver à soulever les foules, Luther, qui aimait la musique et lui attribuait, avec raison, une action civilisatrice, voulut que l'assemblée des fidèles chantât des chants liturgiques. Mais la plupart d'entre eux ne pouvaient pas chanter facilement, car les chants étaient composés d'après le système du contrepoint pour des voix accompagnant la mélodie principale chantée par le ténor et que le peuple ne pouvait saisir parce que sa voix se distinguait trop peu de celle des autres. C'est

(1) Kautsky. *Thomas More und seine Utopie.* Stuttgart, 1890. Introduction.

alors qu'un compositeur luthérien (1) transporta la mélodie principale du ténor au soprano (2). Ce fut une véritable révolution musicale qui eut pour l'évolution de la musique une importance énorme.

Nous avons dit que la base de la musique était le rythme, qui a le pouvoir d'unir les hommes dans une suggestion commune. Le rythme s'adapte, aux moments les plus favorables, au travail, qui imprime ainsi dès l'origine son sceau aux mélodies populaires et il peut devenir ainsi un germe d'évolution ultérieure pour la musique. Il est évident, d'ailleurs, qu'indépendamment de l'évolution économique, la musique suit son évolution particulière parallèlement à celle de la poésie et de la danse, constatation qu'il est bon de faire, car les auteurs qui ont traité la question ont toujours cru à une évolution indépendante.

---

(1) Le docteur Oscandre.

(2) Cf. de Kalles-Krauz. *Influence du facteur économique sur la Musique. Annales de l'Institut international de sociologie.* Tome IX, p. 319.

CHAPITRE IV

La Technologie et les Transformations
économiques

I

Au cours de cette étude, nous avons étudié la genèse
de l'invention, puis l'art au point de vue esthétique. Il
nous reste à examiner les arts pratiques, c'est-à-dire la
technologie (*tekné*).

La technologie dépend du milieu social où elle prend
naissance et qui est lui-même conditionné par l'organisation économique. La technique des sociétés inférieures
est très peu développée. Le premier pas fait dans les
arts industriels, et le plus considérable consiste dans
l'invention de la poterie, et il y a aujourd'hui encore
des groupes primitifs qui ne la connaissent pas ou qui
ne l'ont connue que par les voyageurs qui les ont visités.
Les Hottentots et les tribus nord-est de l'Amérique du
Nord l'auraient connue par ce moyen, mais les Australiens, les Néo-Zélandais, certaines tribus du nord-ouest
de l'Amérique ne la connaîtraient pas (1). Il faut dire,
d'ailleurs, que dans les sociétés inférieures les arts sont
intimement liés aux croyances religieuses qui interdisent
la pratique de certains d'entre eux. Ainsi, à Madagascar,
il est interdit à certaines tribus de faire de la poterie,
tandis que d'autres en sont chargées spécialement.

(1) Lubbock. *Préhistoric Times*, p. 457.

La poterie est cependant un art préhistorique qui a fait son apparition avant l'âge de la pierre polie (1), mais il est curieux de constater qu'il ne fut connu d'aucun des peuples qui, successivement, occupèrent l'Europe. Bien des siècles s'écoulèrent avant qu'on connût l'art du potier. Les hommes de la préhistoire se servaient de vases de bois ou de corbeilles de jonc revêtus à l'extérieur d'un enduit d'argile qui les protégeait contre l'humidité ou les insectes. Il est probable que le feu aura consumé une de ces corbeilles, qu'on l'aura trouvée cuite en conservant sa forme et qu'ainsi naquit l'art du potier (2). Cette invention a rendu possible, par la cuisson, une plus grande variété d'aliments et a facilité la digestion bestiale du primitif qui, à partir de ce moment, est devenu sociable.

Nous avons vu précédemment l'évolution des arts esthétiques, parure, décoration, peinture et musique. Quant aux arts industriels et à la technique basée sur les découvertes scientifiques, les peuples primitifs sont dans un état trop arriéré pour en avoir une idée même vague. Aussi, ce n'est pas chez les peuples primitifs qui peuvent encore exister de nos jours que l'on peut constater les progrès de la technologie.

Il faut remonter à l'histoire et aux peuples qui ont brillé par leur civilisation, tels que les Grecs. La Grèce, en effet, a joué dans les arts un rôle prépondérant et n'a pas été surpassée, sauf les dernières inventions industrielles qui ont pour point de départ les moteurs à vapeur et électriques.

Nous venons de dire que, dans les sociétés primitives, la religion et l'art sont intimement unis et il en

(1) Clémence Royer. *Origine de l'Homme et des Sociétés.* Guillaumin et Cⁱ⁰, 1870, p. 415.

(2) Tylor. *Early history of mankind,* p. 69-72.

résulte que toutes les inventions qui ont amélioré le sort de l'homme en créant des techniques sont attribuées ou sont incorporées à des dogmes religieux.

Il en est ainsi dans le *genos* grec et successivement dans tous les groupes qui lui ont succédé jusqu'à leur transformation en cité. La naissance des arts primitifs s'est présentée à l'esprit des membres de la société grecque primitive comme une phase de l'évolution religieuse et ce sont les poètes Homère, Hésiode, Eschyle qui leur ont révélé la tradition de cette naissance des arts. Là, comme dans toutes les traditions aryennes, celtiques, scandinaves, hébraïques et même égyptiennes, on y trouve le souvenir d'un âge plus heureux — qui a d'ailleurs réellement existé ainsi que le démontre l'archéologie préhistorique — et le dogme de la chute qui ravale l'homme et le place à un niveau inférieur.

Ainsi, dès les premiers pas dans cette genèse physico-théologique de la technologie, on affirme l'impuissance de l'homme. C'est ce que l'on trouve dans l'Iliade, dans l'Odyssée et dans Hésiode. Que doit faire l'homme pour sortir de cette situation où les Dieux l'ont plongé?

Heureusement, une autre conception se fait jour avec Eschyle. Les arts sont un don des Dieux fait à l'homme qui dispose de cette ressource pour améliorer son existence. Toutefois, cette théologie ne va pas encore jusqu'à admettre que c'est l'homme qui invente, mais c'est déjà un premier pas. Avec le mythe de Prométhée, il montre la lutte de l'homme contre Zeus, et bien que Prométhée soit vaincu, cette tentative est déjà d'une belle audace. Mais le peuple est optimiste et il fait rentrer Prométhée dans l'humanité en le rendant mortel, et c'est ainsi qu'on attribue l'invention de l'art de la navigation à Danaos, le dressage du cheval à Agénor, à Palamède, l'art nautique, les phares, les poids et mesures et le calcul. On arrive ainsi à une conception des pratiques basées sur la tradition et constituant un ensemble de règles qui, peu à peu, finissent par se classer.

Dans la société hellénique à ses débuts, la division du travail est faiblement développée et il en résulte que les inventions et par suite les arts pratiques ne peuvent naître que difficilement. Ce résultat tient à ce qu'on ne voit pas encore d'incompatibilité entre les diverses occupations industrielles, commerciales ou agricoles qui sont quelquefois réunies sur la même tête.

Les techniques se développaient déjà vers le temps de la prise de Troie et on connaissait de nombreux instruments tels que le métier à tisser, le bateau à voiles, le mors, la charrue, le char de guerre, le gond, la serrure, l'arc, le tour du tourneur et le tour du potier, la balance (1). Ces machines et instruments avaient été pour la plupart empruntées aux peuples de l'Orient. Les digues furent inventées par les Egyptiens qui eurent à lutter à l'origine contre les débordements du Nil. Ils inventèrent aussi un certain nombre de métiers. Les pompes furent inventées par les Assyriens, le cadran solaire par les Chaldéens.

Souvent des inventions ont été apportées de très loin par les caravanes. La roue, qui est une invention d'une portée incalculable, paraît avoir une origine religieuse et avoir été inventée dans les temples boudhistes du Japon et du Thibet. C'étaient des roues à prières consacrées aux Dieux et qui étaient en partie des roues à vent et en partie des roues hydrauliques (2). Ceci prouve que, comme nous l'avons dit précédemment, la plupart des nouveautés sont d'abord nées

(1) Espinas. *Les Origines de la Technologie.* Félix Alcan, 1897, p. 45.

(2) Reuilleaux. *Cinématique,* traduit de l'allemand. Savy, 1877, p. 213.

sous la forme esthétique avant de tomber dans le domaine pratique.

L'art des transports ne s'est développé que lentement, car les routes n'ont été construites que très tard. Chez les Egyptiens, le bœuf et l'éléphant servaient de moyens de transports et ils attribuaient cette invention à Osiris. Les Grecs en firent honneur à Prométhée. L'âne est originaire de l'Arabie et était connu des Egyptiens et des Hébreux. Le chameau, originaire de la Bactriane, était la bête de somme des Assyriens dès le temps de Sémiramis. Sémiramis construisit des chaussées dans les terrains marécageux et Sargon, fondateur de Khorsabad, aurait imaginé le trottoir réservé aux piétons. Les Carthaginois inventèrent le pavage et les Etrusques creusèrent des tunnels remarquables.

En Grèce, la navigation se développa de bonne heure. C'est par mer que se faisait le commerce avec les cités du littoral. Les Grecs firent d'abord usage de la voile simple et Dédale parut opérer un miracle lorsqu'il passa contre le vent à travers la flotte de Minos. Lors de la prise de Troie, le mât est affermi dans le creux de sa base par le secours des câbles, de fortes courroies tirent et ouvrent les voiles éclatantes (1), et Nestor dit aux Grecs : « L'art est plus utile que la force, c'est par le secours de l'art qu'un pilote dirige son vaisseau » (2).

Les routes ne furent construites que pour les besoins du culte. Des voies, soit entre les cités, soit entre les sanctuaires, livraient passage aux chars sacrés qui assuraient la circulation des Chéons. L'art de l'architecture commença en Grèce par les tombeaux. Les Atrides élevèrent à Mycènes des tombeaux qui subsistent encore et qui supposent une technique déjà

(1) *Odyssée*, p. 15.
(2) *Iliade*, p. 23.

avancée. Dans l'art de la construction pour le transport
des matériaux d'assise en assise, les Egyptiens s'étaient
d'abord servi de rampes inclinées, mais plus tard ils
employèrent des chèvres grossières plantées sur la crête
du mur (1). Il est probable que c'est par les Egyptiens
que les Grecs eurent connaissance de ces techniques.
En Assyrie comme en Egypte, les cylindres dont les
constructeurs se servaient pour rouler leurs colosses
de pierre font aussi partie de la technique primitive.
Dès les temps les plus reculés, les Egyptiens, les
Babyloniens, les Hindous faisaient usage de chariots de
bois et de métal, soit pour le transport des fardeaux,
soit pour les combats.

Une autre technique, qui a eu une énorme influence
sur la marche de la civilisation, prit aussi naissance à
cette époque. A qui attribuer l'invention de l'écriture?
D'après la tradition, ce sont les Phéniciens qui auraient
inventé l'écriture. Mais les Egyptiens, les Chaldéens et
les Syriens se disputaient l'honneur de cette invention.
Les seize lettres que, d'après la tradition, Cadmus
aurait portées de Phénicie en Grèce, sont identiques
pour le nombre et analogues pour la forme à celles de
l'alphabet hébraïque connu sous le nom de samaritain.
La langue phénicienne tenait le milieu entre l'hébreu et
l'égyptien. Les sanctuaires grecs se sont servis de cet
alphabet pour créer le leur. Les poèmes d'Homère n'ont
été coordonnés qu'au temps des Pisistratides. Jusque-là,
ils étaient transmis par la tradition orale.

La propagation de l'écriture en Grèce s'est faite
surtout par les besoins du culte. Les prêtres s'en servaient pour transcrire des imprécations et excommu-
nications et prévenir les crimes par ce moyen de
publicité.

(1) Maspero. *Archéologie égyptienne*, p. 118.

L'écriture a été un agent de liberté. C'est à partir du moment où le papyrus se répand et devient laïque que les vieux dogmes sont discutés et que la foi aveugle dans les traditions commence à décliner.

On voit, par l'exemple des mesures de l'espace et du temps, que l'invention dépend du milieu social où elle prend naissance et par conséquent de son organisation économique.

Les unes comme le doigt, la paleste (quatre doigts), l'empan, le pied, la coudée, la brasse se rapportent aux organes du corps. Les autres comme l'akéna (1), le pléthre (2), la gun (3) étaient toutes tirées de la vie agricole des premiers Grecs. Quant à la mesure du temps, on avait remarqué que certains jours étaient propres à certains travaux, d'autres impropres, selon les influences météorologiques, et, avec les idées superstitieuses des Grecs, il y avait ainsi des jours fastes et des jours néfastes. Chaque jour était consacré à un Dieu et cette façon de procéder avait pour effet d'entraver ou d'activer le travail journalier. Hésiode avait indiqué, avec une complication extraordinaire, les occupations de chaque jour et le calendrier était un programme d'exercices religieux obligatoires.

En ce qui concerne la mesure des valeurs, nous savons que les peuples pasteurs primitifs se servaient de la vache et du bœuf comme monnaie. C'est cette monnaie qu'employaient aussi les Grecs préhistoriques, mais les civilisations où régnaient un Etat économique plus avancé, comme les Egyptiens, les Chaldéens et les Assyriens, se servaient, depuis un temps immémorial,

(1) Perche de six pieds qui servait à piquer les bœufs.

(2) Le trait de charrue.

(3) Surface qu'un laboureur pouvait labourer en un jour.

de métaux précieux dans leurs transactions commerciales.

Le paiement en métaux précieux suppose l'invention de la balance, mais pour la facilité des transactions, les petits marchands se servaient, dans les marchés, de lingots avec ou sans empreinte, d'après leurs formes et leur poids.

A quelle époque fut frappée la première monnaie? Il est vraisemblable que la première monnaie d'or fut frappée à Phocée par les rois de Lydie et la première monnaie d'argent à Égine par Phidon, roi d'Argos. Les temples ont été le berceau de la circulation monétaire, car le champ des pièces a été longtemps réservé à des emblèmes sacrés (1).

On voit que dans les premiers temps de la civilisation toutes les techniques sont religieuses et traditionnelles. L'art est conçu comme un symbolisme mythique, l'invention comme une combinaison que l'on prête à des êtres fictifs dont on se fait un idéal et l'homme est là seulement pour échanger avec eux des dons ou des enseignements.

Il faut que la vie économique se développe davantage, que la division du travail social progresse, que le champ social s'étende pour que des théories nouvelles prennent naissance, indépendantes du mythe.

II

La population de la Grèce se composait, d'une part, d'agriculteurs qui habitaient le Péloponèse et la Grèce du Nord et, d'autre part, de commerçants qui occupaient les îles de la Grèce centrale et les cités maritimes de

(1) Espinas. *Loc. cit.*, p. 60 et 61.

l'Asie mineure. C'est parmi ces derniers qu'au viie siècle se produisirent des transformations politiques et économiques qui aboutirent à l'établissement de la tyrannie. Ce régime politique, analogue à celui des Républiques italiennes du moyen âge, s'établit parmi ces populations industrieuses et commerçantes par leur besoin pressant de lutter contre l'oligarchie.

Pour se maintenir, ce nouveau pouvoir leur fit des concessions en créant des travaux publics et en augmentant les entreprises commerciales et les constructions navales. Il en résulta un développement considérable de la division du travail, une multiplication des professions qui eut pour effet d'amener une certaine inégalité de richesses. Les uns étaient absorbés par le travail et luttaient avec beaucoup de difficultés pour l'existence, tandis que les autres pouvaient développer leur intelligence et leur force physique par des exercices et se livrer à des occupations libérales.

C'est une belle période pour les arts et principalement pour les arts de luxe. Toutes les industries étaient représentées.

En ce qui concerne l'industrie de l'alimentation, il y avait des meuniers avec la meule à bras. Les Grecs, comme, d'ailleurs, tous les peuples de l'antiquité, ne connaissaient que le moulin à bras, que les esclaves faisaient tourner ou quelquefois les prisonniers de guerre ou les citoyens dégradés. Les Kabyles du Djurdjura emploient encore aujourd'hui ces moulins. Les moulins à eau ne furent connus à Rome que du temps d'Auguste.

En ce qui concerne le vêtement, il y avait des tisseuses et fileuses de laine et de lin, des fabricants de tissus et de filets pour la coiffure, des foulons, des brodeurs, des teinturiers et des tanneurs.

Pour la construction et le mobilier, il existait des

tailleurs de pierre, des briqueteurs, des charpentiers, des orfèvres, des fondeurs de lampes, de vases et de trépieds. L'industrie de la poterie était florissante et les potiers munis de tours confectionnaient une foule d'objets de luxe comme les poupées et les vases sculptés (1).

En même temps que se produisaient ces transformations, les idées philosophiques avaient changé. Parmi un grand nombre de philosophes qui discutaient des idées nouvelles, Xénophane établit en principe que l'homme est l'auteur des inventions attribuées aux Dieux, et que non seulement la civilisation n'est pas un don fait à l'homme par les Dieux, mais au contraire que les Dieux sont le produit de la civilisation, de sorte que l'art est dégagé de ses origines théologiques. Aussi, au fur et à mesure que les hommes de l'art prennent de l'importance, les prêtres et les idées qu'ils représentent tombent dans le discrédit.

Ces transformations philosophiques, politiques et économiques eurent une grande influence sur les progrès de la technique. D'abord, l'invention s'applique à des objets en bronze, en fer, en bois, en os ou tressés en corde et ces objets se multiplient en nombre considérable. Tels la scie, le levier, le coin, la hache, le marteau, le gond avec sa mortaise de métal, la serrure, le gouvernail en forme de rame, le foret qui paraît être le plus ancien instrument connu qui a sans doute dû produire la première flamme par la rotation sur une planche de bois, instrument qui servait et qui sert encore pour le feu sacré entretenu par les brahmanes dans les temples de l'Inde. Puis venaient le métier à tisser et les instruments de musique, la lyre et la flûte. Ces

(1) Cf. Espinas. *Loc. cit.*, p. 78.

objets, on les nomme *organon*, parce que leurs formes sont empruntées aux organes de l'homme (1).

Une deuxième catégorie de la technique nouvelle s'applique aux machines *(mékané)*. Il y avait d'abord les machines théâtrales très simples comme celles que suppose le Prométhée d'Eschyle, puis les cabestans, les poulies et les moufles comme celles dont se servit Xerxès pour tendre des câbles d'une rive à l'autre sur l'Hellespont pour retenir le pont de bateaux. On se servait aussi de machines de guerre pour les sièges et les opérations de défense des places fortes, mais il ne s'agit encore que d'abris roulants poussés à force de bras pour faire parvenir l'assaillant à couvert avec le bélier jusqu'au mur d'enceinte ou au chemin de ronde. La catapulte, machine mue par des cordes tordues et qui servait à lancer des pierres et a joué un si grand rôle jusqu'au moyen âge, fut inventée par les Romains dans la guerre contre Carthage.

Il y avait une autre catégorie de machines assez rares que l'on considérait comme des chefs-d'œuvre que les ouvriers habiles dédiaient aux temples. C'étaient des machines automatiques *(thaumata)* et généralement elles représentaient un être vivant qui fonctionnait sans qu'on puisse voir le mécanisme, ce qui paraissait merveilleux à cette époque. Les techniques contemporaines portent encore l'empreinte de ces inventions d'il y a 2000 ans.

Nous avons déjà parlé de l'art des transports et nous avons dit qu'en ce qui concerne les transports par terre, l'état des routes ne permettait pas à cette technique de se développer. Cependant, tout en se servant des bêtes

---

(1) Bien entendu, à tous ces *organon* s'applique à l'origine un nom d'inventeur plus ou moins mythique : la scie a été inventée par Talus, le levier par Cinyra, la hache par Dédale, etc.

de somme, on s'appliquait au dressage des chevaux et on faisait venir des voitures de la Sicile, pays qui était renommé pour la fabrication des voitures.

En ce qui concerne les transports par mer, c'est par ce moyen que se faisait presque tout le commerce grec. Tout ce qu'a pu faire l'antiquité, qui ne connaissait ni l'hélice ni la boussole, c'est d'augmenter la longueur des navires et le nombre des rameurs. Il y eut deux types de vaisseaux dans ce genre : le navire marchand et le vaisseau de combat. A la birème primitive de 30 à 50 rameurs succéda ainsi une trirème de 87 rameurs de chaque côté et comptant 200 hommes (1).

Quelques autres techniques profitèrent des progrès réalisés par les transformations économiques. Les ouvriers des arts utiles, comme la poterie, rivalisaient avec les artistes comme les sculpteurs et ils nous ont transmis leurs œuvres qui avaient aussi leur cachet esthétique.

L'art de la construction fit des progrès et on construisit pour la première fois des ports, des forteresses et des conduites d'eau sur des plans réguliers. Athènes fut dotée de grands aqueducs souterrains et de vastes bassins pour la clarification de l'eau avant son entrée dans la ville.

L'art du calcul et la géométrie pratique firent aussi des progrès. Le système de numération des Grecs fut décimal et on employait des petits cailloux pour les unités et un seul caillou plus gros et d'une autre couleur pour les dizaines. Puis on donna à certains mouvements des doigts une valeur conventionnelle, ce qui permettait de s'entendre entre marchands ne parlant pas la même langue. Ce perfectionnement du calcul permit aussi une mesure plus facile et plus rapide de l'espace, du

____

(1) Espinas, *Loc. cit.*, p. 92.

temps et de la valeur. Le cadran solaire et la division du jour en douze parties furent empruntées par les Grecs aux Babyloniens.

Enfin, la monnaie qui était d'abord frappée dans les temples fut frappée par l'Etat, et d'illustres graveurs, pour la première fois, y gravèrent leurs noms. La Sicile, surtout, se distingua dans l'art de la gravure des monnaies.

La technologie, partie du monde antique, pour venir jusqu'à nous, se développera de nouveau au moyen âge pour arriver à l'expansion colossale qu'elle a prise dans le monde moderne.

III

Le partage de l'Empire romain entre les rois barbares fit disparaître toutes les ressources de l'industrie et toutes les traditions des arts anciens. Les beaux-arts furent pour ainsi dire proscrits. Cependant quelques artisans conservèrent au fond de leurs ateliers la tradition des métiers les plus indispensables, mais à l'art grec fut substitué l'art chrétien et la technique ne fit aucun progrès. Il s'écoula un temps très long avant que les arts renaissent et il faut arriver aux croisades pour apercevoir un commencement de transformations économiques.

Une série de faits, qui tous concourent à l'extension du champ social, les croisades, d'où résultent le développement du commerce maritime et l'importation en Europe de certains procédés industriels, le grand mouvement commercial qui est la conséquence d'une immense création de richesses dans les cités industrieuses du moyen âge, la découverte de l'Amérique et l'introduction de l'or qui donne une impulsion extraordinaire aux échanges, tous ces faits eurent pour conséquence une série de transformations politiques et économiques qui eurent une grande influence sur les techniques.

Les croisades ont d'abord été le point de départ d'une transformation complète dans la technique de la navigation par la boussole. Les Chinois faisaient déjà usage de la boussole deux siècles avant notre ère. C'est en Orient que les croisés connurent l'usage de la boussole par les Arabes qui, eux-mêmes, l'avaient reçue des Chinois. La propagation de cette invention donna un grand essor au commerce maritime et créa une ère économique nouvelle. La boussole, en effet, en dispensant de suivre les côtes, abrégeait la longueur du voyage. La manœuvre fut soumise à des règles nouvelles par André Doria. Enfin, la navigation à vapeur proposée par Blasco de Garay, tentée sur la Fulda par Denis Papin, sur la Seine par d'Auxiron, sur le Doubs par Jouffroy d'Abbans, finit par être adoptée en Amérique, grâce à Fulton, en 1807 et en Angleterre en 1812.

C'est presque à la fin du moyen âge que l'art militaire se transforme. Jusque-là, la technique militaire ne différait pas beaucoup de celle des nations antiques. Les forteresses étaient établies sur un lieu élevé, et pour les défendre ou les attaquer, on se servait toujours des mêmes instruments : la catapulte, la baliste, les doubles enceintes de fossés. Au xv⁰ siècle, les Italiens substituèrent aux murs crénelés les parapets en terre à l'épreuve des boulets. Cette transformation n'était possible que par l'usage de la poudre à canon, appliquée en Europe au lancement des projectiles par le moine franciscain anglais Roger Bacon. Il est démontré aujourd'hui que les Chinois connaissaient la poudre dès les premiers siècles de notre ère, mais ils ne s'en servaient que pour les feux d'artifice et les fusées. Les Grecs du Bas-Empire l'employèrent sous le nom de *feu grégois* et les Anglais en firent usage en rase campagne comme agent balistique à la bataille de Crécy.

Un autre grand progrès en technologie fut l'invention de l'imprimerie. Tous les livres furent manuscrits jusqu'au moyen âge. La copie d'une Bible exigeait au minimum vingt-cinq mois de travail. Chaque copiste répétait les fautes de ses devanciers et en ajoutait de nouvelles. La gravure sur bois, en planches, fut inventée par les Chinois ou les Japonais vers 1206 et importée en Europe où Laurent Coster de Harlem la perfectionna, mais ce mode d'imprimerie présentait des inconvénients. Le papier était imprimé d'un seul côté et les feuilles blanches étaient collées l'une à l'autre. La difficulté de corriger les fautes qui se glissaient dans les planches et l'embarras de ces planches qui se multipliaient à l'infini fit naître l'idée d'employer des caractères mobiles. C'est Gutenberg qui, en 1436, fut l'auteur de ce grand progrès. Il restait à donner aux caractères des dimensions égales et à les disposer de telle sorte qu'ils ne pussent ni se déranger ni se briser sous la presse. C'est à Venise que l'on inventa le petit format et que l'on imprima les majuscules qui s'écrivaient autrefois à la main.

L'invention de l'imprimerie a produit une véritable révolution dans les sciences, les lettres, et a contribué pour une grande part à répandre les idées de liberté et d'émancipation qui ont fini par se faire jour malgré tous les obstacles.

On a discuté longtemps la question de la découverte de la force motrice de la vapeur. Des érudits ont fait remonter cette découverte à Héron, d'Alexandrie, qui vivait 120 ans avant l'ère chrétienne. Si l'on veut remonter à l'antiquité, on pourrait aussi mentionner Aristote et Sénèque parmi ceux qui ont soupçonné la puissance de la vapeur d'eau, puisque ces deux philosophes attribuent les tremblements de terre à la transformation subite de l'eau en vapeur. Cela prouve qu'une invention n'est presque jamais une œuvre individuelle et que, quand elle apparaît, elle est le résumé des progrès accomplis et des travaux antérieurs.

Le moulin à eau et le moulin à vent, ce dernier importé en Europe par les croisés, sont restés pendant tout le moyen âge les seules forces motrices connues.

Il faut arriver jusqu'en 1615, à Salomon de Caus, pour trouver l'indication d'une machine à vapeur propre à opérer les épuisements. Suivant la description de la machine proposée, il résulte que Salomon de Caus connaissait la force élastique de la vapeur, mais si on peut dire qu'il fut un précurseur de Denis Papin, son mécanisme était loin de ressembler à la machine à feu et à piston que celui-ci inventa et dans laquelle il avait combiné la force élastique de la vapeur d'eau avec la propriété dont jouit cette vapeur de se condenser par le froid.

Toutefois, pour que Denis Papin puisse inventer sa machine, il était indispensable que Galilée découvrît les lois de la pesanteur et qu'Otto de Guéricke inventât la machine pneumatique. Chacun comprit alors que du jour où l'on parviendrait à faire facilement le vide, on aurait à son service une force énorme, la pression atmosphérique étant égale à plus d'un kilogramme par centimètre carré. Il était réservé à Denis Papin de découvrir le moyen de s'emparer de cette force et de l'employer comme force motrice au moyen d'une marmite dont on connaît le mécanisme. Il comprit que son appareil pourrait devenir un moteur universel en transformant son mouvement de va-et-vient en un mouvement de rotation.

Newcomen perfectionna la machine de Papin de

manière à y faire subitement le vide en enveloppant
son corps de pompe d'un cylindre dans lequel il intro-
duisait un jet d'eau froide qui condensait immédiatement
la vapeur sous le piston. Newcomen exploita sa machine
avec deux autres associés, mais la condensation marchait lentement lorsqu'un jour, en regardant fonctionner
une machine, ils s'aperçurent qu'elle marchait beaucoup
plus vite que les autres parce que le piston se trouvait
accidentellement percé d'un petit trou et que l'eau
froide qui le recouvrait tombait dans l'intérieur du
cylindre par gouttelettes à travers la vapeur la refroi-
dissait et, dès lors, la condensait rapidement. C'est
depuis cette époque qu'on munit les machines atmos-
phériques, comme on les appelait alors, d'une ouverture
en pomme d'arrosoir. Mais il est impossible de dire
auquel des trois associés il faut attribuer ce perfectionnement.

Ainsi, la machine à vapeur qui nous semble
aujourd'hui n'avoir été imaginée que pour utiliser la
puissance élastique de la vapeur d'eau, cette machine
à vapeur primitive telle que l'ont inventée Papin et
Newcomen, n'agissait à l'origine que par la pression de
l'air, et du mouvement de va-et-vient on ne considérait
que le mouvement de retour, de sorte que l'industrie
avait conquis un poids et non un ressort.

Watt apporta enfin à la machine de Newcomen les
modifications nécessaires pour en faire un moteur
universel. Etant chargé par l'Université de Glascow de
conserver et de réparer les modèles d'instruments de sa
collection, il eut la chance qu'une petite machine de
Newcomen eut besoin de réparations. Watt y trouva
des défauts et s'ingénia à y remédier. Mais plusieurs
années s'écoulèrent en essais infructueux. Enfin, grâce
à un concours financier, il réussit à exécuter en 1768
une machine perfectionnée qui fut établie sur les puits

d'une mine de houille de Kennel, puis il créa une société qui prit un développement considérable.

La principale modification apportée par Watt à la machine de Newcomen consiste dans l'addition d'un *condenseur*, c'est-à-dire d'une capacité séparée dans laquelle la condensation de la vapeur a lieu par injection d'eau froide. Mais d'autres modifications étaient nécessaires. Comme appareil d'épuisement, la machine de Newcomen remplissait son but, mais le moteur universel restait à trouver. Watt y parvint par degrés en faisant quelques modifications au cylindre et le nouveau moteur put ainsi être appliqué à l'usine, à la fabrique, puis, grâce au génie de Fulton, aux navires et, enfin, grâce à l'invention de la chaudière tubulaire due à Marc Séguin, aux locomotives. Il a fallu un siècle de recherches et de découvertes scientifiques pour arriver à ce résultat.

Depuis lors, les moteurs à vapeur ont joué un grand rôle en technologie, mais, vers la fin du xixᵉ siècle, d'autres techniques plus importantes se sont créées, qui menacent, dans un avenir prochain, de réduire le rôle du moteur à vapeur. En premier lieu, l'électricité s'emploie de plus en plus comme force motrice, principalement dans les chemins de fer, soit à la surface du sol, soit dans les souterrains, comme le chemin de fer métropolitain de Paris et le Undergrund Electric Railways de Londres. Les emplois industriels de l'électricité produite par les chutes d'eau sont très nombreux. Enfin, les moteurs électriques s'emploient pour les voitures et les bateaux automobiles. Les moteurs à explosion, à essence, à alcool ou au pétrole ont révolutionné les transports, font une concurrence acharnée aux voies ferrées et sont employés pour les aéroplanes, nouveau moyen de locomotion aérienne qui n'est encore employée que comme arme de guerre.

mais qui, plus tard, pourra peut-être servir de moyen de locomotion au public.

IV

Il nous reste maintenant à examiner quelles sont les modifications économiques que la technique a introduite dans l'organisation du travail.

Ces modifications ont suivi deux directions principales correspondant l'une à la forme du mouvement industriel, l'autre à la force de ce mouvement.

Dans l'antiquité et surtout au moyen âge, le progrès de la technique était possible, mais sous la forme artistique. Ce progrès était en connexion intime avec l'habileté manuelle de l'ouvrier. L'industrie n'était, en réalité, comme nous l'avons vu, qu'une industrie d'art. Aussi les anciennes productions présentent, pour la plupart, un caractère nettement artistique. C'est ce que l'on constate, par exemple, dans les serrures, les poignées, les marteaux de portes qui se trouvaient faire partie d'une construction d'une certaine importance (1). La serrure du moyen âge ne pouvait se concevoir que comme un objet richement décoré pourvu d'un mécanisme compliqué. Le même caractère artistique se retrouvait prédominant dans les meubles, les étoffes, dans les instruments de mathématiques et d'astronomie et, en général, dans la plupart des ustensiles en usage.

Le germe des fabriques proprement dites apparaît déjà dans l'emploi d'ouvriers auxiliaires que chaque patron tend à s'adjoindre dans une proportion croissante. C'est ainsi qu'au moyen âge on peut déjà constater un

____

(1) Cf. Reuleaux. *Cinématique,* traduit de l'allemand. Savy, 1877, p. 205 et suiv.

grand nombre d'établissements de ce genre qui se placèrent de préférence sur les cours d'eau, soit sur les versants des montagnes, soit dans la plaine où la vitesse du courant était compensée par une plus grande largeur du lit. Dans beaucoup de villes où passaient une rivière ou un fleuve, on voyait, au bas des ponts, des fabriques qui empruntaient leur force motrice au courant inférieur. C'est surtout à la fin du xviiie siècle que cette concentration s'est produite et on est arrivé rapidement aux grandes usines employant un grand nombre d'ouvriers.

Avec la concentration des industries et l'application des moteurs à vapeur, la direction du mouvement industriel a changé. Le mouvement industriel a visé la force plutôt que la forme. Sans doute, il y a encore aujourd'hui des ouvriers d'art, mais avec l'augmentation de la population, les nécessités d'une production plus intense, la division du travail poussée à ses extrêmes limites, l'art a été plutôt sacrifié à la quantité d'objets à produire.

Aujourd'hui, on s'attache plutôt à l'utilité, à la convenance, qu'à la forme. Dans les arts plastiques, nous n'avons pas dépassé les anciens et même, dans certaines parties de la technique artistique, nous leur sommes restés inférieurs. Telle création artistique nous semble un idéal qu'il ne nous sera jamais permis d'atteindre.

D'un autre côté, la division du travail poussée à l'extrême a des effets déprimants pour l'ouvrier qui ne peut plus se livrer à l'invention comme autrefois. Une spécialité rigoureuse réduit l'ouvrier à l'état de machine, impropre à tout autre emploi que celui auquel il est attaché. Le travailleur parcellaire n'a plus, du reste, la possibilité de quitter un métier où le salaire baisse, pour passer à un autre plus lucratif. La spécialisation à l'excès aboutit donc à empêcher la formation d'un libre taux des salaires au détriment des ouvriers et des consommateurs de produits dont la demande augmente.

Le résultat de cette division excessive du travail dans l'industrie est de différencier de plus en plus les couches du corps social. Les couches inférieures du peuple, en effet, sont condamnées à un labeur très spécialisé qui, loin d'accroître leur intelligence, ne tend qu'à la réduire. Il y a un siècle et demi, un ouvrier était un véritable artiste qui pouvait exécuter tous les détails d'un mécanisme quelconque, celui d'une montre, par exemple. Aujourd'hui, c'est un simple manœuvre qui ne fabrique jamais qu'une seule pièce, passe sa vie à forer des trous semblables ou à polir le même organe et, par conséquent, dont l'intelligence arrivera à s'atrophier tout à fait. Que peut devenir un homme dont la vie se passe à rattacher des bouts de fils dans un tissage mécanique ou une filature ? Aussi voyons-nous ces malheureux, quand ils sont en grève, tout démolir, tout saccager et, au besoin, assassiner les contremaîtres ou les ingénieurs.

L'industriel, l'ingénieur sont, au contraire, par suite des découvertes et des inventions et des nécessités de la concurrence, plus à même d'accumuler des connaissances, d'acquérir l'esprit d'initiative et d'invention que le même industriel ou ingénieur il y a un siècle. Constamment exercé, son cerveau se développe de plus en plus.

Tocqueville a bien fait ressortir cette différenciation des couches sociales, et cela à une époque où l'industrie se trouvait bien loin du degré de développement qu'elle a atteint aujourd'hui. « A mesure que le principe de la division du travail reçoit une application plus complète, l'ouvrier devient plus faible, plus borné et plus dépendant. L'art fait des progrès, l'artisan rétrograde, le patron et l'ouvrier diffèrent chaque jour davantage » (1). Le fossé qui sépare les diverses couches sociales s'élargit. La séparation des classes est comme la fissure qui va sans cesse grandissant dans le vase fêlé du poète. Donc, de plus en plus, l'ouvrier et l'ingénieur ne se comprennent plus. L'un méprise le travail manuel, l'autre le travail intellectuel. Il semble qu'entre ces êtres, savants, artistes, ingénieurs, ouvriers, qui concourent cependant à la même œuvre, il y ait le plus complet antagonisme.

Est-il permis d'espérer qu'une nouvelle évolution de la technique, qui semble déjà s'annoncer, finira par faire cesser cet antagonisme ?

Aujourd'hui, les emplois industriels des moteurs légers prennent tous les jours plus d'extension. Un grand nombre de petits ateliers n'ont comme force motrice qu'un moteur de tricycle et on ne compte plus les fermes, les châteaux, les maisons de campagne qui font usage de moteurs légers pour l'éclairage électrique, la charge des batteries d'accumulateurs fixes ou de voitures électriques, le pompage de l'eau, du vin, le battage du blé, etc. Peut-on espérer qu'un jour les formes techniques de l'industrie se transformeront dans le sens de la décentralisation et que les petits moteurs à domicile, entre les mains des ouvriers devenus à leur tour des petits patrons, pourront rendre les services que rendent aujourd'hui les puissants moteurs des grandes usines avec une armée d'ouvriers mal logés et dont l'intelligence décline ? C'est là le secret de l'avenir qui dépend des inventions et des découvertes qui surgiront demain.

(1) *La Démocratie en Amérique.*

CHAPITRE V

La Langue et la Vie économique

I

La langue étant un fait social comme le droit et l'art
avec lesquels elle a beaucoup de rapports, dépend,
comme eux, du milieu social où elle a pris naissance et
par suite des phénomènes économiques qui le condi-
tionnent.

Chaque société, si peu élevée qu'elle soit dans
l'échelle de la civilisation, a sa langue qui exprime ses
caractères propres. On peut dire que la langue est une
invention préhistorique qui, comme toutes les inventions très anciennes, a répondu à un besoin inné de la
nature humaine.

Tous les anthropologistes s'accordent pour reconnaître que la parole n'a pas toujours existé. Une certaine
mimique a dû être le langage des premiers humains. A
mesure que les besoins s'imposaient et que, corrélativement, les centres nerveux se développaient, l'être
humain sentait l'impérieuse nécessité de reproduire et
de formuler les impressions de l'esprit. De là une plus
grande perfection des signes et des efforts plus grands
pour arriver à moduler des sons qui prenaient une
certaine signification.

En dehors de la mimique, l'homme de la Naulette
n'avait pour manifester ses sensations, frayeur, joie,
appel ou colère, que la gamme des voyelles et quelques

onomatopées composées de consonnes redoublées. En
faisant tous ces efforts intellectuels, il accomplissait en
même temps un travail mécanique des organes buccaux
qui se développaient de plus en plus. Sur le maxillaire
trouvé par MM. de Puydt Lohest, les apophyses géni
se montrent nettement, tandis que sur la mâchoire de
Goyet, elles se dessinent à peine (1). Il y a déjà là un
grand progrès, mais les efforts de l'homme continuent
à produire des organes nouveaux et finissent par
produire un organe vocal complet. Il n'a donc pas été
possible à l'homme d'être en possession du langage
articulé avant d'avoir inventé les instruments nécessaires à sa production. Mais il faut ajouter qu'en même
temps que l'homme possède la parole, il a déjà inventé
les principaux outils qui lui permettent d'améliorer sa
vie économique.

Comment se sont formées les langues ? On a émis
sur cette question bien des hypothèses. Les uns, comme
G. de Humboldt, ont tout simplement attribué le langage
à l'intervention divine. Renan, adoptant les idées de
Steinthal, émet une idée purement métaphysique. Le
langage sortirait spontanément de l'âme humaine à un
certain moment du développement de la vie psychologique (2). C'est encore plus obscur que l'intervention
divine. Max Muller n'est pas fixé ; c'est peut-être la
nature, une invention de l'homme ou un don céleste !
Voilà qui est concluant.

Au contraire,. Locke, de Tracy, Condillac et Adam
Smith pensent, avec raison, que le langage est d'invention humaine. Adam Smith applique, d'ailleurs, à toute
sa sociologie une même méthode. Pour lui, le langage

(1) G. et A. Mortillet. *La Préhistoire*. Schleicher frères, p. 283 et
suivantes.

(2) *Origine du Langage*. Préface.

résulte d'une invention, comme la monnaie. C'est pour satisfaire ses besoins que l'homme crée les institutions sociales, et ce qui domine dans la thèse d'Adam Smith, c'est le rationalisme utilitaire.

Ainsi, d'après le grand économiste anglais, il y aurait une analogie évidente entre la langue et l'économie, puisque les deux phénomènes sociologiques seraient basés sur le principe d'utilité. C'est également sur ce même principe d'utilité ou du moindre effort qu'un lunguiste, M. Whithney, prétend expliquer la genèse et l'évolution de la langue (1).

Remarquons qu'une langue ne se compose pas seulement de mots juxtaposés au hasard, mais que ces mots se suivent dans une logique rigoureuse suivant le génie particulier de chaque langue. Cet arrangement des mots dans un ordre déterminé s'appelle la syntaxe.

Or, l'arrangement des mots s'est fait, à l'origine, suivant un certain rythme, car le langage purement imitatif des bruits de la nature ne différait pas de la poésie et de la musique.

Comment s'est faite cette répartition des mots pour former une phrase? Cet ordre régulier provenait-il d'une nécessité de logique intérieure? Il ne le semble pas. Il provenait d'une source extérieure. Cette source, il faut aller la chercher dans les mouvements corporels rythmés suivis de cris et de chants qui accompagnent l'action.

Toutefois, il faut bien s'entendre sur la nature de ces mouvements corporels rythmés. Ce ne sont pas les jeux et les danses, qui ont pour but le plaisir et qui, par conséquent, peuvent être réglés par l'homme, mais le travail, qui est réglé par les nécessités du milieu

____

(1) *Life and growth of language.* 1875, p. 50.

physique et social, qui engendre des mouvements réguliers et nécessaires.

Ainsi, le rythme du langage, source de la syntaxe, qui était en même temps une musique imitative, s'est imposé à l'homme comme un moyen de régler ses travaux. En même temps, ce rythme a agi comme un stimulant pour l'aider dans l'accomplissement de sa tâche.

On voit donc que les nécessités de l'organisation économique ont eu une action indéniable sur l'origine et les transformations du langage.

II

Dans l'intérieur du clan, la division du travail revêt la forme sexuelle et la femme ne parle pas la même langue que l'homme. Ne pouvant toucher les mêmes objets que l'homme, elle ne peut non plus les nommer ou du moins les nommer de la même façon que l'homme, car le nom et la chose nommée sont identiques à cet état inférieur de la civilisation.

D'après M. Frazer, ce serait là l'origine des genres masculin et féminin qui ne seraient qu'une survivance de cette obligation pour l'homme et la femme de ne pas parler la même langue (1).

De même que, dans l'intérieur du clan, il y a une division sexuelle de la langue, les divers clans parlent une langue à part jusqu'au jour où ils commencent à s'agréger en tribus. On comprend alors la nécessité de parler le même idiome et il y a lutte entre ces idiomes jusqu'à ce qu'un jour l'un d'entre eux, généralement celui du clan qui arrive à prédominer politiquement,

(1) *Suggestion as to the origine of gender in language. (Fortnyhtly Review.* 1900).

s'impose aux autres clans. Les tribus, à leur tour,
peuvent longtemps coexister sur le même territoire sans
parler la même langue. Chez les Hurons, chaque village
a son langage propre (1).

Chez les Indiens Kiaw-Kaskara des Montagnes Rocheuses, bien qu'il existe une agglomération de tribus
ayant les mêmes mœurs et des caractères physiologiques
analogues, les diverses tribus ne parlent pas le même
idiome, ce qui fait que, dans les réunions communes,
les membres des diverses tribus, ne pouvant se comprendre oralement, sont obligés de s'expliquer par
signes et arrivent, de cette façon, à s'entendre parfaitement (2).

D'après Fisher, les Indiens Comanches sont d'une
habileté surprenante à s'exprimer par la mimique.
D'ailleurs, chez les peuples chasseurs, cette mimique a
sa raison d'être, car le résultat de la chasse dépend en
grande partie de la possibilité d'approcher le gibier. Les
Boshimans d'Afrique accompagnent leur langage de tant
de gestes que, la nuit, ils ne peuvent se comprendre
qu'en allumant du feu (3).

Il en est de même des Arapahos de l'Amérique du
Nord qui n'ont qu'un vocabulaire très incomplet. Les
Veddas, de Ceylan, n'emploient que les mots les plus
indispensables, de sorte que, pour exprimer des faits ou
des choses usuels, ils sont obligés d'employer des péri-
phrases compliquées. Les Fuegiens ne peuvent exprimer
les termes abstraits dans leur dialecte tout à fait primitif.
Enfin, les Coroados du Brésil ne savent guère exprimer

(1) Max Muller. *Lectures ou the Science of language*, p. 53.

(2) James. *Account of an expedition from Pittsburgh to the Rocky
Mountains*. Cleveland. A.-H. Clark, 1905.

(3) Lubbock. *The origine of civilisation and the primitive condition
of man. Mental and social condition of savages*. London, 1891.

que quelques idées très simples, comme marcher, voire
manger, dormir, entendre.

Les observations faites dans les sociétés inférieures
prouvent que le langage, qui est une mimique imitative,
n'a pas seulement pour but de communiquer les idées
et les sentiments entre les hommes, mais qu'il exerce
encore, par son rythme, une sorte d'action magique sur
les hommes et sur les choses, le principe de la magie
étant l'image des mouvements représentatifs des idées
et des sentiments.

Les débuts du langage ont donc été très lents, mais
les tribus où règne un état économique plus avancé et
où la richesse s'est développée, cherchent à se confé-
dérer, les idiomes propres à chaque tribu cherchent à
se confondre et, après la diffusion et le triomphe de l'un
d'entre eux, se forme la langue de la cité, qui devient
peu à peu maternelle. Cette langue est peut-être plus
pauvre, quant au nombre des mots, que les diverses
langues des clans auxquelles elle s'est superposée, mais
elle est nécessairement plus abstraite. Les agents les
plus actifs de la propagation des langues sont les marchands qui colportent sur les marchés non seulement
leurs marchandises, mais encore les religions et les
langues, et c'est ainsi que la vie économique exerce son
influence sur la transformation des langues concrètes
en langues abstraites. Plus tard, les patois et les langues
des cités et des provinces disparaissent à leur tour pour
former la langue nationale.

Dans l'intérieur des nations d'aujourd'hui, il existe
aussi des différences d'idiomes. Dans les sociétés aristo-
cratiques, où tout est régi par la tradition et la coutume,
et où la séparation des classes est profonde, chaque
classe a sa langue à soi prise dans l'idiome commun.
Or, cette langue, une fois adoptée, passe par la tradition
de génération en génération. Il en résulte qu'il y a une

langue pour les roturiers et une langue pour les nobles, une langue savante et une langue vulgaire. Au contraire, dans les sociétés où les rangs sont confondus, les mots de la langue se mêlent et les patois disparaissent. C'est ainsi qu'aux Etats-Unis les patois sont inconnus (1).

III

Si les phénomènes économiques exercent leur action sur la formation de la langue, la langue, à son tour, réagit sur la vie économique, mais dans une mesure bien plus faible.

Dans les sociétés où règne la diversité des dialectes locaux, les échanges ne peuvent se développer et les marchés sont toujours localisés, ce qui ne peut donner d'essor à la production. La multiplicité des langues entrave la vie commerciale. Ce n'est pas qu'un échange soit impossible sans moyen de communication orale. Chez les Indiens de l'Amérique du Nord, l'échange se faisait en portant les objets sur un point frontière, en attendant qu'on les prenne en laissant à la place d'autres objets (2).

Boscher avait déjà signalé le commerce silencieux qu'on a constaté en Afrique. C'est un moyen pour les tribus ennemies de commercer entre elles. Les marchandises sont placées en un lieu déterminé à l'avance, puis ceux qui ont amené ces marchandises se retirent. Les acheteurs placent à côté de ces marchandises d'autres marchandises ou de la monnaie et se retirent à leur tour. Les vendeurs reviennent de nouveau et, s'ils acceptent le prix, le marché est conclu. Dans le cas

(1) Tocqueville. *La Démocratie en Amérique.*

(2) Giddings. *Principes de Sociologie,* p. 255.

contraire, les acheteurs ajoutent un supplément au prix jusqu'à acceptation.

Il est certain que la multiplicité des langues a dû apporter de sérieux obstacles aux opérations commerciales. En Grèce, il y avait un grand commerce avec les nations étrangères. On tirait du Pont-Euxin des esclaves, des bois de construction, du poisson salé, de la cire, du goudron, du cuir. Byzance, la Thrace et la Macédoine fournissaient aussi du bois et des esclaves. La laine et les tapis venaient de la Phrygie et de Milet. La Sicile, l'Italie, Chypre, la Lydie, le Pont et le Péloponèse fournissaient à Athènes ce qu'ils avaient de plus précieux. « Ces relations variées, dit Bœck, y introduisaient un mélange de tous les dialectes, et des mots barbares étaient admis dans l'usage commun » (1).

Peu à peu l'usage s'établit de faire accompagner les caravanes de marchands par des interprètes (2), afin de faciliter les affaires et de préparer l'unité économique du monde antique.

Dans les grandes civilisations de l'Orient, qui étaient constituées par une agglomération de confédérations de tribus d'origines diverses, régnait une confusion de langues vraiment extraordinaire. Cette multiplicité de dialectes constituait un obstacle sérieux à l'exécution des travaux en commun qui constituaient la base de l'organisation économique des civilisations assyrienne, chaldéenne et égyptienne.

La division du travail, pour produire les effets heureux que l'on en peut attendre, est soumise à des conditions spéciales. Dans les sociétés où règne presque exclusivement le langage oral et où il prédomine sur le langage écrit, la production ne semble pas pouvoir se

(1) *Economie politique des Athéniens.* 1828. Tome 1ᵉʳ, p. 79.

(2) Max Muller, *Loc. cit.*, p. 85.

développer aussi vite que dans les sociétés où les procédés de travail constituent un ensemble technique écrit et font l'objet d'un enseignement accessible à un certain nombre de classes sociales.

En résumé, l'action exercée par les langues primitives est d'autant plus forte que les sociétés sont dans un état de civilisation moins avancé. Les langues agissent aussi sur l'état économique des sociétés qui sont parvenues à un degré plus avancé de civilisation, mais les effets produits sont bien différents.

Tarde a remarqué que, dans les marchés locaux, les conversations particulières entre acheteurs et vendeurs, pour le marchandage, ont une influence directe sur les prix (1). Ce marchandage local commence déjà à s'affaiblir quand l'affaire se traite par correspondance.

D'un autre côté, les grands magasins achèvent de détruire les effets des pourparlers particuliers. Certes, dans les grands marchés, comme les bourses de valeurs et de commerce, les conversations ont lieu, quelquefois sur un ton qui dépasse la mesure, mais l'effet produit est la fixation des prix qui, sans ces conversations, resteraient instables.

Les influences linguistiques exercent donc sur la vie économique une action incontestable, mais, en revanche, la langue est conditionnée d'une manière plus profonde par les phénomènes économiques.

---

(1) *Psychologie économique.*

CHAPITRE VI

Les Croyances religieuses et l'Evolution
économique

I

Comme le droit, l'art et la langue, la religion est conditionnée par le milieu social où elle prend naissance et, par conséquent, elle dépend en premier lieu de l'organisation économique de la société.

Jusqu'ici, on a plutôt étudié les influences des croyances religieuses sur l'économie, parce que, dans les sociétés primitives et même dans les sociétés plus avancées en civilisation, la religion exerce une action prépondérante qui envahit tous les domaines de l'activité sociale. Mais, en y regardant de près, on voit que, dans les sociétés primitives, les inventions réelles qui ont transformé la vie économique ont été la cause première des inventions imaginaires d'où sont sortis les mythes, les cultes, les rites, les dogmes et les sacrifices.

Il est néanmoins utile d'observer la réaction que la religion, conditionnée par la vie économique, exerce sur les formes sociales de celle-ci.

Ces réactions s'exercent de plusieurs manières. Nous ne nous occuperons que des influences que les croyances religieuses exercent sur la production. Elles peuvent s'exercer indirectement sur la production, soit en l'orientant dans un certain sens, soit en la limitant par des défenses, soit en déclarant *tabous* certaines consommations.

Dans les clans et les classes, ces défenses ont pour effet de resserrer dans d'étroites limites l'étendue du marché et la division du travail. En second lieu, elles peuvent réagir directement sur l'organisation de la production par des inventions imaginaires, des mythes qui ont servi à la domestication des animaux et à la propagation des plantes nouvelles, œuvre colossale qui a dominé l'organisation économique pendant des milliers d'années.

C'est ainsi que le totémisme a aidé à la transformation de l'économie pastorale en économie agricole. Le totémisme, en effet, a d'abord été une interdiction de manger certaines espèces animales servant de totem, mais, peu à peu, ces interdictions totémiques s'affaiblissant, il devient possible de consommer la chair des animaux propres à la consommation courante.

La culture des plantes utiles, le plus souvent importées du dehors, eut aussi une origine religieuse. La première propriété fut la propriété des tombeaux. Chez les peuples primitifs, cette propriété joue un rôle considérable et, comme elle était entretenue avec un soin particulier, peut-être ont-ils appris, par cet entretien des tombes, la manière de cultiver les plantes. Le culte des morts aurait été ainsi une expérience agraire qui aurait contribué à une transformation économique aboutissant à l'état agricole.

En ce qui concerne l'influence de la religion sur l'organisation de la production, la question, jusqu'ici, n'avait pas été étudiée. M. René Maunier, dans une étude approfondie, a apporté, sur ce point, quelque lumière. Il a montré l'influence exercée sur la division du travail par les *tabous* religieux. Chez les primitifs, la spécialisation est obligatoire et elle est sanctionnée par des peines qui vont jusqu'à la mort. Le métier est un monopole strict et le clan intervient pour sanctionner ces peines.

Dans les sociétés plus élevées où existe le régime des castes, ces sanctions assurent la division des professions. Chez les Hindous, le brahmane qui vend certains produits perd sa caste. En Egypte, l'artisan qui abandonne la profession de son père paie une forte amende. Il en résulte que toute atteinte à la spécialisation est un crime (1).

L'action des croyances religieuses sur la division du travail aboutit, d'ailleurs, par le caractère sacré dont elle revêt les métiers, à l'hérédité des professions, ce qui est un obstacle à la division du travail (2).

Chez les primitifs, la réciprocité économique semble intimement unie aux croyances religieuses. L'échange a d'abord eu lieu entre clans et seuls les clans totémiques spécialisés peuvent échanger entre eux leurs animaux totémiques respectifs, de sorte que l'échange devient obligatoire entre les différents clans. Puis, avec l'extension du champ économique, ce sont les tribus qui échangent entre elles, puis les cités, première forme de l'échange international.

Mais pourquoi l'échange individuel suit-il, au lieu de précéder l'échange entre clans ? C'est qu'à l'origine des sociétés, dans l'esprit du primitif, chaque objet est doué d'une puissance magique dont il peut disposer, ce qui l'incite à le conserver. Nous verrons, cependant, plus loin, qu'il se fait, dans certaines tribus africaines, un grand commerce de fétiches. Il n'en est pas moins vrai

(1) René Maunier. *Vie religieuse et Vie économique. Revue internationale de Sociologie*. Nº de février 1908.

(2) Dans notre chapitre consacré à la technologie, nous avons indiqué ces conséquences.

17

que, dans le clan, la mobilisation de la richesse est entravée.

Les centres d'échange, les marchés coïncident toujours, non seulement chez les primitifs, mais encore chez les civilisés, avec les fêtes religieuses. Sur les marchés africains, notamment, l'organisation du marché est réglée par les prêtres et le prix fixé d'autorité, sous peine de sanctions religieuses (1).

II

Examinons maintenant l'effet des premières inventions sur les croyances religieuses.

L'invention du feu a été l'origine de tous les cultes de la race aryenne et même des autres races. Cette invention, qui a transformé complètement la vie sociale de l'homme primitif en lui permettant de se débarrasser de sa digestion bestiale, est due, comme nous l'avons vu dans un précédent chapitre, à un mouvement de rotation d'une tige de bois grossièrement taillée en pointe et introduite dans une cavité correspondante, et maintenue entre les deux paumes des deux mains qui lui impriment un mouvement de rotation très rapide, jusqu'à ce que, par le frottement, des petits éclats de bois détachés arrivent à prendre feu. On employait aussi une corde de chanvre avec laquelle on imprimait un mouvement rotatoire à l'agitateur fixé au point d'intersection de deux morceaux de bois placés en croix. La machine s'appelait arani. Le swastika était le signe qui représentait l'arani, à qui le nom du swastika est finalement resté. Les brahmanes utilisent encore une

(1) Cf. René Maunier. *L'Économie politique et la Sociologie.* Giard et Brière. 1910, p. 146 et 147.

disposition analogue pour la production du feu dans les cérémonies du culte.

C'est ainsi que le rite religieux, principe de toutes les cérémonies du culte, a pris naissance, mais par une sorte de déviation de l'idée primitive qui, issue de la terreur, avait imaginé l'Agni, dieu supérieur des Aryas védiques, type de la bonté et de la puissance, l'idole remplace la croyance, phénomène que nous rencontrerons souvent en étudiant l'origine des cultes, et cette idole fut revêtue des attributs naturels de l'homme, symbole du mouvement qui produisait le feu sacré. Il est permis de supposer que ce fut là l'identification animistes des peuples fétichistes, dogme que les Aryens propagèrent dans toute l'Europe qu'ils envahirent progressivement.

Les prêtres védiques conservèrent peut-être la doctrine première dans toute sa pureté et ce fut peut-être dans cette doctrine pure de toute souillure que Zoroastre puisa la base du Mazdéisme, religion qui, au dire de Michelet, n'a pas été surpassée. Mais cette croyance primitive, en s'éloignant de son foyer d'origine, fut peu à peu remplacée par le culte du dieu phallus. Le nom de Prométhée a une origine védique : pramatyus, celui qui dérobe le feu, qui creuse en frottant, et on arrive facilement au Promethée grec.

On retrouve un peu partout la croix svastika, symbole du feu. On l'a signalée sur d'anciens monuments au Mexique, sur des poteries péruviennes, sur d'autres provenant du lac d'Aix en Provence et des terramares de l'Emilie de l'âge de bronze, comme sur les tombes datant de l'âge du fer de Golasecca aux environs du lac Majeur et de Villanova près de Bologne. Schlieman l'a découverte sur un grand nombre d'objets trouvés à Ilios et notamment sur la *vulva* d'une figurine en plomb représentant une idole de femme, ce qui prouve bien le sens primitif de l'idée attachée au svastika. Les Indiens adorateurs de Wichnou tracent sur leur front le signe du svastika. On ne peut expliquer la présence de ce signe en Amérique que par l'hypothèse que des hordes aryennes auraient pénétré en Amérique dans les temps préhistoriques.

Ce culte de l'Agni védique pénétra partout avec les envahisseurs dravido-aryens et c'est ainsi qu'on trouve des menhirs, des dolmens, des alignements de pierre levée dans beaucoup de parties de l'Europe. Le culte du phallus a laissé de profondes empreintes sur toutes les religions antiques, en Egypte, en Grèce, à Rome, en Gaule, où une invasion de Kymris importa le druidisme, c'est-à-dire le culte des chênes qui, par le gland, rappelle l'idole antique, le man-phallus aryen. Peut-être dans la religion druidique, la signification immédiate de la copulation avait-elle disparu, mais ce n'en est pas moins le culte inconscient du dieu phallus.

Au moyen âge, les sorciers célébraient dans des lieux clandestins le sabbat qui semble être une réminiscence des orgies égyptiennes de Mendes, des éléutheuthères grecques, des bacchanales romaines et des cérémonies nocturnes gauloises où, le corps peint en noir, les druidesses toutes nues se tordaient dans des contorsions lascives en tenant dans leurs mains des brandons enflammés (1). On sait quelles étaient les orgies du moyen âge qui dégénéraient en crises de nymphomanie.

On a émis des doutes sur l'existence d'une religion des hommes de l'âge du renne et on a prétendu qu'aucune découverte archéologique n'avait été faite qui permît de se rendre compte que cette époque ait eu l'idée d'un être supérieur. A cette époque préhistorique,

____

(1) De Paniagua. *La Genèse de l'Homme*, p. 242.

il existait cependant une religion servie par des prêtres
shamans. Des fouilles faites à Laugerie-Basse ont fait
découvrir une gravure sur os représentant une femme
enceinte ayant devant elle un renne. Est-ce que le
sculpteur primitif a voulu simplement représenter une
scène qui s'est passée sous ses yeux et s'est laissé guider
par un motif purement artistique, a-t-il obéi à une
nécessité et a-t-il voulu symboliser une idée religieuse ?
Il semble que cette dernière hypothèse soit la vraie, car
les statuettes féminines de la même époque retrouvées
à Baoussès-Rousse (Alpes-Maritimes) et à Brassempouy
(Landes) représentent aussi une femme enceinte ayant
les seins gonflés de lait et le ventre proéminent prouvant
l'état de grossesse avec une telle exagération des parties
sexuelles qu'on l'a dénommée la Vénus impudique. Or,
si on s'en rapporte au symbolisme aryen de la terre
féconde et nourricière tel que l'ont compris les Dravido-
Aryens de l'Hindoustan, on s'explique l'idée du sculpteur primitif. Ces statuettes rappellent l'idole d'Ephèse
aux multiples mamelles et quant au renne, c'est l'animal
destiné au sacrifice. Les Ostiaks, peuple finnois de la
Sibérie occidentale, offrent encore des rennes à leurs
dieux, et les Vogouls, nomades de race ouralo-altaïque,
en sacrifiant aussi à ce qu'ils appellent la « vieille d'or »
qui semble bien être la terre.

Le symbolisme religieux figure aussi sur les bâtons de
commandement ornés de gravures qui sont des représentations d'animaux dans lesquels sont les empreintes
totémiques des tribus. Les Indiens primitifs, les Scythes,
les Gaulois avaient des totems ; il n'y aurait rien de surprenant à ce que les hommes de l'âge du renne, descendants des premiers par la civilisation, frères des seconds
et pères des derniers aient aussi possédé des totems (1).

(1) A. de Paniagua. *Les Origines celtiques.* Dujarric, 1909, p. 49.

Les gravures représentent respectivement, selon l'endroit où on les a trouvés, le cheval blanc, le serpent, le phoque, la chèvre, le bœuf. Le cheval blanc représente la noblesse des clans sacerdotaux où le blanc était sacré. Il a joué un grand rôle chez les Hindous où les Telchins avaient accepté l'élevage de cette race chevaline et chez les Grecs qui précipitaient un cheval dans les cours d'eau pour honorer Neptune, élève des Telchins. Les Ostiaks précipitent un renne dans les fleuves pour apaiser le dieu des eaux (1).

Les découvertes récentes de gravures et de peintures sur les parois de certaines grottes en Dordogne, dans la Gironde, dans l'Ariège et en Espagne, qui ont un caractère nettement religieux, ont définitivement élucidé la question de l'existence de croyances religieuses à l'âge du renne.

III

Nous abordons maintenant l'étude des croyances religieuses chez les peuples primitifs qui existent encore de nos jours. Chez les peuples pasteurs, qui mènent la vie désertique et qui sont en perpétuel contact avec l'immensité de la plaine ou du sable, les croyances religieuses tendent à revêtir la forme du monothéisme, et c'est ainsi que l'islamisme est une religion de pasteurs nomades. Chez les peuples chasseurs, qui vivent au milieu de la faune ambiante, les croyances religieuses et le culte revêtent la forme du zoomorphisme qui se transforme peu à peu en anthropomorphisme avec le développement de la vie économique et l'agrandissement des groupes sociaux.

Les peuples primitifs où des observations ont été

(1) Elisée Reclus. *Géographie universelle*. Tome VI, p. 685.

faites sont les nègres d'Afrique comme les Niam-Niam et les Dokkos, les Peaux-Rouges, les Mincopies des îles Andaman, les Botocudos, les Boschimans, les Caffres, les Hottentots, les Fuégiens, les Esquimaux et les Polynésiens.

Nous avons déjà eu l'occasion d'étudier ces peuples au point de vue du droit et de l'art dans le courant de ce travail. On peut suivre également, dans ces groupes primitifs, l'évolution des croyances et du culte depuis le naturisme jusqu'à l'anthropomorphisme en passant par le fétichisme. Les religions des peuples primitifs sont en rapport direct avec l'activité économique à laquelle ils se livrent. Les mythes, les rites et les cultes naissent de l'état du milieu physique et en particulier des conditions de vie qui leur sont imposées.

Examinons d'abord quelles sont les conditions de vie chez les peuples chasseurs. Le naturisme est demeuré le fond des croyances des nègres d'Afrique comme de la plupart des peuples chasseurs et pêcheurs. Chez les Niam-Niam, qui font partie de la tribu des Asandes, il y a quelques traces d'un culte rendu à un être suprême et à cette croyance se joint la foi aux sorciers faiseurs de pluie. Les Aguapins désignent par le même mot le Dieu suprême et le temps qu'il fait. A Benin et dans l'Afrique orientale, et au Dahomey, on reconnaît le soleil comme Dieu suprême, mais sans culte.

Le respect pour les arbres et leur valeur curative existe dans la région de Widah où l'on suspend des lambeaux d'étoffe aux arbres et même on leur donne des aliments. A Zinder, à l'ouest du lac Tchad, il existe un arbre qu'on adorait avant la conversion à l'islamisme et auquel on sacrifiait des bœufs et des moutons. Plus tard l'idée subsistait toujours et le sultan se rendait en grande pompe sous cet arbre, à certaines époques de l'année, pour distribuer des bœufs et des moutons aux pauvres.

Le culte que les noirs d'Afrique rendent aux esprits des morts les pousse à des atrocités inouïes. Au Dahomey, quand un roi mourait, il y avait une quantité d'hommes et de concubines massacrés, sans compter les morts volontaires. Le culte proprement dit se compose de danses plus ou moins obscènes, de chants, d'offrandes de toute espèce, qui n'ont d'autre but que de demander à la divinité de leur procurer le bien-être en temps de paix et, si l'on est à la veille d'une guerre, de leur assurer la victoire. C'est un véritable échange de services économiques entre les membres du groupe et le sorcier-chef ou le forgeron.

Du reste, ce fait n'est pas particulier aux peuples fétichistes. Les Romains vénéraient les dieux dans le seul but d'obtenir leur appui (1). Dans les premiers temps, la religion n'est qu'un échange de services entre l'homme et la divinité. Les autels mêmes ne sont que des tables abondamment servies de mets offerts aux dieux et il y a correspondance parfaite entre ce qu'on demande à ceux-ci et ce qu'on leur donne ; à l'importance de la requête correspond celle de l'offrande (2).

Qui dit religion dit richesse, écrit Scipione Sommurato, chanoine florentin, et la raison en est bien simple. La religion étant un compte que l'on tient à part avec Messire Seigneur Dieu et les mortels ayant besoin de s'adresser à lui en beaucoup de cas ou pour le remercier des biens qu'ils ont reçus ou des maux auxquels ils ont échappé ou pour les prier de leur épargner ceux-ci et de leur accorder ceux-là, il en résulte

(1) Marquardt. *Romanische Staats alterthümer.* III. Leipzig, 1878, p. 53, 255 et suiv.

(2) Guyau. *L'Irréligion de l'Avenir.* Paris, 1886, chap. II.

nécessairement que, soit à titre de solliciteurs, soit à
titre d'obligés, non à lui qui seigneur de l'univers n'a
pas besoin de nous, mais à ses temples et à ses prêtres,
le caractère de *do ut des* dans les rapports entre l'homme
et la divinité représentée par ses prêtres prend une
forme bilatérale (1).

Les Peaux-Rouges ont aussi un culte de la nature,
mais ce n'est pas chez tous les Peaux-Rouges que le
Dieu supérieur s'appelle le Grand Manitou. Il y a un
certain nombre de tribus où il s'appelle le Grand Esprit,
le Grand Lièvre, parce que parmi ses attributs il faut
mettre au premier rang la vitesse. Les Iroquois et les
Oneidas se croient sortis d'une montagne. On retrouve
encore ce mythe chez les Navajos, près des sources du
Rio Grande.

Il est à supposer que le Grand Manitou est quelque
phénomène naturel pouvant varier selon les tribus,
comme le ciel, le soleil, le vent. Chez les Natchez et les
peuples qui se rapprochent du Mexique, le Dieu
supérieur est incontestablement le soleil, mais partout
ailleurs c'est plutôt le souffle. Chez les Peaux-Rouges,
pour solenniser une fête, un départ ou pour faire
simplement un acte d'adoration, on lance une bouffée
vers le ciel, vers le grand Manitou qui veut dire souffle.

Cette personnification continue engendre aisément,
comme chez les Romains, la croyance en des êtres
abstraits, qui sont en nombre considérable, et par
conséquent un certain polythéisme. C'est ainsi que pour
les Iroquois il y a le dieu de la pluie, le dieu du vent, le
dieu du sommeil, etc.

L'animisme des Peaux-Rouges permet de réfuter
ceux qui, comme Herbert Spencer, n'ont vu dans le

(1) *Le Sentiment religieux en Russie. Revue des Deux-Mondes.*
1877.

culte des esprits personnifiés qu'une survivance du culte des morts et qui ont ainsi méconnu l'origine du naturisme. Tandis que les dieux célestes, le soleil, la lune, le ciel étoilé, gardent leur individualité respective, des milliers de phénomènes plus simples que la nature offre à chaque instant à la vue des primitifs, comme les Peaux-Rouges, arbres, sources, rivières, etc., engendrent une foule d'esprits qui remplissent l'espace, que l'on ne peut plus nommer, et qui s'appellent simplement les esprits. Il est donc contraire à toute vraisemblance que le culte des esprits ne soit dans les tribus américaines du Nord qu'une continuation du culte des morts. Les esprits qu'elles redoutent ou qu'elles vénèrent viennent plus encore de la nature que des ancêtres défunts (1).

Le culte des chefs n'existe pas chez les Peaux-Rouges. Ils n'ont pas cette adoration quasi-fétichiste que les noirs d'Afrique ont pour la royauté, ni cette dévotion dont les souverains mexicains et les Incas du Pérou étaient l'objet. Il est vrai qu'ils ne sont pas placés, au point de vue politique, dans les mêmes conditions que pouvaient l'être ces peuples. Mais, en matière de sorcellerie, les Peaux-Rouges sont tout aussi craintifs et superstitieux que les Nègres.

Chez les Botocudos, dans l'Amérique du Sud, c'est le culte de la lune qui prédomine. Les femmes exposent leurs enfants aux rayons de la lune pour qu'elle les reconnaisse et les protège. La lune peut aussi avoir une influence néfaste et les sorciers font des jongleries pour détourner les maladies qu'elle pourrait donner.

Pour comprendre la psychologie religieuse des peuples primitifs, il faut se rappeler que nos catégories tranchées de divinité, d'humanité et d'animalité n'existent

---

(1) Réville. *Histoire des Religions. Les Religions des Peuples non civilisés,* p. 230 et suiv.

pas pour eux et, par conséquent, le Dieu est souvent représenté par un animal, bien qu'on donne à cet animal la qualité d'un homme et qu'ils croient à sa supériorité.

IV

Voyons maintenant comment l'animisme engendre le fétichisme.

Le primitif adore bien moins la nature que les êtres d'ordre inférieur qui sont plus rapprochés de lui. Le fétiche est un objet vulgaire, sans aucune valeur, que le primitif garde religieusement, qu'il vénère et qu'il adore parce qu'il croit qu'il est la demeure d'un esprit. Une pierre, une racine, un vase, une plume, une bûche, tout peut devenir fétiche. Au Gabon, dans les régions de l'Ogooué et du Bas-Congo, chaque famille, chaque village possède un ou plusieurs fétiches. Ceux des villages sont habituellement très grands et portent les attributs masculins, ridiculement monstrueux, du dieu des jardins. Les femmes du pays rendent au phallus *coram populo* un culte érotique qu'il est difficile de décrire, même à mots couverts.

Le fétiche est revêtu d'un caractère économique et juridique. Il est la propriété personnelle de son détenteur, du clan ou de la tribu. La différence entre l'objet de la religion naturelle et le fétiche ressort nettement de ce caractère économique. En effet, on ne peut s'approprier l'objet naturel qui appartient à tout le monde, mais on peut s'approprier le fétiche. Les fétiches se vendent et s'achètent quelquefois très cher. Ils représentent le seul côté d'un culte souvent obscène par lequel on sente une certaine solidarité sociale entre les membres du groupe parce que ces fétiches sont en quelque sorte dépositaires de l'âme collective du groupe.

Les tribus et les Etats ont leurs fétiches spécialement préposés à la protection des membres du groupe et le culte public ressemble absolument au culte privé. Dans les circonstances importantes de la vie sociale et économique, avant de faire les semailles, de partir pour la chasse, pour la guerre qui est toujours une razzia, on les consulte comme à Rome on consultait les augures, on se prosterne à leurs pieds, on brûle des parfums devant eux, on les peint en blanc, couleur des esprits, et on leur immole des animaux. Quand il s'agit d'un grand Etat, on leur immole des êtres humains. Au Dahomey, avant la conquête française, chez les Achantis, à Benin, on fait des sacrifices humains. Au Dahomey, la cour du palais est pavée et le palestis tout embriqué de crânes provenant des victimes immolées au fétiche de l'Empire. Il y a aussi des fétiches ambulants qui sont la propriété des sorciers qui, le visage peint en blanc, couleur des esprits, les promènent de village en village disant la bonne aventure et vendant des amulettes.

Dans le culte des primitifs et principalement en Afrique, on peut suivre la transition du fétichisme à l'idolâtrie. Les peuples anciens qui sont arrivés à l'idolâtrie perfectionnée, comme les Egyptiens et les Grecs, ont eu d'abord des idoles qui ne différaient guère des fétiches des nègres, comme les pieus, les pierres coniques, les troncs d'arbres, et ce n'est que peu à peu, sous l'influence de l'anthropomorphisme qui donne aux dieux la forme humaine après leur avoir prêté tous les sentiments, toute la nature physique et morale de l'homme, que l'on assiste à la transformation en figure animale puis humaine des objets inférieurs de l'adoration antique.

Comme partout, le fétichisme des noirs engendre un

commencement d'idolâtrie. Mais chez les peuples chasseurs, où la vie économique est très peu développée, où l'état nomade est presque la règle, il est impossible à un sacerdoce de se constituer. Il faut pour cela que les transformations économiques amènent le passage de l'état nomade à l'état sédentaire et un commencement d'agriculture. L'Afrique polythéiste étant sans sacerdoce est livrée, comme d'ailleurs toutes les sociétés qui vivent exclusivement de la chasse, de la pêche et de la cueillette, à toutes les chimères fantastiques de l'animisme et elle est en proie aux sorciers.

Les sorciers ou magiciens sont-ils des imposteurs ou ne sont-ils pas eux-mêmes les produits intellectuels inconscients des croyances animistes dont tous les primitifs sont imbus ? Même dans les religions qui ont un caractère plus élevé, on a pu constater une complaisance excessive pour les représentants du culte. Chez les noirs d'Afrique plus encore que chez les races blanches, les faits d'extase, d'hallucination et de surexcitation nerveuse sont très fréquents, mais la situation du sorcier n'est pas enviable, car il se peut que ses prédictions ne se réalisent pas et il est alors susceptible de subir une série de supplices qui vont jusqu'à la mort, mais, en revanche, s'il réussit dans ses prédictions, on l'entoure, on le félicite et on le comble de présents.

Le sorcier ou magicien est avant tout médecin, puis devin. Bien entendu, l'idée de l'action thérapeutique des remèdes qu'il prescrit aux malades lui est aussi étrangère que celle des causes réelles des maladies. Tout est rapporté aux esprits et si une substance ingérée produit sur l'organisme un effet salutaire, c'est que l'esprit logé dans cette substance a expulsé les esprits qui causaient la maladie.

Chez les Dokkos, pour guérir un malade, on emploie des procédés magiques. On fait passer l'esprit dans une

pierre magique ou bien on se réunit autour du malade,
on danse, on tambourine, on entoure son corps de
bandes rouges et blanches et le magicien monte la garde
autour de la hutte une épée nue à la main. Il fait passer
l'esprit de la maladie dans le corps d'une poule et, pour
cela, il procède par incantations et à chaque strophe un
esprit malfaisant doit sortir du corps du malade. On
voit que le traitement n'est autre chose qu'un exorcisme.

Les sorciers ont aussi le don de se transformer à
volonté et surtout la nuit en animaux redoutables,
hyènes, lions, léopards. C'est le pendant des superstitions du loup-garou. Cette croyance à la permutation
de l'âme humaine avec celle d'un animal est voisine de
la folie, mais il est très remarquable que ces manifestations éclatent inopinément, que les crises sont
ordinairement de courte durée et que l'issue en est
rarement funeste. Fréquemment aussi le sorcier
succombe dans la brousse, soit à la faim, soit à l'excès
de ses hallucinations, soit encore sous la dent d'une
panthère, véritable, cette fois.

Il existe aussi des féticheuses qui sont souvent des
hystériques qui abandonnent leurs familles où elles sont
condamnées aux plus rudes travaux pour se mettre aux
ordres et sous la protection des prêtres qui trouvent en
elles d'utiles auxiliaires. Les féticheurs des deux sexes
vivent dans une promiscuité complète. La féticheuse
peut être mariée, mais dès l'instant où elle est entrée
dans la religion, elle renonce à pénétrer dans la maison
de son père et elle doit s'abstenir de tout commerce
charnel avec son mari.

En revanche, il y en a qui sont réservées aux plaisirs
exclusifs des souverains et des grands féticheurs. Quant
aux autres, elles sont libres d'accorder leurs faveurs à
qui les réclament et c'est, jusqu'à un certain point, un
devoir de les offrir.

La qualité de féticheuse peut se perdre facilement.
Ainsi, qu'une prêtresse soit battue par son mari, qu'elle
soit bousculée par un passant qui lui demande pardon
(car s'il ne s'excusait pas l'injure serait considérée
comme non existante) ou bien qu'elle s'oublie avec son
mari dans un ressouvenir de tendresse conjugale,
aussitôt elle perd sa qualité de féticheuse. Elle est
condamnée à une peine qui consiste à parcourir les rues
du village et les environs, vêtue de feuilles de papier et
jouant sur des instruments de musique pour qu'on
puisse la reconnaître. Au bout d'un certain temps, la
féticheuse est considérée comme suffisamment purifiée
par les affronts qu'elle a reçus et le grand féticheur
l'autorise à reprendre son rang parmi les autres. C'est
alors que tout le monde se précipite chez la réhabilitée
pour lui acheter les insignes de son châtiment qu'elle
vend très cher.

L'animisme présente partout ce trait commun de ne
plus reconnaître la solidarité qui existe entre un esprit
et sa forme. Il y a des catégories d'artisans comme les
forgerons qui, aux yeux des croyants fétichistes, sont
susceptibles de se transformer en animaux sauvages.

Il y a une quantité de charmes, de sorts, d'amulettes,
osselets, anneaux, baguettes, colliers, rubans, qui sont
censés porter en eux la vertu que leur ont communiquée
un ou plusieurs esprits, par l'intermédiaire des magiciens. Des versets du Coran en arabe font également
l'office d'amulettes et il s'en fait un commerce important.
Le magicien peut aussi avoir une influence néfaste et
être la cause de grands maux par l'usage des sortilèges.
Au moyen âge, on croyait vouer une personne à la mort
en transperçant d'une aiguille à l'endroit du cœur une
figure faite à son image.

Chez les Peaux-Rouges, les magiciens sont, comme
partout, des médecins, et on les appelle hommes-

médecine. On appelle aussi sac-médecine les objets qui servent à leurs exorcismes, des os, des coquilles, des figures d'animaux. Ils s'annoncent à distance au moyen d'une espèce de cliquetis que l'on dirait être suggéré par le désir d'imiter le bruit caractéristique du serpent à sonnettes et qu'eux seuls ont l'audace de reproduire.

On peut constater chez les Peaux-Rouges, grâce peut-être à leur voisinage de la civilisation européenne, une transformation du sacrifice humain qui auparavant était consommé complètement et l'idée que le sorcier-chef imprégné de la substance divine des esprits avec lesquels il est entré en communication intime est devenu presque l'alter ego substantiel de la divinité, de sorte que l'on attache un haut prix à entrer soi-même dans cette consubstantiation divine. On voit déjà ici poindre l'idée première de la communion dans les religions plus élevées découlant directement de l'animisme.

L'idée première du sacrifice humain, c'est que le plus sûr moyen d'obtenir les bonnes grâces d'un dieu consiste à lui fournir de la chair humaine comme aussi des hommes pour le servir et des femmes qui soient ses concubines, mais cette idée se transforme peu à peu en incisions, en ablation d'une partie de l'oreille, en extraction d'une ou plusieurs dents, du prépuce, d'une phalange de doigt, etc. La forme de sacrifice la plus répandue est la circoncision et il ne semble pas que ce soit des raisons d'hygiène mais plutôt des raisons religieuses qui en sont l'origine. Peut-être aussi cette forme de sacrifice provient-elle de l'ancienne Egypte. Chez les Hébreux, la circoncision remplace le sacrifice lui-même.

V

Nous arrivons maintenant à la transformation du

fétichisme en sacerdoce. Cette transformation est nécessairement liée à l'évolution économique et à l'extension du champ social.

Avec l'agriculture se développent les cultes agraires comme à Rome le culte de Saturne, mot qui vient de *sator*, le semeur qui répand le grain dans le sol et rend la terre fertile ; comme le culte de Minerve qui a la même racine que *memini* et qui est la déesse de la mémoire et rappelle au laboureur la suite des travaux qu'il doit accomplir suivant les saisons. Les cultes et les croyances religieuses d'où ils découlent dépendent de la vie économique des sociétés. Pour des peuples comme les Esquimaux, la nature est tellement avare et marâtre dans la région qu'ils habitent, qu'ils n'ont aucune raison de la concevoir bienveillante et maternelle, comme les Grecs pouvaient se représenter Demeter.

Chez les peuples pasteurs comme les Cafres, les Hottentots et les Boschimans, nous avons vu dans un chapitre précédent que les hommes font la guerre et soignent le bétail, mais qu'ils laissent aux femmes les travaux pénibles, la culture de la terre, qu'elles doivent bêcher avec de mauvais instruments.

Nous rencontrons ici l'anthropomorphisme des peuples agriculteurs. Chez les Cafres, le Grand Chef ou le Grand Homme est la personnification du ciel parce qu'il se révèle par l'éclair et le tonnerre. Comme c'est lui qui féconde et vivifie la terre, on l'invoque au moment des semailles (1). Après le ciel, le naturisme des Cafres a pour objet les eaux courantes. On adresse une prière à une rivière pour la traverser et quand la sécheresse se prolonge, on offre quelque animal à l'esprit de la rivière pour qu'il fasse cesser la sécheresse.

(1) D' Gustave Fritsch. *Die Eingeborenen Sud Africas ethnographisch und anatomisch beschrieben.*

Un mythe très beau est celui des Bassoutos aux yeux desquels la voie lactée est le chemin des êtres vivants. Tarde se plaignait que le spectacle du ciel étoilé « l'éparpillement infini et éternellement stable des étoiles » n'ait jamais jusqu'ici donné lieu à un mythe qui ait tenté de trouver une cause à ce mystère étrange (1).

Or, nous voyons que la première invention religieuse des peuples primitifs quand ils ont rêvé de l'au-delà, c'est de déifier les astres, le soleil, la lune, les étoiles. Et non seulement le ciel a fait l'objet de mythes divers, mais les Chaldéens ont donné une explication du ciel étoilé qui pouvait passer pour scientifique à cette époque et ils ont été les créateurs de l'astronomie.

Les Cafres célèbrent des sacrifices quand un des habitants de la cabane est tué par la foudre. Une idée spéciale aux Cafres est la croyance que l'on s'unit substantiellement à la divinité en s'assimilant les éléments qui font partie de la substance divine. Ce rite nous montre que dans les religions des peuples primitifs s'affirme déjà cette tendance à la consubstantiation divine qui doit inspirer les dogmes et les sacrements de religions plus développées. La simple imitation de la vie divine par les danses et les mouvements du corps ne suffit plus et il faut la communion substantielle. Avant de partir pour la guerre, c'est-à-dire avant d'effectuer une razzia, les Cafres se font inciser dans la peau des pincées de cendres provenant de l'os crural d'un bœuf immolé au Imichologou ou esprit des morts dont on leur réserve une part et dont l'assistance mange le reste dans un repas fait en commun (2).

Pour se faire une idée des religions de la Polynésie,

(1) *Logique sociale*, p. 259.

(2) Fritsch. *Loc. cit.*, p. 100-103.

il faut se représenter les conditions de la vie économique et la nature physique du pays.

L'ensemble des îles de l'archipel polynésien constituent un pays merveilleux. Les arbres à fruits nutritifs surabondent : le bananier, le cocotier, le palmier, la patate, l'igname. Les coquillages et les poissons pullulent et la vie est facile et abondante. Dans ce pays heureux, les hommes et les femmes se baignent tout nus et ces dernières se livrent facilement au premier venu. Dans les îles Sandwich et la Nouvelle-Zélande, les habitants, hommes et femmes, ont les plus belles formes plastiques, les cheveux sont très épais et les dents magnifiques. En général, les Polynésiens aiment la parure, ils portent des bracelets aux bras et aux jambes et ils emploient le porphyre vert comme pierre précieuse.

La situation économique du pays est bonne et la technique est développée. L'agriculture est dans un état relativement avancé et, comme marins, les Polynésiens ont acquis un degré surprenant d'habileté. Ils savent construire avec leurs outils de pierre, comme jadis les anciens Grecs primitifs, des bateaux de 16 à 30 mètres de long, souvent doubles, portant pavillon. Ils ont des bateaux de pêche et des bateaux de guerre et ils se servent même de cartes marines.

Les danses sont d'une grande obscénité. C'est une race bien douée, ingénieuse, mais sans caractère moral.

Les mythes de la Nouvelle-Zélande ont quelque ressemblance avec le mythe de Prométhée. Il y a aussi d'autres mythes relatifs à la nuit et au soleil. Cette religion est un polythéisme très compliqué et à Tonga on compte 360 dieux de tout nom et de toute espèce. Il y a comme chez les Hindous, les Grecs et les Romains, un nom générique pour désigner l'ensemble de la collectivité des dieux.

La Polynésie est la région classique du tabou. Les temples, les prêtres, les offrandes, les rois, les familles nobles considérées comme descendant des dieux sont tabous. Le contraire du tabou s'appelle noa. Par là, on désigne les personnes ou les objets utilisables par tous ceux qui ont le droit de s'en servir, en premier lieu les femmes et les filles. Le tabou polynésien est la limite du domaine divin. Les rois et les femmes de rois sont tabous et même chez les simples individus, la tête et tout ce qui la touche participent à un certain tabou qui n'atteint pas les autres parties du corps, sauf une exception caractéristique. Une certaine partie de l'organe de la génération en tant que source de vie est considérée comme sacrée et par conséquent tabou (1). Les Océaniens, qui n'ont aucune retenue en ce qui concerne l'exhibition de leurs parties sexuelles, comme d'ailleurs tous les primitifs que nous avons étudié au point de vue de l'art, font cependant semblant de cacher ce point taboué de leur individu au moyen d'un petit tablier (2).

La faculté de tabouer est en proportion du rang social ou religieux de celui qui fait usage du tabou. Tantôt le concours du chef militaire ou roi est nécessaire pour valider le tabou du sorcier-chef, tantôt celui-ci peut le prononcer seul. S'agit-il de la conquête d'une île ? Le chef vainqueur la déclarait tabou afin d'empêcher les vaincus de cultiver la terre. Voulait-on empêcher de chasser ou de circuler dans une forêt ? La forêt devenait tabou. Une chose tabouée ne l'était ordinairement que pour un temps déterminé.

En Polynésie comme en Afrique et comme chez tous les peuples primitifs, la transformation du fétichisme en

(1) Glans virgæ.

(2) Réville. *Loc. cit.* Tome II, p. 62.

sacerdoce s'est faite lentement et parallèlement aux progrès de l'évolution économique et sociale. De même qu'on voit l'idole sortir peu à peu du fétiche, on voit le prêtre se distinguer du magicien qui condense en quelque sorte en lui-même les éléments d'où naîtront le prêtre, le prophète, le médecin, le juriste et même le philosophe et l'artiste. C'est dans le personnage du prêtre et dans celui du prophète qu'il garde le plus visiblement son caractère religieux (1).

Le culte des dieux-nature passe peu à peu entre les mains des magiciens qui en constituent une profession, de sorte que la sorcellerie se transforme en sacerdoce. En se régularisant, le sacerdoce organise un rituel qui devient traditionnel et impose à ceux qui aspirent à l'honneur d'en faire partie des conditions d'initiation, des épreuves, un noviciat, qui jouit de privilèges, ce qui constitue un progrès sur l'état de choses des âges antérieurs.

Dans les civilisations antiques, on voit peu à peu se dessiner une séparation des deux pouvoirs politique et religieux. D'une part, le chef de tribu ou chef militaire ; d'autre part, le chef religieux, nommés tous par le conseil des anciens du peuple.

Dans les Etats comme ceux d'Achanti et du Dahomey avant la conquête française, le grand-prêtre Bodio est le protecteur de la nation, c'est-à-dire qu'il est le plus influent des serviteurs des fétiches nationaux. Il est logé aux frais de l'Etat ; sa maison jouit du droit d'asile et c'est à lui que doivent être remis les meilleurs morceaux de l'animal tué dans l'endroit où il réside. Mais, en revanche, il est responsable de tout ce qui se passe d'important dans la ville. Il est responsable de la prospérité collective, de l'hygiène publique, de l'abon-

(1) Réville. *Loc. cit.* Tome I⁰⁰, p. 103.

dance de la moisson, de celle de la pêche et même de l'arrivée des navires européens qui apportent l'eau-de-vie, le rhum et le tabac. Si ces intérêts sont en souffrance, le peuple le dépose et nomme un autre Bodio (1).

En Polynésie, existe le prêtre régulier et la fonction sacerdotale, mais, là comme ailleurs, le sacerdoce est une transformation de la sorcellerie primitive. Un mythe sur les oiseaux et qui ressemble fort au mythe romain dans lequel les augures tiraient des présages du chant des oiseaux explique les origines du sacerdoce polynésien. Le naturisme en est le point de départ et l'homme a personnifié et divinisé les objets muets de la nature. Celle-ci ne lui parle que par le chant des oiseaux que d'abord il ne peut comprendre. Mais les dieux entrent de plus en plus en communication avec les hommes par l'intermédiaire des magiciens d'abord, des prêtres réguliers ensuite, c'est-à-dire de ceux dans lesquels ils viennent habiter et que l'on reconnaît à leur état d'extase et d'hallucination, d'inspiration éloquente et enthousiaste. Les écouter, c'est écouter les dieux qui parlent en eux. Ce point de vue ne s'élève pas encore au-dessus d'une simple sorcellerie, mais ce don de divination peut être héréditaire et voilà le sacerdoce fondé. Aux îles Hervey et à Taïti, les prêtres formaient une corporation de sang noble, tandis qu'aux îles Tomotou, c'étaient les princes eux-mêmes qui étaient prêtres.

La Polynésie offre comme en raccourci une image des mouvements d'idées et d'intérêts qui ont agité souvent le vieux continent. On y a même rencontré des luttes entre la royauté et le sacerdoce avant l'arrivée des Européens.

(1) Wilson. *Western-Africa*, p. 129-130.

Toutefois, les abus des chefs et des prêtres ont jeté un jour sombre sur cette vie polynésienne ordinairement si riante. Il en est de même dans l'Afrique centrale et occidentale où rien ne protège l'individu contre l'arbitraire des despotes et des sorciers ; il s'y est formé une espèce de franc-maçonnerie dans laquelle les membres qui la composent s'associent à des essais de religion moins grossière que celle de la masse. Dans tous les pays, on a vu naître des institutions de ce genre lorsqu'il y a des hommes mécontents des croyances vulgaires, mais qui ne veulent pas les combattre ouvertement. A Rome, il y avait des corporations maçonniques qui avaient leur culte spécial et qui préparaient à l'humanité, souffrant sous le joug du despotisme, le commencement d'une ère nouvelle de progrès et de civilisation. Une brigade de compagnons suivait ordinairement chacune des légions désignées par les provinces et c'était elle qui confectionnait les instruments de guerre, les retranchements et les fortifications ainsi que les routes admirables qui couvraient comme d'un immense réseau le sol de la domination romaine.

Au moyen âge, les corporations de maçons qui bâtissaient les cathédrales constituaient une véritable franc-maçonnerie et ont été, avec les Bénédictins et les Templiers, l'origine de la franc-maçonnerie moderne. Les frères pontifes avaient formé une association pour la construction et l'entretien des ponts et surtout pour faciliter aux pèlerins le passage des rivières. Ils prirent naissance en Italie vers le xiie siècle et portèrent comme marque de leur association un marteau brodé sur la manche gauche de leur habit. Ils se répandirent en France où ils rendirent de grands services et, par la suite, ils fondèrent une congrégation religieuse dont le chef-lieu était l'hôpital de Saint-Jacques du Haut-Pas.

dans le diocèse de Lucques en Italie, où résidait le commandeur général. Plus tard, ils furent supprimés par une bulle du pape Pie II.

On serait tenté de croire qu'en Afrique les tribus de forgerons, comme au moyen âge les corporations de maçons, forment une association de ce genre, avec ses mythes et ses croyances distinctes (1).

Il y a plusieurs sociétés de ce genre qui reposent toutes sur des mythes. L'association de Veda, dans le bassin méridional du Congo, a pour chef un esprit de ce nom qui demeure dans les profondeurs des forêts. Il n'apparaît dans un village que tout couvert de plantain et escorté d'une troupe d'hommes qui dansent et qui jouent avec des instruments primitifs. D'ailleurs, on ne le voit que quand il y a un événement comme la mort d'un associé, la naissance de deux jumeaux, ce qui est un événement calamiteux pour ces peuples superstitieux, ou encore pour l'installation d'un nouveau chef. Il fait peur aux femmes et aux enfants qui se cachent quand ils l'entendent (2). Les autres associations ont des buts analogues et servent principalement à établir un lien de solidarité entre leurs membres.

<h2 style="text-align:center">VI</h2>

Le développement des religions est parallèle à l'agrandissement du champ social, c'est-à-dire à l'étendue des groupes humains qui les pratiquent. La sphère religieuse va toujours s'élargissant et cette extension croît peu à peu en suivant l'échelle de la civilisation. Il s'ensuit que les religions sont individuelles, familiales, nationales ou internationales. Dans les religions des

(1) Cf. Hartmann. *Western-Africa*, p. 129-130.

(2) Wilson. *Loc. cit.*, p. 396 et suiv.

peuples primitifs, on invente une multitude de dieux et le féticheur, comme nous l'avons vu, se forge à lui-même un dieu avec un objet quelconque dans lequel il suppose qu'un esprit s'est incarné. Aussi longtemps que ce dieu lui est favorable, le féticheur le garde, mais, dans le cas contraire, il le rejette et le remplace par un autre. Ce qu'il attend de ses fétiches, c'est la docilité et il veut plutôt les maîtriser comme dans les exorcismes de la magie. Ce dieu n'est pas encore celui de la famille, il est celui de l'individu. Toutefois, nous avons vu qu'à côté de ce fétiche, il y a dans les tribus africaines un grand fétiche qui est celui du village et auquel les femmes rendent un culte érotique. Au Dahomey et dans d'autres contrées importantes de l'Afrique, il y a le fétiche national auquel tous les individus rendent un culte.

Dans les premières civilisations de la Chine, de l'Inde, de la Judée, de l'Egypte, de la Grèce et de l'Italie, il existe une période qui commence à la religion familiale et qui a persisté, pour certaines d'entre elles, jusqu'à nos jours, à travers les autres grandes religions nationales et internationales. Le dieu de la famille, c'est l'ancêtre ou la longue suite des ancêtres qui ont souvent une origine divine dans les castes nobles. Il faut y joindre tous les esprits qui gravitent autour du foyer domestique, qui le protègent ; les lares, les pénates, ceux qui président à chaque événement de la vie et enfin les hommes illustres de la famille. Le père de famille, le patriarche y est le prêtre et le sacrificateur. L'autel est la pierre tombale du tombeau qui renferme les ancêtres. En Chine, on a conservé tous les rites familiaux et le culte impérial avec ses sacrifices et ses cérémonies.

Avec le développement économique et la concentration de la population, la transformation des tribus en cités, puis en nations, apparaît la religion nationale. Le dieu ou les dieux se solidarisent avec la nation qu'ils protègent. La religion qui représente le mieux le type du culte national est sans contredit le judaïsme.

Enfin, le cercle s'élargissant toujours, les religions franchissent les frontières de la nation, deviennent prosélytiques et s'imposent aux peuples étrangers, soit par les prophètes et les missionnaires, soit par la force. L'islamisme a plus souvent employé la force que la conversion par les prédications. C'est ainsi que les grandes religions s'étendent à plusieurs nations et ont pour objectif de les englober toutes. Par leur diffusion lente, mais qui se poursuit sans arrêt, comptant partout des adeptes, elles réunissent par un lien commun plusieurs nationalités différentes. Tels sont le brahmanisme, le bouddhisme, le confucianisme, le christianisme avec ses deux branches, le protestantisme et le catholicisme, enfin l'islamisme.

Ces grandes religions ont toutes commencé par le naturisme et l'animisme. A l'origine de la mythologie grecque, c'est d'abord Zeus qui personnifie le ciel lumineux et arme la foudre. Son épouse Hera, déesse de la terre, est peut-être l'aurore. Apollon est le dieu de la lumière. Arthémise est la déesse de la lune. Hephaetos représente le feu céleste et l'éclair et le feu terrestre utilisé par l'industrie.

La religion égyptienne est essentiellement solaire avec cette remarque qu'Osiris, le grand dieu, représente le soleil couché, le soleil des morts. Le dieu de la terre est Sele, le dieu du ciel est Nourt.

De l'animisme, les grandes religions ont passé à l'anthropomorphisme et au polythéisme, puis au monothéisme, à mesure que dans l'ordre politique et économique on passait de la fédération à la centralisation et du morcellement des idiomes et des arts à l'unité

linguistique et artistique. Les croyances, par leur
extension mondiale, se sont érigées en dogmes à mesure
que le sacerdoce se constituait sur des bases plus
solides. D'abord le sacerdoce était absorbé par
l'ermétisme par lequel ont commencé les grandes
religions. Chez les Aztèques, les moines et les couvents
dominaient. Chez les Incas, il y avait une grande
quantité de couvents de femmes. En Chine, le taoisme
avait provoqué la création de nombreux couvents où
l'on pratiquait un culte et une morale ascétiques. On
sait combien les congrégations et les couvents ont joué
un rôle important dans l'évolution du christianisme.
Ils ont été quelquefois jusqu'à contrebalancer l'influence
papale.

Les dogmes sont nés des mythes, lesquels sont nés
eux-mêmes des inventions imaginaires répondant à des
besoins d'échange de services avec les dieux pour
satisfaire aux nécessités de la vie matérielle. On peut
suivre, en remontant aux mythes de la création et en
passant par l'animisme, le fétichisme et l'anthropomorphisme, l'origine du dogme de la chute qui a eu une
influence si funeste sur le développement économique
des sociétés où il s'est définitivement établi. On retrouve
dans toutes les cosmogonies orientales cette idée en
vertu de laquelle chaque homme était considéré comme
un ange tombé qui expiait ici-bas une faute commise
dans une vie antérieure. Cette idée qui a donné
naissance au dogme provenait du souvenir non éteint et
transmis oralement par les primitifs des beaux temps de
l'époque pliocène avec ses champs ensoleillés, souvenir
qui a été l'origine du mythe du paradis perdu et qui est
parvenu jusqu'à nous par l'intermédiaire des traditions
aryennes, celtiques, scandinaves, hébraïques, grecques
et égyptiennes.

Les dogmes de l'incarnation, de la transsubstantiation

et de la communion proviennent directement des
sacrifices humains, du fétichisme et de l'anthropomorphisme et des repas en commun dans l'anthropomorphisme primitif.

Les idoles qui sont dans les temples et dans les
églises, bouddhas, bonzes, saints, vierges, etc., sont
nés de la transformation du fétichisme primitif en
idolâtrie, fait qui s'est produit universellement.

Sur ces dogmes sont venus se greffer une foule
d'autres qui, après avoir été l'objet de discussions sans
nombre et de luttes interminables, ont fini par s'implanter
définitivement dans les religions nationales qui ont
toutes pour origine commune la lutte contre le milieu
cosmique et physique pour subvenir aux nécessités de
la vie économique en invoquant le secours de puissances
imaginaires.

CHAPITRE VII

La Morale et la Réciprocité sociale

I

L'étude que nous avons poursuivie à travers les faits politiques, juridiques, esthétiques, technologiques, linguistiques et religieux dont l'ensemble constitue la société, nous permet maintenant d'en faire la synthèse morale.

La vie morale d'une société découle de ses traditions, de ses coutumes, de ses croyances, de ses mythes et de ses légendes et, par conséquent, de sa religion. A l'origine des sociétés, la religion relie tous les êtres humains dans une conception commune et règle les rapports des hommes entre eux. Pour connaître la morale d'un peuple, il faut donc l'étudier dans toutes les manifestations de sa vie sociale.

Dans les sociétés primitives, il peut y avoir des jugements moraux, mais ils ont profondément le respect du passé ; les règles d'action se réduisent à des habitudes physiques réglées par le prestige des mythes qui symbolisent les dieux. Le sentiment qui domine tous les autres est celui du conservatisme moral, l'idée de progrès n'existe même pas et le misonéisme règne dans les idées comme dans les actes.

Ainsi, la morale primitive est sociale et comme elle est liée aux mœurs elle suit la fortune du groupe, se complique avec ses transformations sociales, et elle est souvent dominée, chez les peuples primitifs, par les croyances religieuses. La réciprocité sociale qui en résulte n'est pas encore consciente et la solidarité est en quelque sorte mécanique. Pour la morale comme pour l'art, la pratique a précédé la théorie et il y a eu une morale instinctive bien avant les morales philosophiques. Cette morale primitive résulte des usages qui diffèrent non seulement selon les croyances religieuses, mais encore suivant l'étendue des groupes sociaux. La morale diffère aussi, comme nous l'avons montré dans un chapitre antérieur, suivant les divers concepts du travail qui se sont implantés dans les sociétés et les normes éthiques particulières à chaque civilisation sont la conséquence du plus ou moins grand développement de la division du travail social qui engendre la séparation des castes et des classes.

La morale est d'essence sociale comme le droit, l'art et la religion, et elle ne peut exister sans une certaine réciprocité sociale entre les membres des groupes, si primitifs qu'ils soient. Dans ces groupes primitifs, on peut déjà constater un commencement de réciprocité économique par l'existence du don volontaire entre les membres du groupe et le chef, pour lequel ils ont une admiration superstitieuse mêlée de crainte, et qui leur doit en retour aide et protection. Une morale primitive naît de ces relations avec le chef militaire et le chef religieux représentant les dieux. La réciprocité sociale s'accroît avec les différenciations résultant de la formation d'agrégats d'ordre supérieur où des individus mieux doués au point de vue moral arrivent à faire prédominer certaines normes éthiques qui, tout en ayant un caractère religieux, règlent le droit d'autrui avec des sanctions appropriées.

Il faut arriver jusqu'aux peuples pasteurs et agriculteurs pour pouvoir constater des normes éthiques codifiées. La structure des sociétés devenant plus complexe puisqu'il y a des patriciens, des prolétaires et des esclaves, pour régler les rapports entre les diverses classes, il faut codifier les mœurs qui, peu à peu, s'adoucissent. Le vaincu, par un commencement de progrès moral, est réduit en esclavage et sert pour les travaux pénibles, ce qui constitue une nouvelle forme d'organisation de la production basée sur l'esclavage.

Chez les peuples chasseurs comme les Peaux-Rouges, on offre pour mari aux veuves de ceux qui ont succombé les guerriers captifs qui, en cas d'acceptation, sont ainsi incorporés dans la tribu. Une cause économique vint agir de bonne heure pour épargner les captifs que l'on vendait. C'est ce que l'on a constaté chez les Moxos (1) et les Camsiens (2) de l'Amérique méridionale.

D'autre part, la diversité d'origine des esclaves a conduit à créer des catégories serviles. Il y avait l'esclave de naissance, qui jouissait de certaines prérogatives et ne pouvait être vendu en dehors de la tribu, et certains peuples primitifs, les nègres d'Afrique, par exemple, n'avaient pas le droit d'ôter la vie à leurs esclaves. L'infanticide des filles fut supprimé pour les mêmes motifs chez les Abipones (3).

Les femmes qui partageaient d'abord avec les esclaves l'honneur d'être sacrifiées sur la tombe de leurs maris et de leurs maîtres ont vu leur sort peu à peu amélioré par la présence de l'esclave qui, dans les services religieux et funéraires, était souvent préféré à la femme esclave.

La moralité servile, c'est-à-dire la réciprocité sociale entre le maître et l'esclave, ne peut naître dans les

(1) *Lettres édifiantes*. Tome x, p. 201.

(2) *Lettres édifiantes*. Tome ii, p. 176.

(3) Dobritzhoffer. *Account of the Abipones*. Tome ii, p. 97.

sociétés que quand une hiérarchie sociale est organisée,
qu'il y a des chefs et des nobles qui ne se considèrent
pas comme étant du même sang que le vilain. Les
Esquimaux ne pouvaient concevoir qu'il existait une
hiérarchie entre les officiers qui composaient l'équipage
de Parry (1). Les Peaux-Rouges ne se donnent un chef
que pendant la guerre.

En Polynésie, dans les archipels plus civilisés, à
Tonga, aux îles Sandwich, à Taïti, il existait une sorte
d'organisation féodale qui comportait des droits exorbi-
tants pour les nobles. En Afrique, le cérémonial est
encore plus servile et il a des formes grotesques. Depuis
la Guinée jusqu'au Zambèze, les nègres se prosternent
aussi facilement que nous saluons ici. A Loango, les
nobles se roulent dans le sable aux pieds du monarque et
n'osent regarder le roi, ce qui serait un crime, comme
c'en était un aussi de parler de la mort devant le roi du
Dahomey.

La moralité sexuelle est très relâchée chez les primitifs, comme nous l'avons vu dans les chapitres précédents. A Madagascar, lorsqu'il y avait des réjouis-
sances publiques, les rues de la capitale étaient le
théâtre d'une débauche générale (2).

Les primitifs n'ont qu'une idée bien vague des notions
du bien, du vrai et du juste. Il semble que les idées de
justice sont nées de besoins économiques, de la nécessité de partager la terre, du besoin de faire des parts
égales lors des partages périodiques dans les territoires
de propriété collective. Les Egyptiens symbolisaient
l'idée de justice dans leur unité de mesure, qui était la
coudée.

Nous n'avons pas à revenir ici sur les mœurs primi-

----

(1) *Histoire universelle des Voyages.* Tome xi, p. 434.

(2) Ellis. *History of Madagascar.* Tome Ier, p. 150.

tives en ce qui concerne la justice criminelle et la
vendetta. Disons seulement qu'il existe dans les sociétés
primitives une certaine conscience morale universelle
en ce qui concerne le vol des ustensiles ou armes, des
esclaves, des femmes ou des provisions. Le vol est considéré comme le plus grand des crimes après le manque
de respect pour le chef. Il y a aussi dans les tribus un
sentiment de solidarité qui incite les membres du groupe
à le défendre en tant qu'unité sociale. On retrouve ce
sentiment au Congo, au Darfour, à la Terre de Feu et
chez les Esquimaux.

II

Examinons maintenant la morale des anciens peuples
arrivés à un degré de civilisation plus avancée, comme
le Mexique et le Pérou, l'Inde, l'Egypte, la Chine, la
Judée, la Grèce et Rome, foyers de civilisation matérielle et morale qui ont joué un grand rôle dans l'histoire.

Chez les Aztèques, la cour ressemblait à celle des
monarchies les plus despotiques de l'Orient. Le monarque jouissait d'un pouvoir absolu et était entouré
d'un respect servile. Au-dessous de lui, il y avait une
noblesse héréditaire. L'organisation juridique comprenait des tribunaux réguliers dépendant d'un juge
suprême par arrondissement et qui était nommé par le
roi. Le plus grand crime, qui était puni de l'écartèlement,
était de trahir le roi (1). Etait puni de mort, toujours
avec le même supplice, l'homicide pour quelque motif
que ce soit, même celui du maître qui tuait son esclave.

En ce qui concerne les mœurs, les Mexicains étaient
enclin aux amours contre nature et pratiquaient la
pédérastie, bien qu'on eût édicté la peine capitale contre

(1) L. Biart. *Les Aztèques*, p. 167.

les écarts de ce genre, mais la loi n'était pas appliquée. La situation de la femme était assez douce et les enfants étaient très soumis à leurs parents. Toutefois, il restait encore des coutumes qui se rattachaient aux rites et sacrifices des sociétés primitives. Les captifs faits pendant la guerre étaient sacrifiés aux dieux mexicains et ces sacrifices se renouvelaient incessamment. L'anthropophagie primitive s'était transformée et elle se pratiquait comme celle des Peaux-Rouges ; mais le prêtre mexicain se bornait à extraire le cœur du captif qu'il offrait aux dieux. Les rois mexicains avaient d'ailleurs des devoirs à côté de leurs droits et une portion des lourds impôts qu'ils percevaient était destinée à secourir les infirmes et les abandonnés (1).

La civilisation de l'ancien Pérou était bien supérieure à celle du Mexique, car le cannibalisme religieux qui marquait d'une empreinte sauvage la vie sociale mexicaine avait entièrement disparu du Pérou et le gouvernement des Incas était même humanitaire. C'était un despotisme éclairé dont la principale préoccupation était de prévoir les besoins de la communauté, de pourvoir à ses besoins, de régler la conduite des individus et en même temps de faire du prosélytisme en forçant par les armes les groupes primitifs qui l'entouraient à adopter sa religion et ses lois.

Au Pérou comme au Mexique, la séparation des pouvoirs n'existait pas et le pouvoir religieux était réuni au pouvoir civil dans la personne de l'Inca, réputé fils du plus grand des dieux, le Soleil. Le plus grand crime était de blasphémer le Soleil ou son fils l'Inca.

Au point de vue du droit pénal, la peine capitale était prodiguée et elle était appliquée au voleur, à l'ho-

___

(1) Letourneau. *L'Évolution de la Morale.* Bibliothèque anthropologique, p. 253.

micide, à l'adultère, à l'incendiaire d'un pont, d'une maison et à celui qui détournait sur son champ l'eau destinée au champ du voisin. Si l'adultère était commis avec une des nombreuses familles de l'Inca, la peine était hors de proportion avec la faute commise : les deux coupables étaient brûlés vifs et leurs proches parents condamnés à mort et on détruisait et démolissait leurs maisons. C'était une extermination complète (1).

La moralité sexuelle des Incas était bien supérieure à celle des Mexicains et les sodomistes étaient condamnés au feu. Un des Incas ordonna même de brûler toute une ville parce que l'un des habitants s'était rendu coupable de ce crime (2). D'autres Incas décrétèrent le travail obligatoire, condamna les paresseux à être pendus, décida que les enfants travailleraient dès l'âge de 7 ans, qu'ils serviraient leurs parents jusqu'à l'âge de 25 ans et qu'ils exerceraient toujours et partout le métier de leur père.

La société péruvienne était pour ainsi dire cristallisée et l'individu n'avait pas le droit de se déplacer ; il devait vivre et mourir dans son pays natal, puisque là seulement il pouvait accomplir ses devoirs sacrés. La société péruvienne était un communisme patriarcal, centralisé et autoritaire, dans le genre de celui que rêve aujourd'hui une portion relativement minime des socialistes. L'assistance mutuelle était obligatoire, le travail était obligatoire et on rassemblait, dans les magasins publics, la laine des lamas et le produit des récoltes pour être répartis entre les particuliers suivant les besoins de chacun (3). Tout se passait par réquisition et par ordre : semailles, moissons, tonte des lamas, tissage des étoffes

(1) Prescott. *Conquête du Pérou*. Tome ᵉʳ, p. 59.

(2) Garcilaso de la Vega. *Histoire des Incas*. Tome ᵉʳ, p. 59.

(3) Garcilaso de la Vega. *Loc. cit.* Tome ᵉʳ, p. 3.

en laine et en coton, et, pendant cette besogne obligatoire, l'individu était nourri par l'Etat.

Le mariage était obligatoire à un âge déterminé avec le consentement des parents et on assignait un lot de terre et une habitation au nouveau ménage. Chaque année, on procédait à un lotissement nouveau, proportionnellement à l'accroissement ou à la diminution des familles.

Cette société était une véritable organisation communiste au sommet de laquelle il y avait l'Inca, directeur et pontife suprême qui était adoré de son vivant et que l'on faisait escorter, après sa mort, dans l'autre monde par un millier de serviteurs et de concubines immolés sur son tombeau.

L'éthique péruvienne, à part les atrocités des sacrifices religieux, était supérieure à celle des peuples primitifs qui entouraient la nation et qui étaient la plupart du temps ramenés sous la domination de l'Inca par des expéditions guerrières qui se renouvelaient fréquemment.

Nous abordons par une transition naturelle l'étude de la société égyptienne primitive qui, malgré l'énorme distance de temps et de lieu, qui la sépare de l'ancien Pérou et en raison de ce qu'elle est la plus ancienne civilisation sortie des tribus primitives, peut être étudiée avec fruit parce que c'est la seule dont l'ancienneté soit constatée avec exactitude.

Au point de vue ethnique, l'Egypte a été composée de trois courants qui se sont rencontrés dans la vallée du Nil : les Berbères, les Sémites qui étaient de race blanche et les Ethiopiens qui étaient de race noire. Ces trois races se fondirent dans le creuset de la civilisation égyptienne et donnèrent naissance à un type nouveau qui survint encore dans le Fellah contemporain et le Nubien.

L'organisation politique était d'abord basée sur la

théocratie combinée avec le régime des castes le plus
rigide qui ait jamais existé. Ce régime des castes, qui
succède au régime des clans, se rencontre partout
lorsque la séparation des pouvoirs s'est effectuée. Elle
existait chez les Aztèques et les Incas. Les pyramides
pourraient servir de symboles à cette organisation hiérarchique des castes ; à la base, la grande masse servile
qui a travaillé pendant des siècles à l'édification de ces
pyramides, au-dessus de cette masse et nourrie par elle,
les guerriers, plus haut encore les prêtres, enfin, au
sommet, un monarque se targuant d'être d'origine divine.

Dans une pareille civilisation, le régime politique ne
peut être qu'un pur despotisme et aucune initiative
n'est possible pour l'individu : les lois sont des ordres
divins. Cette société est figée, comme celle des Incas, et
les professions sont héréditaires. La caste des prêtres
fournissait les juges, ceux des vivants et ceux des morts,
car personne, pas même le pharaon, n'avait droit à une
sépulture honorable si quelqu'un pouvait démontrer
qu'il avait mal vécu.

Les lois étaient sévères pour l'homicide, l'adultère,
le viol, la fabrication de fausses monnaies et elles édic-
taient des peines barbares, comme l'amputation des
mains ou du nez. Toutefois, à côté de ces lois barbares,
il y avait des lois humaines qui étaient même, à un
certain point de vue, supérieures à notre moralité contemporaine, comme celle qui punissait de mort qui-
conque ne se porterait pas au secours d'un homme
attaqué par des assassins (1).

Le niveau moral des Egyptiens était certainement
supérieur à celui des Incas auxquels les Egyptiens
ressemblaient fort, quoiqu'étant venus longtemps avant
eux. Mais tous les anciens états monarchiques se res-

(1) Diodore de Sicile. Tome 1ᵉʳ, p. 76.

semblent et c'est en se basant sur les similitudes que présentent les faits politiques, juridiques, religieux et esthétiques que la sociologie peut établir de véritables lois en ce qui concerne l'évolution des sociétés.

Certaines prescriptions morales qui étaient facultatives dans les très anciennes civilisations comme l'Egypte étaient devenues obligatoires dans les états centralisés comme le Mexique et le Pérou. Elles arrivaient ainsi à créer une sélection sur une grande masse d'hommes par suite de l'influence salutaire qu'elle exerçait sur les consciences, d'abord rebelles et qui, ensuite, étaient en proie à la terreur des sanctions morales qui pesaient sur elles d'un poids inflexible.

Il n'en est pas moins vrai que ce système de dressage des consciences, fut-il patriarcal et humanitaire, a toujours un mauvais côté, celui d'opprimer l'individu et de porter atteinte à l'initiative individuelle. C'est ce qui arrive même dans les sociétés modernes, quand le système d'éducation est trop sévère.

Les morales de l'Inde et de la Perse découlent des mythes et des croyances religieuses qui sont contenus dans le code de Manou et le Zend Avesta.

La morale qui se dégage du védisme, grande religion sociale, est restée supérieure à presque toutes celles auxquelles elle a donné naissance par son caractère largement naturaliste, par son idéal de bonté et par les investigations philosophiques qu'elle a favorisées. Pour le croyant hindou, la création n'est pas le résultat d'un caprice de l'Etre suprême, comme l'affirmait les mythes de beaucoup de religions primitives, mais d'un acte de son amour. Le védisme a pour base le panthéisme et tous les phénomènes, tous les êtres s'absorbent dans le grand Tout, Brahma, l'Etre universel.

Ce panthéisme est hiérarchique. Au premier rang, le monde des dieux et de la lumière, au second rang celui

des hommes et de la passion, au troisième celui des
animaux, des plantes, de la matière et de l'obscurité.
Mais les dieux n'ont pas tous la même puissance.

Le monde divin n'est donc qu'une immense hiérarchie d'émanations célestes descendant des sommets
de l'Etre jusqu'aux insondables profondeurs du néant et
le védisme applique cette conception hiérarchique aussi
bien au monde humain qu'au monde divin. Le monde
humain est composé de castes superposées les unes aux
autres, les supérieures dominant les inférieures, les
brahmanes ou prêtres commandant aux *kchatryas* ou
guerriers, les guerriers aux *vaysias* ou marchands et les
marchands aux *coudras* ou artisans.

La morale brahmanique comporte le mépris des
castes inférieures et du travail, mais il semble que cette
condamnation du travail n'existait pas dans le védisme
primitif et qu'elle est le résultat de la réaction marquée
par les lois de Manou. Elle contient une conception
pessimiste de l'existence, une téléologie déprimante
qui annihila les simples et les bons pour les remplacer
par les puissants, les hypocrites et les habiles. Aussi la
caste des kchatryas s'insurgea contre le nihilisme sacer-
dotal, mais ils furent écrasés par les trois autres castes
qui s'unirent contre eux et une nouvelle caste militaire
fut créée. Celle-ci profita de la situation et les abus
furent tels qu'une grande révolution amenée par le
bouddhisme éclata contre le régime des castes.

Le code sacré de Manou, en dehors des mythes qu'il
contient, est un code économique et juridique comme
tous les codes religieux. Il s'occupe surtout des emprunts,
des dettes, de l'intérêt de l'argent, des cautions, des
dépôts, etc. La moralité commerciale est celle dont il se
soucie le plus et presque partout elle a été fixée avant
la morale juridique. Celle-ci édicte des normes éthiques
en faveur du brahmane et du kchatrya dont la vie est

sauvegardée, tandis que, pour les castes inférieures, les fautes sont soumises à la caste sacerdotale et militaire qui les tranche en impliquant des peines sévères, alors que si ces mêmes fautes avaient été commises par des brahmanes, elles auraient été considérées comme de simples peccadilles. Le kchatrya avait au moins le droit de la pénitence, c'est-à-dire à l'initiation et à la toute-puissance qui en résultait (1). En effet, une des plus belles conceptions de la morale brahmanique était la faculté de mortification qui, malgré les dieux, divinisait l'homme. Par la pénitence et la mortification, tous les hommes étaient appelés à cette apothéose, parce que, en vertu du dogme de la transmigration des âmes, l'homme vivait plusieurs vies et, de transformations en tranformations, il finissait par s'unir avec Brahma, l'être universel (2). On voit que ce dogme est l'origine de la métempsycose, qui a joué un grand rôle sous toutes les formes dans les croyances religieuses des Egyptiens, des Perses et des Grecs.

Enfin, le caractère le plus remarquable de la morale brahmanique, c'est la bienveillance qu'aucune autre religion n'a possédée, mais qui a cependant été surpassée par le stoïcisme grec. Toutefois cette morale brahmanique a été jusqu'à la condamnation du travail.

La morale du mazdéisme est supérieure à celle du brahmanisme, parce qu'au lieu de condamner le travail, elle le relève. La doctrine de Zoroastre est aussi basée sur le panthéisme, mais elle est plus spiritualiste, plus noble et plus pure. « Labourer la terre, y semer des grains, y planter des arbres pour assainir l'air, améliorer ainsi la vie de l'homme, équivaut, dit Zoroastre, à des milliers de prières. Soigner les troupeaux, ajoutait-il,

(1) Letourneau. *Loc. cit.*, p. 288.

(2) Benoît Malon. *La Morale sociale*, p. 37.

sera gagner le paradis. Aux Aryas védiques, les brahmanes prêcheront l'inutilité de la vie, la commodité de la soumission, les joies de l'anéantissement, et les pasteurs, les laboureurs, les artisans, les travailleurs de toutes sortes comme les Vaysias et les Coudras ne seront qu'une caste reléguée dans l'ignominie, incapable de secouer jamais sa honte. Les Brahmanes, qui perdirent l'Inde, n'ont aucune affinité avec Zoroastre qui prit l'Iran tombé et le releva par la morale et le travail. » (1).

La morale que Confucius et Mencius donnèrent aux Chinois, cinq ou six siècles avant le christianisme, par conséquent avant la compilation de la Bible par Esdras, est une belle morale. La principale vertu, selon Confucius, est la vertu de l'humanité, autrement dit l'altruisme. L'homme suprême est celui qui a une bienveillance égale pour tous ses semblables. Depuis l'homme le plus élevé en dignité jusqu'au plus humble et au plus obscur, il y a un devoir égal pour tous de corriger et d'améliorer sa personne, car le fonctionnement de soi-même est la base de tout progrès et de tout développement moral. Il y a quatre grandes vertus : l'humanité, la justice, la bienséance et la connaissance des hommes. Mencius dit qu'agir envers les autres comme nous voudrions qu'ils agissent envers nous-mêmes, voilà la doctrine de l'humanité. La réciprocité est la règle de la vie.

Rien de plus moral n'a été dit ni dans l'Inde, ni en Egypte, ni en Perse. Confucius et Mencius font tout céder à leurs préoccupations morales et pour eux la morale est supérieure à la nature. Il est curieux de constater que Mencius a des idées politiques très avancées. Pour lui les tyrans sont des voleurs de grand

(1) Marius Fontanes. *Les Iraniens*, p. Benoît-Malon. *Loc. cit.*, p. 5o.

chemin et il les croit dignes de la même justice que les voleurs, car celui qui a fait un vol à l'humanité est appelé voleur, et celui qui a fait un vol à la justice est appelé tyran.

A côté de cette morale sublime, le magisme nous présente une morale beaucoup moins pure et moins douce, née de la religion ésotérique assyrio-chaldéenne qui consistait en une sorte de panthéisme sidéral surchargé d'interprétations symboliques souvent arbitraires. Au sommet de cette hiérarchie des forces cosmiques trônait un dieu suprême, principe de toutes choses, que l'on nommait *Assur*. Au-dessus de lui resplendissait dans le ciel la triade masculine divine composée de *Oarnes*, à la tête de poisson, de *Bel*, à la tête de taureau surmontée d'une mitre, et de *Ao*, au corps de serpent, et la triade divine féminine composée de Anaïtis, de Taauth et de la fameuse Myletta, l'impure Vénus babylonienne. Les initiés frappés de l'ordre constant qui règne dans les phénomènes célestes y virent la loi même, invariable et éternelle, des événements passagers de la vie sociale et ils allièrent à leurs antiques croyances des connaissances récentes et construisirent, selon la sphère et le zodiaque qu'ils avaient inventés, leur religion devenue tout astrologique.

Cet étrange peuple, qui était pieux et qui avait des sanctuaires en nombre infini, était un déprédateur de premier ordre. Il ravagea l'Asie pendant le cycle ninivite et le cycle babylonien, asservit, pilla et dépouilla tous les peuples voisins et cependant l'agriculture était florissante, les champs étaient cultivés et irrigués avec une science que n'ont peut-être pas égalé les Européens modernes.

En revanche, si les initiés avaient une religion scientifique élevée, la masse populaire avait une conception religieuse composée de mythes et de dogmes impurs qui se symbolisaient par une impudicité sans frein, mise sous l'invocation de dieux innombrables, et chaque ville avait une divinité particulière, protectrice de la volupté. Dans le temple de Myletta à Barcelone, chaque femme était prêtresse à son tour et rendait hommage à la déesse en se vendant au plus offrant. Sans doute, si l'on juge ces actes avec nos concepts moraux d'aujourd'hui, on ne peut que les réprouver, mais dans les religions antiques, les prêtresses du temple qui livraient ainsi leur corps accomplissaient obligatoirement le devoir prescrit par les rites de la religion nationale.

La morale du baalisme, religion des Phéniciens, est encore inférieure à celle de la religion ésotérique assyrio-chaldéenne. Cependant, les Phéniciens étaient actifs et audacieux. Leur richesse commerciale, leur puissance maritime, leurs fécondes et puissantes tentatives de colonisation ont fait l'admiration du monde antique. C'est avec l'avénement de Carthage que commença la décadence morale. La race que produisit le mélange du sang lybien et du sang punique était encore active, mais beaucoup plus cruelle que celle de Tyr. A Melcarth, l'Hercule punique qui symbolise la civilisation, on substitue le Moloch carthaginois. Le grand dieu des Carthaginois était Baal, adoré sous la forme du soleil, appelé Adonis dans certaines régions, et qui symbolisait les orgiaques, fêtes printanières de Byblos qui donnaient lieu à une licence effrénée. Il y avait aussi le Baal conservateur et le Baal-Moloch destructeur. Le culte de ces religions consistait en fêtes baaliques, comme les fêtes d'Astarté, où les femmes se prostituaient en public, et les fêtes de Moloch, où les enfants étaient livrés au bûcher en signe de sacrifices. Mais là, comme partout, la nature et l'humanité luttèrent contre des mœurs barbares et ces férocités religieuses révoltèrent la majorité de la population qui jeta des animaux dans le bûcher au lieu d'y jeter des enfants. C'est ainsi que la morale résultant de l'esprit public finit par se transformer en luttant contre les dogmes.

Nous passons par une transition naturelle à nos pères les Gaulois, à ces Celtes qui ont joué un grand rôle dans l'histoire.

La morale résultant de la religion druidique tient à la fois de la morale védique par sa théorie de la transfiguration des âmes et de la morale mazdéenne par sa conception active du travail. La théogonie druidique est supérieure aux théogonies juive, chrétienne et musulmane et se rapproche de la morale du mazdéisme iranien en étant encore plus progressive qu'elle, mais le panthéon druidique est peuplé de dieux guerriers, même ceux qui font croître le blé, la vigne et les plantes utiles. Il y a aussi le dieu de la forêt, Teutatès, que le druide lui-même croit rencontrer sous la voûte des chênes et auquel les Gaulois font des sacrifices pour l'apaiser.

La morale des Gaulois, qui prescrivait l'amitié guerrière, le respect des femmes et une grande pureté de mœurs, aurait gagné en douceur si les dieux gaulois avaient été moins cruels.

Les Germano-Scandinaves d'Odin et de Thor étaient encore plus farouches que les Gaulois et glorifiaient avant tout la guerre. La récompense après la mort était le Walhalla où les guerriers continuaient à se pourfendre en s'enivrant d'hydromel et de bière. Les Scandinaves avaient pourtant des mystères analogues à ceux d'Osiris et d'Adonis. Mais la religion d'Odin n'avait rien de la haute morale zoroastrienne, ni de la bonté aryenne. Les seules vertus honorées dans l'Edda et les Niebelungen qui sont, comme on sait, les recueils poétiques des traditions mythologiques considérées comme une épopée germano-scandinave, sont la vaillance guerrière, la fidélité à l'affection ou à la haine, un respect très grand de la femme. C'est la seule morale que pouvait produire la religion d'Odin.

III

Des morales très anciennes nous passons aux morales qui ont un caractère relativement moderne, comme la morale biblique qui ne remonte pas comme code écrit à plus de dix siècles avant le christianisme et qui n'a pris sa forme définitive que 458 ans avant l'ère chrétienne. C'est, en effet, lorsque la seconde colonne juive revint de la captivité babylonienne qu'Esdras, son chef, compilateur habile et réformateur de génie, classa les mythes et les légendes juives et, en adoucissant le Jehovisme avec des livres de Moïse retrouvés, le rendit apte à conquérir le monde (1).

L'éthique hébraïque résulte du Pantatenque, des proverbes de Salomon et des chants d'Esaïe. Comme tous les codes religieux, ce qu'on pourrait appeler le code moral hébraïque est mi-partie économique et mi-partie éthique. Comme dans le Védisme, le bétail, qui est le capital, passe avant l'étranger. Le deuxième précepte sabbatique ne semble concerner que le chef de famille propriétaire et met au rang des choses accompagnant le bétail, la femme et les esclaves. Pour les nationaux, les garanties données par l'*Exode* sont nombreuses et l'esclave hébreu, après avoir servi sept ans, doit être libre. Le droit antique accorde partout le droit de vie ou de mort sur l'esclave et Platon lui-même dit que l'esclave qui tue un homme libre doit être traité comme un parricide.

La loi mosaïque est dure pour la femme qui est non

(1) Cf. Benoit Malon. *Loc. cit*, p. 86.

seulement mineure, mais impure, elle est une loi de haine, d'exclusivisme et de châtiment, comme toutes les lois sémitiques, elle punit l'idolâtrie, la magie, la malédiction à son père et à sa mère, la bestialité, l'inceste même indirect, l'adultère, la violation du sabbat, la copulation pendant la période critique pour la femme. Le meurtre prémédité est puni de mort, mais les dégâts matériels ne sont punis que par des compensations : en cas de blessures, il faut donner vie pour vie, œil pour œil, dent pour dent, main pour main, etc. C'est la loi du talion qui sera condamnée par Eschyle. Les normes éthiques du mosaïsme ont des sanctions purement terrestres avec menaces de servitude aux prévaricateurs et promesses de richesses aux fidèles observateurs de la loi. Le sémite n'a aucune idée du droit, tandis que l'Aryen est plus pénétré du sentiment de la dignité humaine et s'élève à une notion du droit qui obscurcit même quelquefois la notion du devoir.

Les juifs, mécontents de ce que les chrétiens avaient en quelque sorte spiritualisé la Bible, leur ont abandonné ce code religieux pour le remplacer par le Talmud, qui est devenu la loi du judaïsme ésotérique.

Ce qu'il y a d'antimoral dans le judaïsme, c'est la situation faite à la femme dans la société juive et on chercherait en vain chez les Sémites des caractères de femme à mettre en regard de Pénélope, des mères de Sparte, des Lucrèce, des Veturia ou des Cornélie. On trouve bien chez eux, comme dans les races non aryennes, des femmes faites, reines, héroïnes, prêtresses, prophétesses, mais des matrones, des mères de famille qui jouent un grand rôle au foyer conjugal et, même dans la vie sociale, on n'en trouve que dans la race aryenne. Chez les Sémites, la famille se groupe autour du père seul, chez les Aryens, autour du père et de la mère.

Mais les prophètes comme Esaïe, Amos, Osée,

Jérémie, Ezéchiel, Daniel, Néhémie, essayèrent de
briser le cercle étroit du chauvinisme juif, ils
combattirent pour la réforme religieuse et politique et
contre le Molochisme sanglant et rétrograde. Malheureusement les hasards de l'histoire ont donné comme
prédécesseur au christianisme Moïse et non Esaïe.

Il semble que l'islamisme est aussi une religion
sémitique, sorte de judaïsme par une filiation plus
directe que le christianisme. Sa morale n'est pas
supérieure à celle du judaïsme ni à celle du christianisme, mais il ne faut pas oublier que l'islamisme devait
s'adapter à la mentalité de tribus fétichistes peu à peu
amenées à l'idolâtrie au moment où Mohammed
commença sa propagande pour l'Islam. L'état social des
Arabes ante-islamiques, époque que les Arabes appellent
la *Djahilyja*, le temps de la barbarie était celui des
peuples placés assez bas dans l'échelle de la civilisation.
Dans les tribus arabes sédentaires ou nomades,
régnaient la polygamie, la polyandrie, l'infanticide
féminin, l'inceste, et au point de vue de l'organisation
économique, le régime des castes et l'esclavage y
régnaient sur une vaste échelle.

A ces tribus arabes, le Prophète réussit à inculquer
le monothéisme, interdit l'inceste et l'infanticide, prêcha
la douceur et la loyauté dans les transactions,
réglementa la polygamie et la servitude des femmes et
finit par établir une certaine réciprocité sociale entre
tous les adhérents de l'islamisme. C'était un grand
progrès moral ; il fut assombri par une haine féroce
contre tous ceux qui ne s'étaient pas ralliés à
l'islamisme et c'est la lutte sans merci par le fer et par
le feu, par l'extermination des infidèles et l'extension
toujours plus grande des conquêtes que le Prophète et
les califes ses successeurs imposèrent leurs croyances.

Le Coran est un code religieux juridique et

économique qui prescrit au croyant tous les actes de sa vie sociale. Il s'occupe, pour l'homme et pour la femme, de l'hygiène et des ablutions, il réglemente minutieusement les intérêts de la communauté musulmane dans laquelle l'Etat et l'Eglise sont confondus, il décrit soigneusement le mode de partage des terres conquises et du butin pris sur les infidèles, selon qu'ils se sont convertis ou non à l'Islam.

Le Coran est un mélange des traditions sémitiques que le Prophète devait nécessairement respecter et de certains enseignements de la Bible à laquelle il emprunta la légende abrahamique du dieu unique, jaloux et iconoclaste, la famille patriarcale et polygamique, l'infériorité radicale de la femme, les prescriptions hygiéniques concernant la nourriture et les ablutions. Au christianisme, il emprunta sa conception d'un paradis qu'il matérialisa à l'usage des mœurs polygames des Arabes et qu'il peupla de *houris*. L'œuvre du Prophète fut cependant rétrograde à certains égards parce qu'il conserva la polygamie mais il lui était bien difficile de lutter contre les mœurs.

Quelle est la morale du Coran ? D'abord, l'étroit exclusivisme judéo-chrétien poussé jusqu'à ses dernières limites. Le musulman doit combattre tout ce qui est infidèle et notamment les chrétiens et les juifs. Le premier devoir est la prière et avant de prier on doit se purifier par des ablutions, on doit prier et se prosterner vers la Mecque, le matin avant le lever du soleil, à midi et au coucher du soleil et même la nuit avant la première veille. Du haut des minarets des mosquées, le *muezzin* annonçait les heures de la prière.

L'aumône vient immédiatement après la prière et tient une grande place dans le Coran, mais il ne faut pas considérer l'aumône comme on la considère au point de vue chrétien. L'aumône c'est l'impôt. Le *zekkat* était une véritable taxe des pauvres, une aumône obligatoire et le Coran emploie aussi souvent le mot *çadaga* (aumône) dans le sens de *zekkat* (1). Elle servait aux besoins de la communauté musulmane et elle était payable en nature, en riz, raisins, froment et orge. Vient ensuite le jeûne pendant le Rhamadan, carême mahométan, qui dure un mois lunaire. Le vrai croyant doit se priver de nourriture solide et liquide jusqu'au coucher du soleil. La circoncision est de rigueur ainsi que l'épilation du pubis et le tatouage pour les femmes. Le croyant ne doit pas boire de vin.

En résumé, le Prophète donna des prescriptions plus morales à un peuple adonné à des pratiques barbares. Le Coran constitue donc un progrès moral et en même temps il donna naissance à des progrès scientifiques en recommandant « d'aller chercher la science jusqu'au bout du monde ». Aussi les Arabes donnèrent une vive impulsion aux sciences, aux lettres et même aux arts, quoiqu'ils aient exclus la figure humaine de leurs œuvres d'art.

On attribue l'invention du système métrique des Arabes au grammairien Khalil, mort vers la fin du IIᵉ siècle de l'hégire, mais Khalil est seulement le premier qui ait mis sous une forme systématique, des règles consacrées par des usages très anciens. Ce n'est guère qu'un peu avant l'apparition du Prophète que l'on trouve quelques poètes. La poésie antérieure à Mohammed a de grandes qualités de style, mais l'inspiration ne sort pas du cadre du désert : le cheval, le chameau, le sabre, sont les objets des descriptions des poètes ; l'hospitalité, la valeur, le dévouement, la vengeance, l'amour, la gloire, sont les sentiments qu'ils savent rendre.

____

(1) Nous nous permettons de renvoyer le lecteur à notre étude sur les *Impôts arabes en Algérie*, brochure in-8ᵒ, Guillaumin et Cⁱᵉ, 1892.

Les Arabes traduisirent de bonne heure les ouvrages célèbres des Grecs sur les mathématiques, telles que les œuvres d'Euclide, d'Archimède, d'Appolonius et de Ptolémée. Ces ouvrages servirent de base à leurs études, mais ils ne se contentèrent pas de les traduire et de les commenter, ils y ajoutèrent beaucoup d'éclaircissements tirés de leurs propres recherches et préparèrent la voie aux découvertes importantes de nos mathématiciens modernes. L'astronomie fut la science préférée des Arabes et on leur a emprunté les mots d'azimuth, de zénith, de nadir, aussi bien que ceux d'algèbre, d'alcool, etc. Ils s'adonnèrent à la médecine et aux sciences physiques, la chimie et la pharmaceutique.

Dans la morale islamique, il y a des préceptes moraux fort sages et qui sont supérieurs à ceux que l'on pouvait lire dans les livres chrétiens de l'époque.

IV

Nous passons maintenant à la Grèce qui est la terre sainte des nations indo-européennes et à qui nous devons nos arts, nos sciences, notre enseignement classique et nos lois. Il n'y a aujourd'hui encore de vie intellectuelle et morale que là où son souffle a passé.

La morale grecque se divise en deux phases qui se suivent insensiblement : la morale qui résulte de l'anthropomorphisme et du polythéisme primitif et la morale philosophique.

L'anthropomorphisme qui est le caractère dominant de la religion grecque fut surtout l'œuvre de l'épopée. Tandis que chez les autres peuples ce sont les magiciens, puis les prêtres, qui font connaître les mythes religieux, en Grèce, ce sont les poètes qui ont joué le rôle d'initiateurs. Le nom d'Homère résume cette période de la poésie hellénique et tient presque autant de place dans la civilisation grecque que Moïse dans la civilisation hébraïque. La hiérarchie de l'Olympe est un peu indécise, mais elle convenait aux habitudes de la vie politique des Grecs.

Hésiode met de l'harmonie dans les conceptions religieuses de la Grèce par sa *Théogonie,* en même temps il prépare l'œuvre de la philosophie par le poème didactique et moral des *Travaux et des Jours.* Chez Hésiode, la poésie se transforme, elle ne poursuit plus l'initiation morale par des exemples comme dans l'épopée, mais par des préceptes et des sentences.

La morale populaire prend ensuite un corps avec les législations de Lycurgue et de Solon et chacun des Etats de la Grèce avait sa législation particulière. Quand l'usage de l'écriture commença à pénétrer en Grèce, les codes écrits donnèrent une forme définitive aux institutions nationales. Contrairement à ce qui se passe ordinairement dans les autres sociétés, dans la société grecque, le sacerdoce ne constituait pas une caste séparée de la nation et le culte était mêlé à la vie du peuple dans les fêtes nationales et religieuses. Chaque cité avait une vie politique indépendante en entretenant le culte patriotique des dieux nationaux et des héros protecteurs des cités.

La philosophie détrôna les dieux du peuple et les dieux humains des sculpteurs et des poètes. Elle aurait peut-être accepté l'idée des symboles du polythéisme, mais elle n'en pouvait supporter l'expression poétique. Elle comprit cependant la flexibilité des mythes et des symboles, car c'est ce qui leur avait assuré une influence si durable.

Dans l'herméneutique comme dans la morale, les Stoïciens furent ceux qui se rapprochèrent le plus de la pensée des anciens âges. Mais la philosophie altéra profondément les concepts religieux, non seulement par l'apport d'opinions pythagoriciennes et platoniciennes, mais encore par une foule de traditions empruntées à la Phrygie, à la Syrie et à l'Egypte, et les mystères orphiques qui représentent cette confusion générale des idées finirent par absorber toute la mythologie dans l'unité du panthéisme.

De la morale des poètes et des législateurs et de la morale philosophique dans sa forme la plus élevée, le stoïcisme, laquelle était vraiment sociale ? La première était une morale active et par conséquent sociale ; la seconde remplaçait l'antique énergie de l'action par un idéal d'altruisme et de réciprocité sociale, qui n'a jamais été atteint depuis. Cette morale philosophique était destinée à rompre tôt ou tard avec les croyances religieuses et à se dégager du mythe et du dogme.

Montrons maintenant par quelles phases a passé la morale hellénique.

La morale héroïque qui glorifie les combats entre les héros ou les dieux est basée sur le droit de la force qui s'affirme dès les premiers vers de l'Iliade qui s'ouvre sous les sombres auspices d'une contagion cruelle dans laquelle les guerriers grecs périssent et qui est l'œuvre d'Apollon, irrité de ce que le fils d'Atrée a méprisé son prêtre Chryses lorsque, pour racheter sa fille, celui-ci est venu vers les légers vaisseaux des Achéens.

Comme conséquence logique d'une telle conception, pour se rendre les dieux favorables, il faut des sacrifices sanglants. Dans l'Odyssée, Polyphème donne à entendre que les dieux ne sont acceptables que quand ils sont les plus forts. En face de la puissance des dieux et de leur redoutable maître, le Destin, la volonté humaine ne comptaient pas.

Dans tous les poèmes homériques, on célèbre les vertus guerrières, et ce n'est que rarement que l'on parle de justice. Les quatre vertus héroïques sont la piété envers les dieux, le respect du serment prêté, la compassion pour le suppliant qui est un frère pour l'homme dont on peut émouvoir les entrailles, et enfin l'hospitalité. Mais la morale homérique ne connaît ni le respect du travail, ni la tempérance, ni la justice et fut manifestement inférieure aux morales hindoue, mazdéene et égyptienne. C'est une morale de déprédateurs idéalisée par l'héroïsme guerrier et par quelques vertus familiales et hospitalières.

Quant à la morale sexuelle, les mœurs des héros homériques sont très relâchées.

La morale d'Hésiode qui est postérieure d'un siècle à celle d'Homère est plus élevée et, déjà, les Grecs avaient fait en morale de notables progrès. Hésiode se place à un point de vue diamétralement opposé à celui d'Homère. Au lieu de glorifier la guerre, il préconise la justice, la tempérance et le travail, et, avec une prévoyance froide, il décrit minutieusement l'avenir. Son idéal moral comporte la prudence et la probité comme moyen et le bien-être comme but, mais il voit que ses contemporains sont rapaces et fourbes et qu'ils sont bien en dessous de cet idéal moral. Aussi il en fait une amère critique en comparant ses contemporains de l'âge de fer aux hommes si supérieurs des âges d'or et d'argent. Hésiode est supérieur à son siècle et on voit poindre en lui le premier apôtre de l'altruisme qui reste néanmoins attaché à la religion olympienne.

Les Orphiques qui vinrent après Hésiode furent les plus efficaces moralisateurs de la Grèce héroïque. C'est dire quelle influence eut la musique sur l'adoucissement des mœurs, car ils firent servir leur pouvoir magique à des buts civilisateurs et moralisateurs, ils prêchaient la purification en substitution aux sanglants sacrifices humains, l'abstention de nourriture animale, la tempérance, la douceur et la bonté. Le mythe d'Orphée et d'Eurydice a un sens profondément humain, car il relevait la femme jusqu'ici asservie en l'égalant à l'homme par l'amour intersexuel et il condamnait l'amour infâme que glorifiaient toutes les cités grecques et que devait encore chanter le doux Virgile sept siècles plus tard (1).

Après Pythagore, la morale ésotérique est divulguée à l'élite intellectuelle de la Grèce qui devient, comme dit Michelet, l'éducatrice du genre humain. Eschyle est un moraliste sous la forme poétique et, en sa qualité d'initié, il annonce une vie nouvelle. Il ferme le temple du Destin, supprime à jamais la loi du talion, celle du droit pénal des peuples primitifs et il prédit l'avènement de Thémis, c'est-à-dire de la justice, au gouvernement du monde lorsque tombera Zeus « du vieux trône des cieux précipité par un agent indomptable qui trouvera un feu plus puissant que le feu de la foudre » (2).

Sophocle, moins fataliste qu'Eschyle, glorifie la puissance de l'homme et il ose mettre les droits du mérite au-dessus des droits de la naissance. Le grand tragédien glorifie la femme dans son admirable tragédie d'Antigone, la fille incestueuse si humaine et si grande qui meurt pour l'adoucissement des mœurs. Euripide le dépasse quand il dit : « L'esclave vaut l'homme libre s'il est homme de bien », et il ajoute : « L'homme moral est celui qui vit pour son prochain ». Voilà la morale sociale retrouvée et on sent dans ces paroles qu'elle fait des progrès tous les jours.

Aucun peuple aussi bien que celui d'Athènes ne conçut la justice sociale, oblitérée seulement chez lui par l'esclavage et le gynécée. Athènes avait l'hégémonie

---

(1) Montesquieu. *L'Esprit des Lois*. Paris, Lavigne, 1844, p. 75.

(2) *Prométhée enchaîné*.

intellectuelle, morale et artistique de la Grèce et, comme une annonciatrice de la démocratie occidentale, elle avait fait des lois de protection en faveur des esclaves et élevé un autel à la pitié.

Examinons maintenant les morales philosophiques. On peut les diviser en morales spiritualistes, matérialistes et panthéistes. Entre les morales religieuses et les morales philosophiques, il y a des morales de transition comme celle de l'école pythagoricienne. Elle procède à la fois des deux courants religieux et philosophique.

Elève de Phérécyde, de Thalès et d'Anaximandre de Milet, Pythagore avait été initié aux mystères de la religion ésotérique de l'Egypte par les prêtres d'Héliopolis, de Thèbes et de Memphis. L'influence de cette éducation se fit sentir dans sa morale. En sa qualité de haut initié, il recommande l'abstinence de l'amour physique, de la nourriture animale, le silence absolu pendant des années entières, des vêtements uniformes, en un mot, le renoncement au monde et la célébration de certains mystères importés d'Orient. En sa qualité de moraliste, il recommande la modération, la tempérance, les exercices hygiéniques, l'amour de la science, l'examen de conscience, la pureté du cœur, le culte de l'amitié, la piété envers les dieux. Cette éthique était supérieure à toutes celles qui étaient alors connues et on l'enseignait cinq cents ans avant le triomphe du christianisme en Occident.

Bien avant l'efflorescence spiritualiste, les morales matérialistes florissaient. Thalès, Anaximandre de Millet, Leucippe et Démocrite d'Abdère avaient déjà fait de grandes découvertes sur les lois de l'univers et fondé la doctrine atomistique un siècle avant la réaction socratique et l'avènement de Platon et alors que le spiritualisme n'avait été représenté que par Pythagore et l'école éléate.

La théorie atomistique formulée par Leucippe et complétée par Démocrite, Epicure et Lucrèce, base de la morale matérialiste, établit, en principe, que le néant n'existe pas, que tout est peuplé d'atomes doués d'un mouvement perpétuel et qui composent toutes choses, matière et vie, en s'agrégeant sous certaines formes. Les atomes de l'âme sont les plus mobiles et engendrent tous les phénomènes de la vie. Au point de vue de la morale, quel est le souverain bien pour l'homme, partie infinitésimale de ce grand Tout, toujours en mouvement?

D'après Démocrite, le souverain bien est un état dans lequel on jouit de la tranquillité, du bonheur, sans être troublé par aucune superstition religieuse, ni par nulle autre affection. Il faut aussi maîtriser les désirs, les plaisirs sensuels ne procurant qu'une courte satisfaction. L'éthique de Démocrite, tout utilitaire qu'elle soit, ne manque pas d'élévation, autant que l'on peut en juger par les courts fragments qui nous en sont restés. Démocrite n'est pas aussi sensualiste qu'Epicure. Platon, dans sa haine contre le naturisme, s'interdit de ne jamais écrire le nom de Démocrite, et son école s'ingénia à détruire ses œuvres dont cependant Aristote eut connaissance et dont, semble-t-il, il profita largement (1).

La morale épicurienne est d'ailleurs aussi pure que celle de Démocrite et cette morale, soi-disant voluptueuse, n'est au fond qu'un morne ascétisme qui n'a d'ailleurs aucun rapport avec l'ascétisme bouddhique ou chrétien, il n'a en vue ni récompense de l'au-delà, ni salut individuel et est au contraire dirigé contre les sanctions extra-terrestres. Epicure et son école ont eu, en effet, pour but de délivrer le monde des superstitions religieuses. Seulement, il y avait un côté faible dans

(1) André Lefèvre. *La Philosophie*. Bibliothèque des Sciences contemporaines, p. 81.

cette morale, c'était l'indifférence en matière politique et sociale. On vit bien les conséquences de cette indifférence des épicuriens dans la Rome des Césars. Pendant que les stoïciens, s'ils ne savaient pas combattre, savaient au moins mourir, Lucrèce, le grand théoricien latin de l'épicurisme, qui faisait tant envie à Virgile et qui, tant admiré par Ovide, avait poétisé l'indifférence en matière sociale. Mais, en essayant de délivrer l'humanité des effets de l'invention imaginaire des enfers religieux, on peut en conclure que cet indifférentisme était plus apparent que réel et qu'il fut tout de circonstance. La morale épicurienne repose sur la sagesse, la tempérance, le courage et la justice.

En ce qui concerne les morales panthéistes, on sait qu'elles sont le fond des plus antiques et des plus hautes religions, comme celles des Hindous, des Égyptiens et des Perses, ainsi que nous l'avons vu en traitant des morales religieuses. Elles sont antérieures aux morales spiritualistes et matérialistes et elles sont nées en Grèce avec ses grands interprètes, Héraclite, Anaxagore, Empédocle, Xénophane.

Xénophane, comme nous l'avons vu dans un chapitre précédent, est un des premiers qui réagit contre l'explication de l'origine des inventions par les mythes religieux et qui affirma que non seulement les dieux n'étaient pas les auteurs de l'invention, mais que c'était l'homme qui avait inventé les dieux.

Du panthéisme de Xénophane procèdent les Éléates. D'après cette doctrine, il y a un être unique qui renferme tout et il n'y a aucune place en dehors de lui. Il est Un, immense, éternel, immobile dans son ensemble, à la fois substance et pensée. Les panthéistes niaient le mouvement et on connaît la réponse du Cynique qui, pour prouver le mouvement, se mit à marcher. La doctrine des Éléates n'est qu'une forme du panthéisme spiritualiste ; les deux grands ancêtres du panthéisme antique sont Héraclite et Empédocle.

Héraclite a attaché son nom au concept évolutionniste du monde matériel et moral, qui n'est qu'une fraction du grand Tout, modalité passagère dans l'universel et éternel devenir. Le mouvement qui emporte les choses est éternel, ainsi que le monde qu'il produit. Les formes seules passent, mais elles ne passent que pour revenir et elles ne reviennent que pour passer. De là, le rythme universel et la série des périodes en toutes choses.

Héraclite eut pour maître Hippase de Métaponte, disciple de Pythagore, qui dut lui communiquer les enseignements secrets de l'école pythagoricienne et c'est ainsi qu'il participa, dans une certaine mesure, aux initiations des religions hindoue, égyptienne et iranienne. Mais il ne semble pas que cet enseignement ait diminué en quoi que ce soit sa valeur philosophique.

Empédocle, d'Agrigente, poète et législateur, et même thaumaturge, fut adoré des peuples siciliens qu'il éclaira et gouverna. Il apporta à la science l'idée féconde des périodes alternatives d'intégration et de dissociation comme feront après lui Saint-Simon et Herbert Spencer. Dans la langue poétique d'Empédocle, l'intégration, c'est l'amour, la dissociation, c'est la haine. A l'amour correspond en nous la raison, à la discorde, les sens. Il faut être bon avec tout être animé, car tous sont des créatures de l'amour. La transmigration est véritable, elle est dans l'ordre moral le châtiment et la récompense.

Cette magnifique conception philosophique aurait donné naissance à une admirable morale si elle eut été moins excessive en certains cas. On y sent des lueurs fugitives puisées au grand foyer de l'ésotérisme de l'Inde et de l'Orient qu'allait éteindre, pour tant de siècles, le triomphe prochain de la théurgie sémitique et chrétienne. Les grands rameaux de la conception philosophique, spiritualisme, matérialisme et panthéisme fleurissaient sur l'arbre, plein de vie, de la philosophie grecque et donnaient naissance à des conceptions particulières procédant des systèmes précédents.

La plus célèbre de ces écoles irrégulières fut celle des sophistes. Protagoras la représentait d'une façon éminente. C'était un bûcheron que Démocrite rencontra un jour, emmena et instruisit. Ce plébéien, moins prudent que ses prédécesseurs, montra un de ses livres en disant : « Pour ce qui est des dieux, je ne sais s'ils existent ou n'existent pas ni ne m'en préoccupe ». Cette audacieuse impiété fut punie de l'exil par les Athéniens, mais le chef des sophistes n'en continua pas moins à exprimer sa doctrine qui est basée sur le relativisme en toutes choses, sauf en morale où il atténue ce relativisme. Malheureusement, ses disciples furent loin d'être à sa hauteur et il ne faut pas le confondre avec les Gorgias qui survinrent et qui voulurent ériger en maxime et en règle de conduite une idée anti-sociale : la force prime le droit (1).

Le doute systématique de Pyrrhon ou pyrrhonisme est une aggravation du système de Protagoras. Pyrrhon était un disciple des Mégariques qui envisageaient toutes choses sous deux points de vue contraire, première conception de l'antinomie hégélienne et c'est en procédant ainsi qu'il arriva à ne rien affirmer ni rien nier. C'est le doute universel, et cette morale doit être mise au-dessus de celle des sophistes et au niveau de celle des épicuriens.

Nous touchons maintenant à la réaction socratique. Socrate parut 150 ans après Thalès et Anaximandre et 100 ans après Démocrite et Héraclite. La philosophie

(1) A. Lefèvre. *Loc. cit.*, p. 89.

scientifique des causes premières et la recherche des lois du monde physique et cosmique dominait la pensée grecque ainsi dirigée dans les voies scientifiques.

Le triomphe de Socrate entraîna dans les idées philosophiques une réaction dans le plus mauvais sens du moment : « Le matérialisme donnait la préférence aux recherches mathématiques et physiques, c'est-à-dire aux études qui permirent réellement à l'esprit humain de s'élever, pour la première fois, à des notions d'une valeur durable. La réaction commença par rejeter complètement l'étude de la matière au profit de l'éthique et quand, avec Aristote, elle reprit la direction qu'elle avait abandonnée, elle la faussa entièrement par l'introduction irréfléchie d'idées morales (arbitraires en justification du fait existant) » (1).

En morale, Socrate voulut être novateur et affirma que la justice ou toute autre vertu peut faire l'objet d'une science. La science morale consiste dans la suppression de tout ce qui amène le mal et dans la connaissance du bien qui en entraînera la pratique. Il y a quatre vertus, le courage, qui est une vertu de volonté, la tempérance, vertu de la sensibilité, la justice, vertu de relation avec les hommes, la piété, vertu de relation avec les dieux. Il y a là un commencement de réciprocité sociale consciente, qui est le principe sur lequel sont fondées toutes les morales ; mais, à cet égard, Socrate n'a rien inventé car, avant lui, ce principe avait eu son application dans les différentes morales religieuses et philosophiques qui étaient bien supérieures à la sienne. Ses idées, à certains égards, fort belles, ne mettent en relief ni l'action ni la science. Aussi, il fut vite en contradiction avec la majorité des philosophes, parce qu'au lieu de supprimer les dieux, il voulait en créer de

____

(1) Lange. *Histoire du Matérialisme.*

nouveaux. Il voulait prouver aux hommes d'Etat qu'ils ignoraient leur métier, aux sophistes qu'ils volaient leur argent, aux citoyens qu'ils perdaient leur temps. Il est vrai qu'il proposait « le souverain bien et l'eupraxie », mais dans un péril social, avant de songer à bien vivre, il faut d'abord exister. En politique, il désirait corriger les lois de Solon, mais en les rendant plus sévères, plus draconiennes.

Cet inventeur d'un ciel métaphysique que n'avait jamais pu concevoir un cerveau grec, ne pouvait révéler son invention trop ouvertement. Déjà, Aristophane l'avait traduit sur la scène dans sa comédie des *Nuées* et avait attaqué son silence et ses ambiguités comme pires que les affirmations, même défectueuses, de ses adversaires. Alors, en voulant défendre sa moralité, les jeunes disciples qui l'entouraient trahirent son secret et c'est ce qui le perdit. Dans son acte d'accusation, il put formuler ce grief qu'il avait introduit dans la religion grecque des *démonies nouvelles*. Il aurait pu, en montrant moins de roideur, échapper à la mort, mais il brava ses juges et la question philosophique se compliqua d'une question politique, et on condamna ce philosophe, qui était plus prophète que philosophe et dans l'âme duquel ne vibrait pas, comme sentiment trop inférieur, l'amour de la patrie, alors même qu'elle était en danger.

Après lui, Platon, son disciple, fut certes plus grand que le maître par la profondeur, la perspicacité, la finesse, la constance qu'il déploya dans l'exposé de la philosophie que l'histoire a nommé platonicienne. Il a proclamé une morale individuelle basée sur les vertus personnelles, et une morale sociale faite de justice distributive et réalisée par l'Etat ou Cité communiste dont sa *République* fut l'idéal et ses *Lois* une approximation. L'idéalisme de Platon a donné naissance à l'idéalisme moderne, mais Kant a renversé la formule de Platon. Pour ce dernier, toute connaissance acquise par l'expérience est une pure apparence, et la vérité n'existe que dans l'entendement ; pour Kant, au contraire, toute connaissance provenant de l'entendement pur n'est qu'une simple apparence, et la vérité ne se trouve que dans l'expérience. Les idées de Platon ont donné naissance à l'entéléchie d'Aristote, au Verbe de Jean l'évangéliste, au néo-platonisme de Philon, d'Alexandrie, qui a détrôné la doctrine du Christ à la Raison suffisante de Leibnitz, au Dieu véridique de Descartes, à l'Etre suprême et au souverain bien de tous les spiritualistes modernes.

Deux autres disciples de Socrate, Aristippe, chef de l'école cyrénaïque, et Antisthène, chef de l'école cynique, eurent une grande renommée. La morale cyrénaïque admet que le plaisir immédiat, et quel qu'il soit, doit être recherché, et il est un bien, même quand il naît d'une chose déshonnête. Au point de vue de cette morale, rien n'est juste, injuste, digne ou honteux, ce sont les coutumes et les lois qui ont établi cette distinction. Dans la morale de Nietzsche (1) il y a comme une réminiscence de ces normes éthiques de la Grèce ancienne. Cette morale, qui paraît au premier abord anti-sociale, affirme cependant une vérité sociologique, c'est que la morale, comme tous les faits sociaux, est conditionnée par le milieu social.

La morale cynique est plutôt une morale sévère et, chose curieuse, on a changé Diogène en une sorte de bouffon de la philosophie et on pouvait dire à Antisthène : « Je vois ton orgueil à travers les trous de ton manteau ». Les cyniques furent des altruistes autant qu'on pouvait l'être à leur époque, et ils étaient imbus

______

(1) *Par delà le bien et le mal.* Edition du *Mercure de France,* p. 143 et suiv.

du principe de la réciprocité sociale dans l'ordre moral. Ils étaient partisans de la liberté et de la dignité philosophique pour tous, et ils accordaient à la femme une aptitude aussi grande qu'à l'homme, aussi bien pour les travaux de la vie ordinaire que pour les travaux intellectuels. Ils préparèrent la voie au stoïcisme qui ne fut qu'un cynisme agrandi (1).

Aristote, qui avait profité des leçons de Démocrite et qui fut un des disciples de Platon, revint aux études basées sur l'expérience, mais il y mêla l'éthique et l'idéalisme platoniciens. Pour lui, la vertu ne constitue pas à elle seule le souverain bien et il faut y ajouter la santé, le savoir, la réputation, la richesse, etc. Il en résulte que le souverain bien se compose de biens intérieurs et extérieurs, et si la vertu est un bien, le plaisir en est un autre. Dans son éthique, il fait une théorie du plaisir considéré comme un bien extérieur. Le plaisir étant un résultat inséparable de nos facultés, il en tire deux conclusions : 1° les plaisirs sont spécifiquement différents ; 2° les plaisirs sont entre eux comme les actes et c'est l'acte qui sert de mesure au plaisir et non le plaisir qui sert de mesure à l'acte. Il fait une classification des plaisirs par espèces et par degrés et il en mesure la qualité et la valeur d'après la qualité même des actes.

L'éthique d'Aristote est un mélange d'utilitarisme et d'idéalisme poétisé par l'amitié qu'il sut célébrer éloquemment. Elle justifie toutes les iniquités antiques ; le vol, la rapine sont pour lui des moyens d'acquérir, et pour lui comme pour Platon, l'infanticide est une chose naturelle. L'esclavage est une nécessité d'ordre éternel et il en prêche la conservation.

Aussi ne faut-il pas s'étonner si son élève Alexandre

____

(1) Ogereau. *Essai sur le Système philosophique des Stoïciens.*

le Grand, à l'éducation duquel Philippe l'avait conjuré de pourvoir, s'il fut un grand capitaine, fut aussi un déprédateur de premier ordre. Il détruisit Thèbes, la plus noble ville de la Grèce après Athènes, et il continua par la destruction totale des deux plus grandes et plus florissantes villes du monde à cette époque : Tyr et Persépolis.

Un disciple de Platon et d'Aristote, le lesbien Tyrtame, surnommé Théophraste par ses disciples, fut le continuateur d'Aristote au point de vue philosophique et naturaliste. Il est surtout connu par son *Traité des Caractères*, qui devait inspirer le profond et spirituel La Bruyère.

Nous arrivons maintenant à la plus célèbre des écoles de philosophie morale de l'antiquité, à l'école stoïcienne fondée à Athènes vers l'an 300 avant l'ère chrétienne, par Zenon, de Citium, et qui se fit une place honorée dans la république philosophique. Un grand nombre de philosophes, Ariston, de Chio, Diogène, de Babylone, Panctius, de Rhodes, Possidius, d'Apanne, Antipatir, de Thessalonique, propagèrent la doctrine qui fit son entrée à Rome et qui eut successivement pour adeptes Sénèque, Lucain, Epictète, Marc-Aurèle et presque tous ceux qui, dans la Rome impériale, restèrent fiers, purs et libres (1).

Le stoïcisme est un panthéisme spiritualiste admettant l'immortalité conditionnelle de l'âme. Pour Zénon et ses disciples, toute substance est une force qui s'exprime par la tension et l'effort. L'acte pur et immobile d'Aristote est aussi abstrait que l'*Idée* de Platon ; le réel, c'est l'action dans le mouvement et le travail, l'action dans la nature et l'humanité. Tout découle de l'enchaînement infini des causes, au sein de la cause

(1) Benoît-Malon. *Loc. cit.*, p. 144.

universelle. Un petit monde, l'humanité, est contenu dans le grand et on y retrouve les deux éléments universels, matière et force, pensée et action. D'une façon générale, les théories scientifiques modernes ne sont pas basées sur d'autres données que celles qui résultent de cette philosophie scientifique.

La morale stoïcienne est l'expression la plus haute de la réciprocité sociale. Aucune morale religieuse ne peut lui être comparée. Elle pose en principe que la vertu, c'est-à-dire la raison luttant contre la passion, doit être sociale et comprendre non seulement nos devoirs sociaux envers nos concitoyens, mais encore envers tous les hommes. A la cité de Platon et d'Aristote, elle substitue l'humanité. L'homme, en tant qu'être moral et social, est l'expression vivante de l'âme raisonnable et le corps n'est qu'un instrument dont l'âme se sert pour agir sur le monde extérieur et se manifester. Le philosophe stoïcien étend sur tous sa sympathie et a pour famille l'humanité entière; tout son plaisir et tout son délassement est de passer d'une action sociale à une autre action sociale. Il doit aimer les autres, s'il se souvient qu'il est leur parent, que c'est par ignorance, et malgré eux, qu'ils font des fautes, que dans peu nous mourrons tous, et surtout qu'on n'a pas rendu son âme de pire condition qu'elle était auparavant (1).

Toutefois, cette haute morale, qui était basée sur un altruisme élevé, aboutissait en pratique au renoncement plutôt qu'à l'action. Si le sage, au lieu de s'ouvrir les veines ou de boire de la ciguë sur l'ordre d'un César, avait tué le licteur, s'il avait ameuté le peuple, si même il avait fui, il aurait plus fait pour la liberté et la justice. Si Marc-Aurèle, au lieu d'avoir toujours présente à

(1) Guyau. *Manuel d'Epictète.*

l'esprit, selon le conseil d'Epictète, la crainte de faire le César, avait, au contraire, usé de ses pouvoirs césariens pour fermer les cirques, pour abolir progressivement l'esclavage, pour donner la terre aux colons, il aurait fait faire au monde l'apprentissage de la liberté et laissé, en mourant, une république méditerranéenne florissante et puissante qui aurait laissé passer les barbares comme des hôtes conquis par la civilisation et qui aurait refoulé en Orient le christianisme qui n'aurait jamais pu lutter contre une religion sociale plus humaine, plus européenne et mieux adaptée aux conditions économiques et sociales de l'époque. En agissant ainsi, le César philosophe n'aurait pas seulement prêché la morale, il l'aurait créée (1).

V

La morale chrétienne, telle qu'elle résulte des évangiles, n'était pas, quand elle naquit, une œuvre nouvelle. L'amour du prochain, qui en constitue le fond, remonte au védisme, dans lequel il avait pris une forme plus large que dans le christianisme. D'un autre côté, la légende messianique découle du judaïsme, ainsi que l'a démontré Renan. Depuis longtemps les Juifs attendaient le Messie et un nombre considérable de prophètes s'étaient déjà donnés comme étant le Messie. Toutefois, il reste au profit du christianisme la légende du Christ, doux et bienfaisant durant sa vie, sauveur du monde par sa mort tragique, en un mot revêtu de toutes les splendeurs morales du Juste messianique, annoncé par les prophètes et par Platon.

La doctrine du Christ était une protestation contre l'église officielle de Jérusalem, car, suivant elle, il ne

____

(1) Lefèvre. *Loc. cit.*, p. 180 et suiv.

fallait pas d'intermédiaire pour communiquer avec
Dieu. Comment cette pure doctrine put-elle dévier et
engendrer une morale anti-sociale ? A l'époque du
Christ vivait un philosophe néo-platonicien d'une
certaine valeur, Philon, d'Alexandrie, qui était de la
caste sacerdotale des Juifs. Il enseignait que Dieu était
partout présent et il formula la théorie du Dieu unique
en trois personnes : 1° Dieu le père, créateur qui nous
est inaccessible ; 2° son fils premier né, sagesse divine
qui gouverne le monde ; 3° l'Esprit ou le Verbe, énergie
efficace qui vivifie les êtres par la grâce. Dans l'état
d'anarchie philosophique et religieuse où se trouvait le
monde romain, cette doctrine qui voulait concilier
toutes les autres finit par être adoptée par les premiers
pères de l'Eglise.

De cette doctrine sont sortis trois systèmes religieux :
le gnosticisme, qui, par sa doctrine des *éons* ou
émanations divines servant d'intermédiaires entre
l'homme et Dieu, chercha à concilier toutes les religions
existantes et à mélanger leurs cultes ; le néo-platonisme
de Plotin et de l'Ecole d'Alexandrie, et, enfin, la
théologie des premiers pères de l'Eglise.

Les disciples du Christ étaient restés fidèles à ses
idées et s'appelaient *ébionites* (pauvres). Ils essayèrent
d'appliquer sa doctrine et il se forma deux courants
parallèles d'ébionisme et de néo-platonisme. Ce dernier
était suivi par les lettrés et les philosophes qui finirent
par se fusionner avec la partie inférieure de la population. Les esclaves, les pauvres mouraient pour l'amour
du Christ et au profit de la doctrine de Philon. Il en
résulta que les tentatives faites ultérieurement, notamment par Arius, pour ramener le christianisme à ses
tendances primitives, échouèrent et que naquit, sous le
nom de catholicisme, un monothéisme rétrograde,
combinaison de polythéisme et de fétichisme.

Les disciples du Christ, qui avaient compris ses premiers enseignements, voulurent les mettre en pratique dans leurs premières communautés inspirées par la plus complète fraternité communiste, mais ils aboutirent à une morale négative. En effet, si cette morale s'occupe de la distribution des richesses, elle ne ne s'occupe nullement de la production. La communauté chrétienne doit vivre de la vente des fidèles qui possèdent quelques ressources, pour le prix en être distribué aux pauvres.

A l'origine, la communauté appelait dans ses rangs les plus pauvres, les malades, les infirmes, les déclassés, les prostituées, et voulaient que les riches les nourrissent. Cette morale suppose la société divisée en deux fractions : d'une part, les bons qui ont quelques moyens d'existence et qui doivent se dépouiller de leurs biens ; et, d'autre part, les mendiants et tous ceux qui vivent de parasitisme, les hypocrites, les rapaces, qui veulent vivre sans travailler.

Afin que chacun puisse se livrer à ses occupations extra-terrestres, la morale évangélique condamne le travail, la femme travailleuse et prévoyante est inférieure à la femme mystique et, par conséquent, la misère est déclarée l'état naturel de la société chrétienne et la justice distributive est blâmée dans la parabole des ouvriers employés à la vigne. C'est la morale sociale à rebours. Aussi, Nietzsche a-t-il déclaré que le christianisme a été, surtout dans ses débuts, la plus grande rétrogradation morale et sociale qui ait atteint l'humanité (1). Uni aux barbares, le christianisme a détruit l'art antique et la belle civilisation gréco-latine. Dans sa réaction exagérée contre le sensualisme olympique, l'éthique chrétienne fut fermée au travail d'art et à la

(1) *Le Crépuscule des Idoles*, p. 321. L'Antechrist.

justice, et elle s'insurgea contre les conditions normales
de la vie humaine et contre la nature elle-même. Dans
les commentateurs de l'évangile, la propreté devient
vice, l'hygiène est un crime et la saleté une vertu.

C'est aux morales philosophiques, et particulièrement
à la morale kantienne, qu'était réservé l'honneur de
démontrer que la vie n'est ni une épreuve imposée par
un Dieu fantasque, ni un champ d'exercice pour
l'ascète, ni une course à la jouissance, mais bien un
devoir, une mission de dignité envers soi-même et de
justice et de bonté envers les autres.

Cette morale chrétienne a passé par des péripéties
diverses, malgré les efforts des disciples du Christ.
Saint Paul jeta une première perturbation dans cette
doctrine et s'il l'élargit par une propagande infatigable,
il rétrécit le dogme en l'enfermant dans son phari-
sianisme anti-moral. Saint Augustin alla plus loin et
dans sa haine de fanatique religieux, il envoie à la
damnation les plus beaux génies et les plus grands
caractères qui ont honoré l'humanité : Socrate, Marc-
Aurèle, Scipion.

Saint Thomas d'Aquin, le théologien souverain du
moyen âge, essaya de revenir sur les théories éthiques
de l'Eglise qui dominaient et arrêtaient la vie économique et quelque temps après ce grand maître du
catholicisme, l'évolution économique prit une direction
dans le sens de la liberté des transactions.

Mais la pensée humaine avait été emprisonnée dans
une éthique anti-sociale pendant quinze siècles et les
progrès moraux et scientifiques frappés, non seulement
dans la personne des hérétiques, mais des philosophes,
des hommes de science comme Galilée, des novateurs
industriels comme Bernard Palissy.

En résumé, si le catholicisme fut une religion
rétrograde, la morale chrétienne fut en opposition

directe avec la cruauté et la corruption romaine, mais
les moralistes stoïciens et alexandrins furent supérieurs
aux moralistes chrétiens.

D'ailleurs, les chrétiens faillirent à leurs promesses,
ils exterminèrent les Ariens, qui constituaient une élite
chrétienne, et ils persécutèrent successivement tous les
hérétiques qui tentèrent d'humaniser le christianisme,
allant jusqu'à l'assassinat et au massacre pour arriver à
leurs fins. Ils détruisirent toutes les manifestations
esthétiques et philosophiques de la civilisation grecque
et ils n'eurent aucune force morale vis-à-vis des
barbares qu'ils convertirent mais ne moralisèrent pas.
Ils firent de la religion chrétienne une religion d'égoïsme
et de haine pour tout ce qui n'était pas catholique, et ne
pouvant arriver à étouffer les cris de révolte de la vie
humaine, ils la maudirent, firent une éthique où il ne
fut question que de macérations, de mortifications
pendant quinze siècles, en arrêtant toutes les manifestations de la vie économique.

VI

Les rapports de l'éthique et de l'économie politique,
pendant la seconde moitié du moyen âge, ont subi, dans
une large mesure, l'influence de la conception d'Aristote
qui, comme nous l'avons vu, avait mêlé dans sa doctrine
l'éthique de Platon au naturisme de Démocrite. Il était
toujours question dans cette conception, non de ce qui
était réellement, mais de ce qui devrait être selon
certains principes de morale. Même aujourd'hui, nous
avons encore à lutter contre cette conception que l'on
rencontre chez certains économistes de l'école classique.
Les écrivains du moyen âge qui s'occupent des rapports
de l'éthique avec l'économie politique sont des moralistes et, bien entendu, le point de vue auquel ils se

placent est arrêté d'avance : la doctrine ecclésiastique
détermine leur jugement dans tout ce qui a rapport aux
faits économiques.

Quel devait être le résultat de cette conception?
Une contenance presque hostile vis-à-vis de la propriété
et vis-à-vis des principaux ressorts des actes de
l'homme, d'où une tendance à retarder le développement
ultérieur de la vie économique. L'Evangile avait mis les
hommes en garde contre l'avidité des richesses; il fallait
donc les détacher de leurs biens, les faire renoncer à la
fortune et à la propriété, voilà quel était le fond de la
morale chrétienne.

Le droit canonique ne voit aucunement dans la
propriété un droit naturel. Pour Saint Jérôme, ce qui
est naturel, c'est le communisme, et la propriété
n'apparaît aux pères de l'Eglise que comme un mal
nécessaire, conséquence de la chute originelle. Ils la
tolèrent cependant dans la vie ordinaire, mais nul n'a le
droit de posséder des biens qui dépassent ses besoins.
En outre, la richesse étant un grand danger pour l'âme,
les pères de l'Eglise condamnent le négoce pour les
ecclésiastiques. Les laïques seuls peuvent l'exercer.

Le stoïcisme, dont la morale était bien supérieure à
celle de l'Eglise chrétienne, avait enseigné comme idéal
moral une vie conforme à la raison et à la nature et,
par conséquent, s'était bien gardé d'empêcher l'homme
d'améliorer son sort par le travail et l'acquisition des
richesses, trouvant que c'était le meilleur moyen pour
faciliter une vie vertueuse. Il avait enseigné aussi que
ce qui est conforme à la nature et à la raison de
l'individu l'est aussi pour la totalité des hommes et que
celui qui se conformait à la loi de la raison coopérait
nécessairement à l'avantage de la totalité. Pour le
stoïcisme, le désir individuel du bien ne s'oppose pas à
ce qui doit passer pour *æquium et bonum*, que l'équité

réclame plutôt beaucoup plus de liberté pour les manifestations de la vie économique et industrielle.

Après Pomponius, Paulus avait affirmé que, dans un achat et une vente, chacun avait le droit d'acheter à bon marché un objet qui pouvait avoir plus de valeur ou d'en vendre à un haut prix un autre qui pouvait avoir une moindre valeur. Le stoïcisme se basait que l'intérêt de la communauté était le mieux sauvegardé si chacun prenait autant que possible son propre intérêt.

Les pères de l'Eglise, comme aujourd'hui les socialistes, se sont basés sur la doctrine du juste prix, qui est un prix normal, indépendant de toutes les circonstances subjectives de l'acheteur et du vendeur. Ces circonstances éliminées, le juste prix est celui auquel s'échangent les produits à frais de production égaux, et c'est un péché de réclamer un prix supérieur à celui représenté par les frais de production. On croirait entendre l'exposé de la théorie de la valeur de Karl Marx (1), car pour lui, comme pour les pères de l'Eglise, toute plus-value acquise par le produit au-dessus du coût de production est un bénéfice fait par le patron sur le *surtravail* de l'ouvrier et, par conséquent, un bénéfice qui n'est pas justifié au point de vue moral.

Comme conséquence de l'ingérence de cette éthique dans la vie économique, le prêt à intérêt fut interdit comme usure et les Capitulaires de Charlemagne et les Assemblées ecclésiastiques du ixᵉ siècle étendirent cette défense aux laïques de l'Europe occidentale.

Quel fut le résultat de la prédominance de l'éthique chrétienne pendant ce long laps de temps qui s'étend jusqu'au xiiiᵉ siècle? A-t-il été possible de faire reconnaître cet idéal dans la vie économique? Les faits se sont chargés de répondre. Cet idéal moral était trop en

(1) Voir chap. iv du présent volume.

contradiction avec les conditions économiques de la vie sociale pour pouvoir se maintenir ; au contraire, l'évolution aboutit à une plus grande prédominance de l'égoïsme individuel dans les rapports économiques (1).

A partir du xive siècle, le droit de propriété évolue de plus en plus dans le sens de la libre disposition des biens. Bien plus, l'Eglise, après avoir passé du rôle de persécutée au rôle de dominatrice et de persécutrice, ayant des intérêts nombreux à défendre, laissa tomber en décadence ses établissements charitables. Les postulats éthiques étant en contradiction avec la vie économique, lorsque quelques esprits voulurent tenter de réorganiser le monde nouveau et de le mettre en harmonie avec l'Evangile, ils furent excommuniés ou brûlés.

L'éthique et la politique d'Aristote qui venaient d'être connues et celles de Saint Thomas d'Aquin, imprimèrent une nouvelle direction à l'évolution économique.

Dans les écrits de Saint Thomas d'Aquin, l'influence d'Aristote se fait sentir dans sa conception de la propriété. Pour lui, la propriété privée ne doit pas être interdite et elle n'est pas en contradiction avec le droit naturel. La loi positive a introduit la propriété privée pour l'utilité publique, l'intérêt individuel et l'intérêt de la chose même.

En ce qui concerne les échanges commerciaux et la réciprocité économique, la théorie de l'Eglise subit des transformations. L'immense mouvement commercial produit par les croisades avait eu son effet sur l'Italie, pays qui se trouve sur la route de l'Orient et où réside le chef de la chrétienté. Ce pays était devenu le centre commercial du monde et l'économie capitaliste s'y était

_____

(1) Cf. L. Brentano. *Le Concept de l'Ethique et de l'Economie politique dans l'Histoire. Revue d'Economie politique.* Année 1902, p. 6.

établie. On commença à enseigner le droit romain et l'Eglise ne pouvait plus conserver le jugement des Pères sur le commerce. Saint Thomas d'Aquin allait même jusqu'à admettre, à titre d'exception, qu'un objet peut être vendu plus cher qu'il n'a de valeur réelle, mais non plus cher qu'il ne vaut pour son propriétaire (1). La théorie subjective de la valeur fit donc ainsi son entrée dans le monde et, dès le siècle suivant, il fut reconnu que l'on pouvait vendre avec bénéfice.

L'expédient de Saint Thomas d'Aquin fut aussitôt adopté pour la théorie de l'intérêt, mais la défense d'exiger un dédommagement pour la cession de la jouissance d'un capital fut maintenue ; mais, en même temps, on reconnut que le capitaliste était en droit d'exiger un dédommagement pour le cas où le capital ne serait pas remboursé au terme fixé (2). C'est ainsi qu'en maintenant rigoureusement la défense de prendre des intérêts, le taux s'en éleva à 60 %.

A mesure que progressait l'évolution économique, la contradiction entre les normes éthiques et les bases économiques de la société forçait à recourir à des expédients pour sauver la doctrine éthique.

Comment l'économie parvint-elle à s'émanciper de cette doctrine ? D'une part, par la rébellion de la raison d'Etat contre la suprématie de l'Eglise et, d'autre part, par une révolte de l'individu contre l'asservissement de sa conscience aux autorités et à la tradition.

Il semble que ces deux transformations n'aient rien à voir avec les faits économiques, mais elles ont si profondément remué la société que leur influence se fait encore sentir aujourd'hui dans la vie économique et

(1) *Summa Théologiæ. Secunda Secundæ.* Question 77. Art. 1ᵉʳ.

(2) Ashley. *Histoire des Doctrines économiques de l'Angleterre.* Giard et Brière, 1900. Tome 1ᵉʳ, p. 203.

qu'elle aide à comprendre la transformation qui, désormais, va s'opérer.

C'est en Italie que s'opéra, en premier lieu, la désagrégation de la société féodale à cause de l'état florissant du commerce résultant des croisades, mais cette désagrégation fit naître la nécessité de réunir des forces en vue d'une organisation. La conséquence n'en fut pas seulement une lutte des villes entre elles pour défendre leur indépendance, mais les individus furent réduits, pour défendre leurs intérêts, à reconnaître des tyrans qui durent combattre l'anarchie pour établir l'ordre intérieur.

C'est une situation analogue à celle qui se produisit en Grèce au viie siècle avant notre ère, où, par suite des transformations économiques qui se produisirent dans les cités maritimes, le régime politique aboutit à l'établissement de la tyrannie (1).

Ces tyrans, forcés de s'emparer du pouvoir à travers mille dangers et obligés de se maintenir contre de nombreux ennemis, se faisaient, entre eux, des guerres continuelles où ils se permettaient toutes les exactions.

Les moralistes du moyen âge avaient professé les plus sublimes enseignements sur les règles à suivre dans la conduite de la vie économique et sociale, mais ils n'avaient pu prendre en mains la pratique de leurs actes.

Machiavel, qui fut le fondateur de la science politique moderne, se débarrassa de tout jugement éthique préconçu et fit remarquer qu'il existe une énorme différence entre l'homme tel qu'il est et qui a pour seul mobile l'égoïsme et l'homme tel qu'il devrait être selon l'éthique chrétienne. Celui qui voudrait être toujours

____

(1) Voir le chap. iv du présent volume.

vertueux marcherait à sa ruine au milieu de tant d'autres qui ne le sont pas.

Malgré les grands progrès qu'il fit faire à la politique en prenant l'homme tel qu'il est au lieu de l'homme tel qu'il devrait être d'après l'éthique chrétienne, il n'eut aucune idée sur les rapports qui rattachent entre eux les phénomènes économiques et les conséquences de cette ignorance se manifestèrent quand le machiavélisme voulut s'occuper de la vie économique. Pour lui, il suffit aux princes d'avoir de l'intelligence et de l'énergie pour atteindre leur but au moyen de mesures économiques.

Une autre erreur de Machiavel était du domaine de l'éthique : il n'avait pas vu que l'égoïsme n'était pas le seul côté de la nature humaine et que les normes éthiques avaient autrefois mis la puissance temporelle entre les mains du christianisme.

La réforme vint donner un démenti à ces idées étroites de Machiavel et la révolution anglaise vint ouvrir une nouvelle ère pour les doctrines économiques et l'apparition des méthodes scientifiques réconcilièrent la renaissance scientifique avec l'éthique chrétienne.

Peu à peu, s'éleva sur le terrain économique, contre la manie de la législation machiavélique, une opposition qui résulta de l'évolution qui se produisit dans la vie économique. En Allemagne, elle apparaît, dès le xvi⁰ siècle, dans les écrits sur le système monétaire de la ligue albertine (1). Bacon veut ensuite formuler le principe général, base de toute science, que celui-là, seul, peut maîtriser la nature qui sait lui obéir (2) et tout en faisant remarquer que la rénovation des sciences

(1) Cf. *Drei Flugschriften uber den Munztreit der sœchsschen Albertina und Ernestiner um 1530.* W. Lotz. Leipzig, 1893, 10.

(2) *Natura non imperatur nisi parendo.*

doit tout aussi bien s'étendre aux disciplines politiques qu'aux autres disciplines.

De même que, comme nous l'avons vu dans un chapitre précédent (1), à Rome, le *jus gentium* avait pénétré dans le *jus civile* par l'essor commercial, à l'époque de la Renaissance, le grand mouvement commercial qui commença par l'Italie fit naître l'idée d'un droit naturel qui ne pouvait être modifié par aucune loi positive et ainsi naquit une doctrine économique sur l'observation des faits sociaux.

Après lui, William Petty, son élève, fondateur de la science économique moderne, se mit en opposition avec l'influence de la législation préconisée par Machiavel et, fidèle au principe posé par Bacon, il s'opposa à toute restriction apportée à la marche de l'évolution sociale. Les physiocrates soutinrent la thèse de la concordance des lois économiques avec la loi morale et ils ne cessèrent de mêler l'éthique à la science en déclarant que la connaissance des lois naturelles mène à Dieu comme la sagesse et la bonté de Dieu mène à la connaissance des lois naturelles. C'était en retour à l'éthique d'Aristote avec aggravation de christianisme. Adam Smith, en prenant pour base de ses recherches sur la richesse des nations ce principe que l'homme est exclusivement mû par l'égoïsme, retournait à l'éthique d'Aristote et des stoïciens qui soutenaient qu'il ne peut exister aucune contradiction entre l'ordre naturel et l'ordre moral et par cette conséquence avait disparu le plus grand obstacle à la connaissance scientifique des phénomènes économiques.

Cependant, le machiavélisme économique n'a pas encore entièrement disparu à notre époque et nous vivons dans un temps de néo-mercantilisme où l'on ne

(1) Chap. x.

cesse de répéter que certaines branches d'industries
sont plus morales que d'autres (1).

VII

Nous allons maintenant étudier les morales plus
modernes, spiritualistes, matérialistes et panthéistes.

La morale de Kant est basée sur le rationalisme. Est
moral tout ce qui est conforme à la loi rationnelle.
Qu'est-ce que la loi rationnelle et d'où vient-elle ? Elle
sort de l'abstrait et de la raison pure et n'a pour point
d'appui que le fond mouvant de la conscience. Mais le
philosophe doit s'y conformer et, comme intelligence,
il doit se reconnaître soumis aux lois du monde
intellectuel, comme à des « impératifs catégoriques ».

Voilà une morale théologique et Schopenhauer a pu
dire que c'était une morale d'esclave puisqu'elle obéit à
des commandements. Kant a lui-même infirmé sa
philosophie quand il dit que la morale repose sur trois
postulats qui sont : l'immortalité de l'âme, la liberté et
l'existence de Dieu. Ces trois postulats sont des
hypothèses métaphysiques qui ne sont pas vérifiables
et qu'il reconnaît cependant comme nécessaires.

Une fois admis ce point de départ, Kant formule
une série de maximes qui ne font que paraphraser
l'adage antique : *Ne fais pas à autrui ce que tu ne
voudrais pas qui te fut fait à toi-même.*

Au point de vue pratique, l'éthique kantienne
subdivise les devoirs en catégories et fait la distinction
suivante : un devoir est parfait quand on est obligé à
quelque chose de précis comme de respecter la propriété
d'autrui ; il est imparfait quand la loi rationnelle laisse
quelque chose à l'arbitraire, comme d'assister les

(1) Brentano. *Loc. cit.*, p. 26.

nécessiteux. Cette distinction est arbitraire. Qui peut se vanter de posséder le sens exact de la justice et surtout d'être juge dans sa propre cause ?

Kant divise les devoirs en deux catégories : les devoirs envers soi-même et les devoirs envers autrui. Les premiers n'ont aucune valeur morale car ils prescrivent à chacun de conserver sa vie et son bonheur. Quant aux seconds, ils prescrivent de respecter les autres hommes, de conserver leur vie, d'être véridique et de respecter ses engagements. L'accomplissement de ces seconds devoirs est encore plus impraticable que celui des premiers. Qu'est-ce que *conserver* la vie et les biens d'autrui ? C'est un devoir négatif. Les devoirs de l'ordre affectif, amitié et sociabilité, qui étaient les premiers dans la morale stoïcienne, sont relégués par Kant dans les devoirs imparfaits. Dans la morale kantienne, la vertu est une doctrine et elle peut et doit être apprise.

Les devoirs de Kant s'arrêtent à l'humanité et, comme la morale biblique, n'ont pas un regard de pitié pour les animaux. Cette morale philosophique n'est, au fond, que la morale biblique déguisée.

Hobbes fut le premier matérialiste moderne qui aborda la question morale. Sa morale est une critique amère des mœurs de la société de son temps. D'après lui, l'homme est un loup pour l'homme, ce monde est le théâtre de la guerre de tous contre tous et la force prime le droit (1).

Hobbes semble désespéré de voir l'homme si méchant et il reprend l'idée d'Epicure : le contrat social générateur de justice et source de réciprocité. Cette morale, en somme, est supérieure à l'éthique gouvernementale de Machiavel et aux idées anti-morales de

____

(1) C'est un retour à la morale de Gorgias, qui est une déviation du pyrrhonisme.

Mandeville, qui approuve les penchants illimités des riches et la sobriété des pauvres, ce qui constituerait, d'après lui, une source de richesse pour l'Etat.

Locke, tout en invectivant les matérialistes et les athées, a une morale matérialiste puisqu'il en exclut les sentiments innés et qu'il insiste sur la relativité du bien et du mal.

La pléiade philosophique du xviiie siècle n'a pas ménagé les préjugés. La Mettrie, le *monstrum hor-rendum* du matérialisme, est aristotélien et base sa morale sur le plaisir. Comme nous ne sommes que des corps, nos jouissances intellectuelles, même les plus élevées, sont, en vertu de leur substance, des plaisirs corporels, mais quant à leur valeur, ces plaisirs diffèrent beaucoup les uns des autres. Le plaisir échoit à l'ignorant comme au savant, au méchant comme au bon. La Mettrie met cependant l'intérêt général au-dessus de l'intérêt particulier et les altruistes au-dessus des égoïstes. Mais il n'a pas compris que le principe moral le plus important sur lequel il puisse s'appuyer est celui de la réciprocité sociale.

L'éthique de Diderot est anti-métaphysicienne comme sa philosophie et son idéal moral tient en quelques mots : rechercher le bonheur en faisant le bien et ne pas craindre la mort.

D'Alembert fait de la sympathie le principe de la morale matérialiste. La pratique des lois naturelles est ce qu'on appelle la vertu et, comme il était de son siècle, il fait de l'égoïsme éclairé le principe de tout altruisme.

Helvétius insiste aussi sur le caractère égoïstique de la sympathie. Sa doctrine n'est, au fond, que celle d'Epicure plus largement interprétée, et, après avoir été vulgarisée par Volney, elle a été ramenée par Bentham à une forme plus scientifique et elle est devenue la morale utilitaire ou de l'intérêt bien entendu.

Bentham donne à la morale une précision nouvelle et il la réduit à ce qu'il appelle « une arithmétique des plaisirs et des peines ». Toute sa morale est basée sur l'intérêt. Pour lui, la prétendue « obligation morale » est un terme vague, nuageux et vide aussi longtemps que l'idée d'intérêt ne vient pas le préciser. Des devoirs, il est fort inutile d'en parler et quant à la conscience c'est une « chose fictive ». On retrouve dans Nietzsche une partie de ces idées. Bentham prétend que la tâche du moraliste éclairé est de démontrer qu'un acte immoral est un faux calcul de l'intérêt personnel et que l'homme vicieux fait une estimation erronée des plaisirs et des peines.

Un philosophe et un sociologue contemporain, Stuart Mill et Spencer, ont élargi les horizons de l'utilitarisme. Stuart Mill, tout en étant utilitariste, recherche la félicité commune et il croit que la société, mieux organisée, peut, par la justice économique, supprimer la pauvreté et ses douleurs ; par l'éducation, l'ignorance et ses vices.

Spencer est partisan d'une morale égo-altruiste qui dominera tant que l'altruisme ne sera pas généralisé. Il montre le côté immoral de l'altruisme absolu, ce qui veut dire sans réciprocité.

Par ailleurs, Spencer débite une série de sophismes. Il prétend que le progrès est une nécessité, une sorte de mécanisme que l'on remonte comme une horloge. Nous avons déjà détruit ce sophisme dans le courant de ce travail. Ensuite, il affirme que loin d'être le produit de l'art, la civilisation est une phase de la nature « comme le développement de l'embryon ou l'éclosion d'une fleur ». Ainsi, Spencer nie tous les efforts de l'homme, toute la volonté de vie, toutes les inventions qui ont créé l'économie, la technologie, l'art et qui ont transformé le monde, tout le génie humain, et réduit la civilisation à une sorte de mécanisme fonctionnant tout seul !

Le panthéisme, depuis l'origine de la pensée humaine, a été élaboré par les esprits les plus puissants qui aient honoré l'humanité. Le christianisme ayant anéanti la philosophie grecque, le panthéisme se réfugie dans certaines sectes chrétiennes comme les Gnostiques et les Manachéens, puis dans la célèbre école d'Alexandrie. Il inspira ensuite la renaissance arabe avec Averrhoès et les kaballistes qui le conservèrent jusqu'au temps de Paracelse. Il renaît avec Giordano Bruno, Bacon et Spinoza.

L'éthique baconienne peut se résumer brièvement. L'individu doit se considérer comme un tout et comme faisant partie d'un tout. La première conception a pour forme d'application la recherche du bien individuel et la seconde la recherche du bien de la communauté.

Le panthéisme de Spinoza a les rapports les plus étroits avec le védisme et le brahmanisme. Dieu et la nature ne sont qu'une seule et même chose et c'est fatalement, par une nécessité de sa propre existence, que Dieu se particularise et s'incarne, en quelque sorte, dans le monde. Tout ce qui arrive se produit fatalement. Le monde de Brahma ne fait que paraître un certain temps pour disparaître. mais celui de Spinoza, éternel comme Dieu parce qu'il est Dieu, dure et s'augmente sans cesse par de continuelles déterminations de substance divine.

L'éthique de Spinoza est élevée et pure et elle est proche parente de celle des stoïciens et des épicuriens, mais on n'y trouve pas le fond de bonté de la morale hindoue et les partisans de l'obligation morale à outrance trouveront chez lui un précurseur de Kant (1).

---

(1) Cf. René Worms. *La Morale de Spinoza.* Paris, Hachette, 1902.

Hegel, Schelling, Herder, qui écartèrent le Dieu objectif, développèrent une idée d'Héraclite, depuis longtemps démontrée, de l'universalité de l'évolution et de l'éternel devenir des choses. Mais Hegel aboutit à un fatalisme exagéré et aboutit à une philosophie des contraires renouvelée du pyrrhonisme, mais le pyrrhonisme était bien supérieur à la philosophie hégélienne.

Schopenhauer s'inspira directement du bouddhisme et s'enfonça dans un pessimisme déprimant, mais il donna comme fondement à sa morale le principe altruiste. Avant il y avait eu des morales altruistes mais il systématisa la morale et la sympathie universelle. Il déclare que la morale kantienne est, en dernier ressort, une fille de la morale théologique qui, comme cette dernière, est une morale d'esclave et obéit à un commandement. Selon lui, la morale n'est pas une science pratique, mais une science théorique. Le motif anti-moral est l'égoïsme et le principe de toute moralité est la pitié qui prend sous sa protection, non seulement les hommes, mais les animaux amis de l'homme. Toutefois, la bonté a ses degrés et si cette excellence du cœur consiste dans une pitié profonde pour tout ce qui a vie, elle doit d'abord avoir l'homme pour objet, car à mesure que l'intelligence s'accroît, la capacité de souffrir augmente dans la même proportion.

Michelet disait combien la société serait charmante si nous nous occupions les uns des autres, ce qui veut dire que le principe de toute morale doit être la réciprocité sociale.

La philosophie de Schopenhauer et celle de Nietzsche offrent une certaine ressemblance. Un point commun, c'est qu'ils tiennent tous deux la volonté comme le fait primordial en philosophie, « volonté de vivre » pour Schopenhauer, « volonté de puissance » pour Nietzsche (1).

Pour Schopenhauer « le corps est l'instrument de la volonté » (2), pour Nietzsche « le corps se créa l'esprit comme une main de sa volonté » (3). Au premier abord, ces deux pensées ont l'air d'être diamétralement opposées, mais, au fond, elles affirment que le corps est à la disposition de l'esprit.

Cette idée philosophique, que l'on croit nouvelle, n'est autre chose que le principe même de la philosophie stoïcienne, pour laquelle le corps n'est qu'un instrument dont l'âme se sert pour agir sur le monde extérieur.

L'éthique de Schopenhauer et celle de Nietzsche se ressemblent encore en ce sens qu'ils nient tous les deux le libre arbitre et qu'ils envisagent le monde sous l'angle d'un fatalisme absolu. Mais elles diffèrent profondément en ce sens que Schopenhauer croit à la possibilité de fonder une science théorique de la morale, tandis que Nietzsche n'y croit pas. Pour lui, toute morale est une sorte de tyrannie contre la nature et aussi contre la raison, bien qu'il ne considère pas cette idée comme une objection contre elle. Ce qu'il veut faire remarquer, c'est qu'elle est une contrainte prolongée. Et c'est cette idée de contrainte prolongée qu'il met en évidence pour montrer que les arts, le rythme et la rime, comme l'art de gouverner, tout cela n'a pu se développer que par la tyrannie de ces normes éthiques. Pour lui, la chose principale, c'est d'obéir longtemps et dans la même

(1) Cf. Jules de Gaultier. *Nietzsche et la Réforme philosophique.* Paris, Société du Mercure de France, 1904.

(2) Cf. *Le Monde comme volonté et comme représentation.* Alcan. L. III, p. 16.

(3) Cf. Nietzsche. *Ainsi parlait Zarathoustra.* Société du Mercure de France, p. 47.

direction et il en résulte qu'à la longue la vie vaut encore la peine d'être vécue, ne serait-ce que pour la vertu, l'art, la musique, la danse, la raison, enfin quelque chose qui vous transfigure (1).

Nietzsche, par une série de déductions, arrive à cette conclusion que la morale est aujourd'hui, en Europe, une morale de troupeau, expression qui revient souvent sous sa plume. Il entend par là une espèce particulière de morale humaine à côté de laquelle d'autres morales, surtout des morales supérieures sont encore possibles ou devraient l'être, mais il prétend que la société actuelle s'oppose de toutes ses forces à la réalisation d'une telle morale. Il considère le mouvement démocratique comme une forme de décadence de l'organisation politique, et il se demande où il doit diriger ses espoirs. Et il s'adresse à « l'homme lui-même », à celui qui, comme lui, « a reconnu l'énorme hasard qui jusqu'ici fit de l'avenir de l'homme un jeu — un jeu où n'intervient pas la main, pas même le doigt de Dieu ! (2). Il espère que celui qui a réfléchi à la dégénérescence sociale, et qui connaît un dégoût que ne connaissent pas les autres hommes, peut-être connaîtra-t-il aussi « une tache nouvelle ! »

L'état d'esprit de Nietzsche a existé chez les stoïciens au commencement de la décadence romaine, mais alors il avait sa raison d'être, tandis qu'aujourd'hui cet état d'esprit n'est nullement justifié. Nietzsche n'a pas compris, comme autrefois Héraclite et Empédocle, que les événements du présent sont des modalités passagères dans l'universel et éternel devenir. Il est visible que le philosophe allemand n'a pas l'esprit scientifique, car il

(1) Nietzsche. *Par delà le bien et le mal.* Société du Mercure de France, p. 118.

(2) *Par delà le bien et le mal*, p. 175.

répète constamment que tout marche au hasard et que l'esprit qui règne est l'esprit grégaire. On comprend ce qu'il entend par cette idée de troupeau, mais elle n'est nullement applicable à la civilisation actuelle. Tout au plus peut-on l'appliquer aux sociétés primitives où la solidarité est en quelque sorte mécanique. Le pouvoir à la fois politique et religieux du chef reposant sur la foi superstitieuse et naïve en sa puissance divine des membres du groupe, voilà ce que l'on pourrait appeler l'esprit, bien qu'il n'existe guère de groupes, si primitifs qu'ils soient, où l'on ne constate un commencement de réciprocité sociale.

Mais à mesure que le champ social s'élargit, l'esprit grégaire disparaît pour faire place à une solidarité de plus en plus consciente basée sur la réciprocité sociale. Nietzsche n'a pas aperçu cet immense mouvement moral. Hypnotisé, comme Gorgias, par l'idée de force et de hiérarchie qui domine toute sa philosophie, il a cru que les idées démocratiques modernes menaient les nations européennes à la décadence. La démocratie, au contraire, est le régime politique qui rend les nations de plus en plus puissantes au point de vue militaire et qui, au point de vue moral, maintient toujours debout l'idée de patrie. Sans doute, on peut rêver un avenir meilleur, mais loin de revenir à la hiérarchie antique, les classes s'effaceront de plus en plus. L'unanimité des esprits et des cœurs dans les grandes questions nationales et internationales, avec la différenciation de plus en plus marquée des originalités individuelles en matière d'art ou de morale, un développement toujours plus grand de la réciprocité sociale consciente et voulue, voilà l'avenir qu'il est permis d'espérer dans l'intérêt du maintien de la civilisation.

TABLE DES MATIÈRES

SECTION I

Les Principes fondamentaux de la Sociologie économique

I. — Les diverses théories sur le principe des sociétés. Le facteur ethnique et les théories du comte de Gobineau et de Gumplovicz. Théories qui ont un caractère biologique. La solidarité organique de M. Izoulet. La loi universelle d'adaptation de Spencer. Théories psychologiques : la répétition universelle de Tarde. Théories basées sur le volume et la densité dynamique des sociétés : Durkheim, Bouglé, Kovalewsky, Adolphe Coste. Théories basées sur le facteur économique : Karl Marx, Loria, de Greef, Hildebrand, Morgan, Bucher, Grosse.

II. — Caractère et classification des phénomènes sociaux. Le fait social est traditionnel et obligatoire. Formes de la répétition sociale. Classification soit d'après le caractère propre des faits sociaux, soit d'après la manière dont s'exerce la contrainte sociale. Les idées philosophiques de M. Bergson. L'exposition des bases de la sociologie par l'auteur.

I. — Evolution du travail. Genèse préhistorique des inventions primitives. Prédominance de plus en plus grande de l'invention dans le travail. Coopération sociale qui a permis de résister contre le milieu cosmique et physique.

II. — Différences qui séparent le travail de l'homme primitif du travail de l'homme civilisé. Prédominance de plus en plus grande de l'élément intellectuel dans le travail.

comme créateur de richesse. Le côté social de la richesse dans
le clan. La tribu, la cité, l'Etat. Invention de la monnaie. Transformations économiques d'où résulte le passage de la coutume
à la mode.

iv. — Les formes successives de la richesse : le bétail, l'esclave,
la terre, les valeurs mobilières, les œuvres d'art, de sciences et
de littérature. Transformations économiques résultant d'une
organisation politique nouvelle. Agrandissement du marché et
influence des villes sur la création des marchés. La richesse
prend le caractère mobilier et industriel.

v. — Les faits relatifs à la richesse ne peuvent être étudiés
indépendamment de la morphologie sociale et ils sont en rapport
avec les faits religieux, politiques, juridiques, esthétiques et
moraux. L'échange, comme base de la réciprocité économique,
joue un grand rôle dans la formation de la richesse, comme
dans la genèse d'autres faits sociaux.

SECTION II

Les Rapports entre les Faits économiques
et l'Ensemble des autres Faits sociaux

i. — D'après un grand nombre d'économistes, de sociologues
et de socialistes, la richesse serait sous la dépendance du
pouvoir et les détenteurs terriens et capitalistes auraient
toujours exercé le pouvoir dans le but de conserver et
d'étendre leurs propriétés.

ii. — Rapports que peuvent offrir dans les sociétés civilisées
la richesse et le pouvoir politique. Opinion d'Adam Smith
d'après laquelle des progrès de la richesse naîtrait la nécessité
du pouvoir. Le groupe social élémentaire et la mobilisation de
la richesse. Le clan, la *gens* et l'abbaye et la seigneurie féodale.
Fusion de ces groupes élémentaires pour former les tribus, les
confédérations de tribus, les cités et les Etats. Le pouvoir
commence à se séparer de la richesse.

iii. — Dissociation des deux pouvoirs, économique et politique, par l'extension du champ économique, c'est-à-dire du
marché, par les croisades, par l'émancipation des communes, le
rachat des privilèges féodaux, la découverte de l'Amérique et
l'introduction de l'or. Transformation du serf en colon libre.
La richesse se dégage de la terre, du bétail et de l'esclave.

de l'arc à tirer. Les plus grandes réformes en musique et notamment le passage du contrepoint à l'harmonie ont eu lieu sous l'action de causes économiques.

i. — La technologie dépend du milieu social où elle prend naissance. Le premier art industriel est la poterie qui date de la préhistoire, mais elle ne fut connue d'aucun des peuples qui occupèrent successivement l'Europe. Pour étudier les origines de la technologie, il faut remonter aux nations qui ont brillé par leur civilisation, comme la Grèce. Mythes qui ont donné naissance aux techniques. Efforts de l'homme pour s'émanciper de la tutelle des dieux. Invention des arts utiles. Toutes les techniques sont religieuses ou traditionnelles.

ii. — Transformations politiques en Grèce entrainant l'établissement de la tyrannie et grande extension des travaux publics. Belle période pour les arts et principalement pour les arts de luxe. Progrès dans les idées philosophiques qui a pour effet d'attribuer aux hommes et non aux dieux, la paternité des inventions. Une première catégorie de la technique s'applique aux *organon*, petits objets en bronze, en os et quelques instruments. Une deuxième catégorie s'applique aux machines *(mékané)*.

iii. — Conséquences de la chute de l'Empire romain sur les arts techniques. Transformations économiques produites par les Croisades et la découverte de l'Amérique. Grand progrès de la technologie : poudre à canon, imprimerie, machine à vapeur.

iv. — Influence des progrès de la technique sur l'organisation du travail. Changements dans l'orientation du mouvement industriel. L'art sacrifié au nombre d'objets à produire. Funestes effets d'une division exagérée du travail.

i. — Langage de l'homme de la préhistoire : mimique et onomatopée. Formation des langues. Hypothèses de Humboldt, de Steinthal, de Renan, Max Muller, Locke, de Tracy, Candillac, Adam Smith. Origine de la syntaxe. Action de l'organisation économique sur l'origine et les transformations du langage.

ii. — Dans l'intérieur du clan, le mari et la femme ne parlent pas la même langue. Exemples pris chez les Hurons, Indiens, Kiaw-Kaskara des Montagnes Rocheuses, les Indiens comanches. Commencement d'unification des idiomes quand les clans s'agglomèrent en tribus. Jusque dans l'intérieur des nations modernes, il existe des différences d'idiomes.

regardent comme concitoyens. La religion est d'abord individuelle, puis familiale, nationale et internationale.

I. — La morale est d'essence sociale et elle est intimement
liée aux progrès de la réciprocité sociale. Etude de la morale
primitive chez les peuples pasteurs.

II. — Examen de la morale dans les grandes civilisations
antiques : le Mexique, le Pérou, l'Inde, l'Egypte, la Chine,
l'Assyrie, la Judée, la Grèce et Rome. La morale des Celtes,
des Gaulois, des Scandinaves.

III. — Morales relativement modernes résultant du judaïsme,
de l'islamisme et du christianisme. L'éthique hébraïque. Situation faite à la femme dans le judaïsme. L'islamisme est aussi
une religion sémitique et sa morale est un mélange des traditions sémitiques et de certains enseignements de la Bible,
mais le Coran a favorisé la science et les Arabes ont fait faire
de grands progrès aux sciences mathématiques et physiques.

IV. — La morale grecque se divise en deux phases : la morale
qui résulte de l'anthropomorphisme et du polythéisme primitifs
et la morale philosophique. La philosophie a altéré profondément les principes religieux. La morale héroïque. La morale
d'Hésiode. La morale ésotérique de Pythagore. La morale sociale
d'Eschyle. Les morales spiritualistes, matérialistes et panthéistes.
La réaction socratique. La morale des stoïciens.

V. — La morale du christianisme. La doctrine du Christ et
de ses disciples directs. Philon d'Alexandrie et sa doctrine.
L'ébionisme et le néo-platonicisme. Doctrine des Pères de
l'Eglise. Saint-Paul et sa doctrine. Saint-Thomas d'Aquin, le
théologien souverain du moyen âge. Le catholicisme fut une
religion rétrograde et la morale chrétienne fut inférieure à la
morale des stoïciens et des alexandrins.

VI. — Les rapports de l'éthique et de l'économie politique
pendant le moyen âge. Doctrine des Pères de l'Eglise en
opposition avec la doctrine stoïcienne. Contenance hostile visà-vis de la propriété. Interdiction du prêt à intérêt. L'expédient
de Saint-Thomas d'Aquin. Désagrégation de la société féodale,
transformations économiques et grande extension du commerce
en Italie. La politique de Machiavel. Bacon et la réforme
scientifique. Création de la science économique.

VII. — Les morales modernes, spiritualistes, matérialistes et
panthéistes. La morale de Kant basée sur le rationalisme. La
morale matérialiste de Hobbes, de Locke, de Diderot, de

D'Alembert, de Bentham, de Stuart Mill, de Spencer. L'éthique baconienne. Le panthéisme de Spinoza. Le pyrrhonisme d'Hegel. La morale altruiste de Schopenhauer. La morale de Nietzsche.

Imprimerie du *Bourguignon*, Auxerre (Yonne).